SISYPHUS

D1666147

© Helmuth Schönauer und Sisyphus 2019
ISBN 978-3-903125-44-5
15,– Euro

Korrekturen: Christian Winkelmann
Buchgestaltung: Walter Franz Oberhauser

 Bundeskanzleramt

LAND
TIROL

INNS'
BRUCK

HELMUTH *SCHÖNAUER*

BUCH *IN* PENSION

Tagebuch
eines pensionierten
Bibliothekars
1

100 Rezensionen aus dem Jahr 2019

SISYPHUS

Einer macht weiter!

Jeder, der von Helmuth Schönauers fünftausend Buchbesprechungen erfährt, fragt sich, wie schreibt man fünftausend Buchbesprechungen, und
wieso tut man das. Ersteres oder auch beides (es ist ja irgendwie so eine
Art Tandemfrage, weil jede die andere irgendwie mit sich bringt oder
wohl auch etwas von ihr beinhaltet) kann der Helmuth nicht erklären,
das weiß ich, wenn man ihn fragt, bekommt man im verständlicheren
Fall ungefähr das gleiche zu hören wie Peter Angerer und Helmuth Jasbar
in zwei Radiosendungen über ihn, als sie es zu ergründen versuchten und
zudem ins Spiel brachten, daß er ja auch noch Bibliotheksangestellter im
Außendienst war und noch eine Menge anderer Sachen schrieb: wenn
man täglich dranbleibe und nicht so viel fernsehe, dann gehe das schon,
zumal man beim Zugfahren ja gerne liest, ein Jahr habe schließlich drei-
hundertfünfundsechzig Tage und Bücher seien ja wie Leute unterschied-
lich dick. (Im unverständlicheren Fall überrollt er einen mit einem
Wortschwall aus Gemeinplätzen und Anspielungen auf aktuelle Gege-
benheiten, die gerade durch die Medien flackern und von da aus durch
unsere Köpfe geistern, gespickt mit selbstausgedachten Aphorismen, die
er immer bereithält, um seine Gesprächspartner – und natürlich auch
-partnerinnen, der Helmuth hat da nie einen Unterschied gemacht, wenn
ich mich recht erinnere – für den den Fall, daß sie's nötig haben sollten,

quasi standardmäßig ein wenig aufzuheitern.) Auch ich habe es ihn sicher schon ein paar mal gefragt im Laufe der Jahre und war nach der jeweiligen Antwort stets ebenso schlau wie vorher. Aber man versucht es doch immer wieder einmal – etwa wenn er einen bittet, ein Vorwort für eine seiner Rezensionensammlungen zu schreiben – was sich letztens begab, als ich ihm sagte, was ich aus dem Manuskript für dieses Buch hier, das bis vor kurzem noch den Untertitel »*Buchbesprechungen und literarische Umtriebe*« tragen sollte, gern hinaushauen möchte (nämlich die Umtriebe) und was verschieben (die »Merksätze«, die der Helmuth als Einleitung vorgesehen hatte und sich jetzt hinten im Buch befinden). Da hat man dann wiederum aktuellen Anlaß, das Rätsel Helmuth Schönauer zu lösen zu versuchen, wenn auch nicht mehr wirklich Hoffnung, daß es gelingen könnte. Diesmal jedoch, ich frug per Mail und er befand sich gerade, wie er am Tag davor geschrieben hatte, in einem »*netzlosen Gestüt (klein) in Ungarn*« (was ihm vielleicht Zeit für bedächtigere Antworten gab, von wo aus er mailte, habe ich nicht nachgefragt), war das Glück kein unholdes und Erläuterung fand leidlich statt:

> »*Letztlich hat mich ein dreifach aufgetretener Mangel in den 1970ern zum Verfassen von eigenen Rezensionen gezwungen.*
> *Für einen ORF-Beitrag >Die versteckte Literatur in den Dorfchroniken< habe ich kaum eine Beschreibung dessen gefunden, was an verstreuter Literatur um die Wege war.*
> *Für einen Nachruf von zwei Innsbrucker Dichtern in den Mittagsnachrichten habe ich nichts gefunden, was mich auf die Schnelle informiert hätte.*
> *Bei einem Projekt >Lesen auf dem Lande<, aus dem später mein Beruf als Außendienst-Bibliothekar entstanden ist, habe ich die germanistischen Buchbeschreibungen nicht verwenden können.*
> *Das hat mich zum Rezensieren gebracht, wobei zwei Spielregeln über 40 Jahre lang zur Anwendung gekommen sind:*
> *a) die Rezensionen haben einen mündlichen Touch, weil sie für Veranstaltungen geeignet sein sollen*
> *b) die Rezensionen haben eine schöne Drittelung; erstens eine allgemeingültige Einschätzung zur Weltlage des Themas, wenn möglich als Sprichwort; zweitens eine Beschreibung des Stoffes, der an Schlüsselbegriffen und Schlüsselsätzen mit Seitenzahl in Klammern aufgefädelt ist; drittens eine subjektive Darstellung jener Stimmung, die beim Lesen des Buches entstehen könnte.*

Anhand dieser Rezensionen habe ich u. a. mit dem Literaturleiter des Studio Tirol gut dreißig Jahre lang jeden Sonntag eine Buchbeschreibung mit positivem Touch hingelegt.«

Ganz ohne Philologie kommt man freilich auch bei dieser Auskunft nicht aus, aber es ist die weitaus aufschlußreichste, die mir bisher unterkam, um das Phänomen Helmuth Schönauer (der sich im persönlichen Umgang ja artikuliert, wie sich Westösterreicher eben artikulieren, so zwischen kryptisch und mäandernd, immer mit einem Umfeld in Form einer lustigen Runde oder sowas für den Text rechnend, den sie zum besten geben) ein wenig auszuleuchten, etwas Einblick in seine Geschichte zu geben, wie er wurde, worüber wir uns heute wundern. In den 70ern fand er also die Sekundärliteratur zum Tiroler Schrifttum so unzureichend, daß nicht vorhanden schon die richtigere Bezeichnung dafür wäre, und die Darlegungen der Germanisten von Büchern der damaligen Zeit für ungeeignet, jemanden für diese zu interessieren. Und der junge Hund, der er in jener Zeit gewesen ist, mit der Nase auf der Suche nach einer Fährte fürs Leben, begann eifrig zu buddeln und Löcher in die süße Gatschmauer rund um das Schlaraffenland der Literatur zu graben und, was er dabei zutageförderte und nach seiner Ankunft vorfand, in hübschen kleinen mundgerechten Häppchen als freier Mitarbeiter des ORF-Landesstudios und anfangs noch ebenso freier solcher der Landesbibliothek (*freier Mitarbeiter* war, wenn auch sicherlich nicht ganz ohne ironischen Einschlag, eine der häufigsten Berufsselbstbezeichnungen in der damals erstellten Umfrage unter Schriftstellern und natürlich auch -innen in Ruiss'/Vyorals legendärer Untersuchung »*Dokumentation zur Situation junger österreichischer Autoren*«) den Tiroler Ö-Regional-Hörern und -Hörerinnen und Kulturinteressierten und den Leihbibliothekaren und -innen des heiligen und nicht nur heiligen Landes von Kirchberg bis Schweighof respektive Kitz bis Grins, von Lienz bis Landeck, von Kaltern bis Kufstein vorzulegen. Wurscht und Kas, wie er einmal schrieb, alles schön in gleich große Würfelchen geschnitten (und später, was die regionalen Köstlichkeiten betrifft, aufs herzhafteste serviert in: »*Essig und Öl. Materialien zur Tiroler Gegenwartsliteratur*«, 1988; und gute zehn Jahre später mit einer Extraportion Zwiebel in: »*Rotz und Wasser. Materialien zur Tiroler Gegenwartsliteratur*«, 1999. Nur Freunde hat er sich damit nicht gemacht, weil Geschmäcker eben verschieden sind.). Er legte sich also, wie er oben schildert, eine Art Formular zurecht (wenn das vielleicht auch nicht gleich so dezidiert gewesen sein mag, wie es einen das Mail vorstellen läßt) und fing an, all die sozusagen Stücke Literatur, die er sich einzog, gefiltert durch sein Temperament – und daß er eines hat, wird ihm niemand absprechen! –, ordentlich eingekocht (durch seinen Fleischwolf gedreht, würde er vielleicht selber sagen) und mit entsprechendem Beiwerk versehen in dieses Schema einzufüllen: jeweilige anscheinende (was ja oft eher nur die scheinbare ist) Weltlage, sofern möglich als Sprichwort zum Ausdruck gebracht, Info, Beschreibung, Nacherzählung, Gehalt-des-Buches-Reflexion, erbauliche Schlußbemerkung, immer darauf achtend die bewährte Länge eines Songs von zweieinhalb bis in Ausnahmefällen fünf Minuten nicht zu überschreiten, und das versuchte Sprichwort im Eingang und Schlußwort im Ausklang stets im Sentenzen-Basismodell Haupt- und ein Nebensatz zu halten. So entstand mit der Zeit die typische Schönauersche Buchbesprechung: cirka eine Seite lang, in Melodie und Tempo eines/r Westösterreichers/in, der/die einreitet und Animierendes sagen möchte, gut gelaunt zumeist, wohlwollend wie das helle Licht in schönen Landschaften mit Bergen und gelegentlich übermütig wie der Jauk, der manchem frech ins Gesicht bläst oder gar für den Hut oder den Pepi auf der Blöße des Hauptes fürchten läßt, was den Inhalt der besprochenen Bücher angeht, oft alles andere als genau, über manches wurde/wird beim Lesen zweifellos drübergaloppiert und vor allem so richtig fette Hadern mit zahllosen Beschreibungen werden häufig im Rösselsprung durchmessen, vermute ich, aber was dann fehlt, wird skrupellos dazugedichtet (er zitiert einen sogar mit Sätzen, die er erfindet – wo er das mit mir machte, habe ich diese Sachen dann oft später verwendet – sie waren ja quasi von mir, schon bevor ich davon gewußt hatte), lapidar, nicht nur kurz sondern auch kurzweilig und gespickt mit Aphorismen und Bonmots – wollte man alle heben, könnte man damit sicher ohne weiteres ein, zwei schöne Bücher machen. Niemand, der etliche Besprechungen von ihm liest, könnte leicht oder möchte überhaupt der Versuchung widerstehen, ihn zu zitieren, jeder Vorwortschreiber und die eine solche -schreiberin in den sechs Bänden seines »*Tagebuchs eines Bibliothekars*« (in denen wir auf insgesamt über fünftausend Seiten fast alle[1] seine gut fünftausend Besprechungen bis zu seiner Pensionierung als Bibliothekar gesammelt haben) und jeder der eine Handvoll Rezensenten – -innen können mangels Existenz nicht vermeldet werden – dieser »*Tagebücher*« nicht, und ich natürlich auch nicht. Hier widerstehe ich ihr aber doch, weil ich

---

1 ein paar wurden wohl ausgelassen, eine sicher, die von Markus Werners »Zündels Abgang« aus dem Jahr 1984, die erst auftauchte, als das Buch schon gedruckt war

etwas in Eile bin mit dem Schreiben und der Layouter schon auf den
Text wartet und die für uns zuständige Mitarbeiterin bei unserer Deutsch-
landauslieferung (eine solche ist, die Info ist für jene, die mit dem Buch-
handelswesen nicht vertraut sind, ein Zulieferer des Buchhandels) mich
eh schon mehrmals gerüffelt hat, weil wir den Erscheinungstermin des
Buches schon zweimal verschoben haben.

Je länger der Helmuth diese Permanentrezensierei auf knapp bis gut einer
Normseite trieb, umso schneller und auch leichtfüßiger, beflügelter,
scheint mir, ging sie vonstatten, wiewohl Schwerfälligkeit seit jeher nicht
eine seiner Schwächen war, sein Rezensier-Schwungradl nahm kon-
tinuierlich an Fahrt auf – beinhalteten die knapp tausend Seiten des ersten »*Tagebuchs eines Bibliothekars*« noch die Besprechungen von 1982
bis 1998 (1979 hatte er zu Rezensieren begonnen, was vor 82 war, scheint
verschollen zu sein), so beinhalteten die nächsten beiden Bände Rezensionen von fünf Jahren, der nächste die von vier und die letzten beiden
von nur mehr drei Jahren.

Daß er Buchbesprechungen schreiben würde, bis er ein alter Tepp ist,
und darüber hinaus, ahnte Helmuth Schönauer, als er damit als junger
eifriger Wegsucher (und vermutlich schon Jungvater oder solcher in spe)
anfing, zweifellos nicht. Bis zuletzt – als er schon lang ein alter Tepp
war –, wollte er es nicht wahrhaben (was einen alten Teppen natürlich
geradezu kennzeichnet). Ich aber konnte, als er im vorletzten Jahr seiner
Anstellung ankündigte, mit der Pensionierung auch das Bücherbespre-
chen aufzugeben, in der Pension nur noch »*glückliche Gedichte*« zu
schreiben (irgendwas in der Art vermeldete er, so wie er jetzt gern sagt:
in der Pension kriegst du jedes Monat einen Literaturpreis), mir nicht
vorstellen, wie sich etwas so Eingespieltes, eine Lebensweise geradezu,
aufgeben lassen sollte – und wozu auch. Ich fand den Gedanken aber interessant. Und ich hätte es ihm durchaus zugetraut, einem, der eine
solche Unmenge Bücher liest und bespricht, kann man ja alles mögliche
zutrauen. Und ich war gespannt. Aber nicht lange. Anfang 2018 (im September sollte er in Pension gehen, ab Mai aber nichtverbrauchte Urlaube
in Anspruch nehmen) sprach er schon von »*nicht mehr diese Kurzbespre-
chungen wie bisher*«, sondern über, neben anderem, ausführlichere Essays
zur Literatur und zu Büchern. Man könnte die ja in so Halbjahresheften
herausbringen und er sie selber ausschicken. (Genauso wie er – daran
dachte ich natürlich, als er damit kam – in der Vor-Internetzeit seine inzwischen legendären Rundbriefe mit Besprechungen an seine Leihbi-
bliotheken verschickt hatte und wohl auch an einige Verlage und Verfasser

9

und selbstredend auch -innen und danach seine ebenso legendären Rund-
mails mit Buchbesprechungs-Zehnerpaketen. Alles stets mit dem längst
legendären Gruß »*Haltet alle durch!*«. Weswegen zu seinem 50er Robert
Renk, auch er als Kulturaktivist von Bierstindl über Literaturveranstalter
bis Wagner'sche-Buchhandlungsretter inzwischen eine Innsbrucker
Legende, eine Anthologie mit Texten zu seiner, Helmuths, Wenigkeit
mit dem Titel »*Einer hält durch!*« herausbrachte.) Und einige Monate
später – »*Tagebuch*« Band VI war gerade im Druck – schrieb er mir, es
wäre zwar ungebührlich, wenn das eine Buch noch nicht erschienen ist,
bereits das nächste zu planen, noch dazu fürs selbe Jahr, aber was ich davon hielte, wenn er im Herbst unter dem Titel »*Schreiben wie ein Sisyphus.
Literatur an der Peripherie*« ein »*Buch in Pension*« (so, nämlich »*Buch
in Pension*«, nennt er sich selber seit der Prä-Pensionsphase gegenüber
Verlagen und Autoren und natürlich auch -innen, in der Hoffnung dadurch das Zugeschicktbekommen von Rezensionsexemplaren einzudäm-
men) mit Rezensionen und Essays und seinen übrigen literarischen Um-
trieben machen würde. Was ich davon hielt, haben Sie ja einige Seiten
weiter oben gelesen und sehen Sie daran, was Sie gerade vor sich liegen
haben. Einer macht also weiter (wie es wohl so ziemlich alle erwartet
hatten). Und hier ist es nun: sein erstes »*Buch in Pension*«. Viel Vergnügen
damit!

Winfried Gindl

Winfried Gindl gründete eine der vielen kurzlebigen Literaturzeitschriften der 1980er Jahre. Daraus wurde dann
das Autorenverlagsprojekt, in dem auch dieses Buch erscheint. Dort ist er der Trottel für alles. (Passendes Lied
dazu: www.youtube.com/watch?v=VposG07XwAM)

Das Tal im Nebel

Warum können die Südtiroler ihre Morde nicht zivilisiert begehen? Stattdessen muss man immer im Ödland, im Müll und an der Peripherie herumstochern.

Lenz Koppelstätter hat den gebildetsten und musischsten Kommissar im Rennen. Man spürt es als Leser, dass er sich das ganze Krimigetue nur deshalb antut, weil die anderen Felder der Literatur kaum mehr beachtet werden. Jetzt hat er seinen Kommissar Grauner mit Bildung, Sensibilität und trockenem Humor ausgestattet. Das Kriminelle ist dabei eine Begleiterscheinung beim Erzählen. Die Fälle werden, wenn möglich, schnell und in Nebensätzen erledigt, denn in der Hauptsache geht es für Grauner darum, als Alternativlandwirt in Harmonie mit Land und Geschichte zu leben, seiner Tochter beim Pubertieren zu helfen und seinen Kühen beim Melken Gustav Mahler vorzuspielen.

Lenz Koppelstätter: Das Tal im Nebel. Ein Fall für Commissario Grauner. Ein Krimi aus Südtirol. Köln: Kiepenheuer & Witsch 2019. (= KiWi 1622). 274 Seiten. EUR 10,30. ISBN 978-3-462-05191-9.

Lenz Koppelstätter, geb. 1982 in Bozen, lebt nach Jahren in Berlin wieder in Bozen.

21/01/19

Das ganze Unglück wird in einem Prolog angerichtet. In der ganzjährig vernebelten Brache rund um den Unterland-Ort Auer findet der Außenseiter Zwölfer in den Obstkisten zwei tote Frauen, wie im Katalog sind sie blond und braun. Es handelt sich tatsächlich um Nebelfrauen, wie die Prostituierten dieser Gegend genannt werden, wenn sie meist ohne Zuhälter selbständig in den Mooshütten arbeiten.

Jetzt kommt der Krimi in Gang. Auf der guten, weil amtlichen Seite knabbern Grauner und Kollege Saltapepe am Fall, auf der anderen Seite versuchen Bauern, Weinhändler und Barbetreiber die Sache möglichst dunkel und geheimnisvoll zu halten. Zwischendurch glaubt man sich in einen Agrarkrimi versetzt. Der Kommissar baut zu den Kühen menschliche Beziehungen auf, die Moos-Bauern schirmen sich von der Außenwelt ab und trinken Tag für Tag ihr alkoholisches Süppchen, und die Dritten sind in die internationale Weinpantscherei eingestiegen.

Tatsächlich ziehen sich zwei Chinesen wie ein gelber Faden durch den Krimi. Als Höhepunkt locken sie die Ermittler zu einer Scheinadresse in Innsbruck, wo eine leere Wohnung gestürmt wird.

Dazu muss man wissen, dass in der Krimiszene Innsbruck als das Mekka gilt. Jeder Südtiroler Kommissar lechzt danach, endlich in Innsbruck einen kurzen internationalen Auftritt zu haben. Umgekehrt behandeln die Innsbrucker Welt-Polizisten die Südtiroler gerne als rurale Sub-Experten, die man nicht auf den höchsten Wissensstand bringen muss.

Nach diesem Innsbruck-Einsatz, der wie fast alle Auftritte in dieser Stadt sinnlos ist, kehrt die Truppe noch einmal in die Wüste des Südtiroler Unterlandes zurück und klärt alles auf.

Die Nebel lichten sich, aber zuvor gibt es noch Überfälle bei der Observierung von Verdächtigen, die Wein-Szene zeigt sich von der unguten Seite, und die Nebelfrauen sind gar nicht so selbständig, wie sie es gerne hätten, ein internationaler Schlepperring ist hinter ihnen her.

Der genaue Ablauf dieser Aufklärungsvorgänge darf nicht verraten werden, denn dann wäre der Krimi ja sinnlos.

Dafür sind die Motive für Verbrechen umso einleuchtender. Südtiroler Geschäftsleute sind nicht imstande, mit Frauen ein ordentliches Sexual-Geschäftsleben aufzubauen. Die Gefühle sind fallweise zu groß und die Währung zu klein, sexuell wird immer noch in Lira gedacht. So muss es zum Mord in jenen Gegenden kommen, die abgelegen von jeder Zivilisation auch abseitige Rituale erlauben.

Wie immer steckt bei Lenz Koppelstätter der Sinn in Seitenhieben und Seitenbemerkungen. »Das Geschäft ist zu groß für einen kleinen Fälscher aus Südtirol.« (247)

Rotes Licht

Ein russischer Roman mit dem Versprechen, ein ganzes Jahrhundert und einen ganzen Kontinent darzustellen, garantiert vor allem eines: ein Figuren-Set, das jeden Zwischenspeicher beim Lesen sprengt. Der kluge Leser lässt also die meisten Figuren beiseite und zieht jeweils einen Helden auf russischer und deutscher Seite auf seine Seite.

Beim Mammut-Werk »Rotes Licht« geht es um nichts anderes als um den Zustand eines Putin-Russlands so um die Gegenwart herum. Dabei sind tausende Erzählfäden vonnöten, um halbwegs ein historisches Geflecht zu beschreiben. Der Roman bietet dazu ergänzende Einsprengsel zu einem historischen Fach-Werk, im Roman lässt sich nämlich zeigen, wie historische Maßnahmen beim Endverbraucher ankommen.

Einer dieser Endverbraucher ist der russische Wissenschaftler Salomon Richter, der in einem Moskauer Vorort-Spital im Sterben liegt. Wie bei allen Moribunden läuft das Leben in ruckeligen Bildern noch einmal vorbei, unterfüttert von aktuellen Geräuschen der Gegenwart. Salomon ist in Buenos Aires geboren, aber 1927 mit seinem Vater in die Sowjetunion übersiedelt, wo er die oft tödlichen Wellenbewegungen der russischen Geschichte immer gerade noch überlebt hat. Auch jetzt noch, beim Sterben, dringen die Nachrichten aus dem Donbass bis ans Bett durch, in

TV-Schaltungen sieht man Kampfmaßnahmen, wie sie in Russland seit Zaren-Zeiten üblich sind. Es gehört offensichtlich zur DNA Russlands, ständig in einem inneren oder äußeren Krieg zu sein. Das rote Licht wird dabei ständig von feindlichem Gelichter irritiert, fast ein Jahrhundert lang kämpfen Braun mit Rot, Kapital gegen Sozialismus, deutsche Ideologien mit der russischen Seele. Für die Leser und den sterbenden Salomon bleibt eine Beruhigung: Im Sterbezimmer setzt sich das rote Licht durch!

Die zweite Leitfigur ist vielleicht Ernst Hanfstaengl, der ein früher Kompagnon von Adolf Hitler ist, ehe er sich rechtzeitig absetzen kann und später Regierungen im Kalten Krieg berät. Er wird im Klappentext als Mephisto angepriesen, der zu allem eine Gegenthese hat. Tatsächlich lässt er Sätze heraus wie: Der Krieg ist stärker als Hitler, offensiver als Stalin. (338) An anderer Stelle plant er für Hitler so etwas wie das Königtum, um eine Parallele zu den Staufern zu installieren und das Unternehmen Barbarossa mythologisch zu unterfüttern.

Die dritte wesentliche Figur ist der Autor selbst, der aus diesem Grund mit einem eigenen Beiheft vorgestellt wird. Maxim Kantor ist international anerkannter Künstler, der eine Zeitlang die offizielle Regierungslinie im Ausland vertreten hat. Auch sein erster Roman »Zeichenlehrbuch« wurde 2006 in Russland noch gefeiert, doch dann kommt es zum Bruch mit dem Putinismus und der Autor wird zu Hause kleingehalten und im Ausland als Dissident herumgereicht. In einem Interview erzählt er seine eigene Geschichte als Folie für den Roman.

Im Roman tritt das ganze Jahrhundert quasi gleichzeitig auf, wie bei einem gigantischen Gemälde. Alles greift ineinander über, Parolen machen sich selbständig und entfernen sich vom jeweiligen Kontext, um als Groteske sich in einer anderen Gegend niederzulassen. Als »roter« Faden ziehen sich das Chaos der Revolution, der Vaterländische Krieg, der Zerfall der Sowjetunion und der oligarchische Kapitalismus nach Jelzin durch die große Erzählung, die sich ihre Logik aus mannigfachen Gesprächen und großem Kopfschütteln der Protagonisten holt. Letztlich dient das Groteske als Motor der Geschichte, heißt es einmal. Und die echte Geschichte produziert Wirklichkeit mit Vergangenheit. (671)

Die einzelnen Sequenzen zerfallen dabei zu purem Abenteuer. Ob sich nun jemand in Stalingrad eine Zigarette anzündet oder ein gewisser

Maxim Kantor: Rotes Licht. Roman.

A. d. Russ. von Juri Elperin, Sebastian Gutnik, Olga Korneev, Claudia Korneev. [Orig.: Krasnyi Svet, Moskau 2013].

Wien: Zsolnay 2018. 704 Seiten. EUR 29,–. ISBN 978-3-552-05853-8.

Maxim Kantor, geb. 1957 in Moskau, lebt in Berlin und Oxford. Dem Roman ist ein 95-seitiges Lesebuch beigefügt mit Leseprobe, Autorengespräch, Illustrationen und biographischen Skizzen.

22/01/19

Molke im Keller erbärmlich hingerichtet und aufgehängt wird wie Schlachtvieh: Im Vordergrund steht das Plastische, Blutige, Knallige der Geschichte, erst hintennach werden darüber blumige Formulierungen gefunden. Ein wenig erinnert diese Darstellung an die Schlachtbeschreibungen eines Heiner Müller, der ja immer gezeigt hat, wie blasse Parteiprogramme in der Wirklichkeit blutig und farbig werden.

Das Groteske geht beinahe in Klamauk über, wenn etwa ein gefangener Ukrainer im Donbass auf Befehl der russischen Okkupanten seine eigenen Epauletten fressen muss. Oder wenn Hitler nicht das Glück des Vielfraßes Kohl hat und gegen Russland kämpfen muss, während Kohl die DDR gratis von Russland kriegt.

Diese schrägen Bilder ermahnen den Leser, jeweils selbst zu kalibrieren, was gerade noch geht und was eine Verfehlung der Political Correctness ist. Der Text ist auf jeden Fall ohne Moral und stellt dadurch den Leser vor neue Aufgaben, denn wenn er nicht aufpasst, tappt er in alle möglichen politischen und philosophischen Fallen. So tritt etwa der ewig sprachmonströse Heidegger auf und verbrämt mit seiner Singsang-Sprache der Nazis alle politischen Entscheidungen. Ob diese nun braun oder rot sind, die Sprache ist dabei moralisch farblos.

Die Verknüpfung der Zeitebenen zu einem fiktionalen Schlauch ergibt auch einen seltsamen Erzählfluss. Eben noch emigriert jemand vor den Nazis, da kommen schon die super-reichen Putianer-Oligarchen nach London und kaufen ganze Straßenzüge auf. Zu Hause erlässt inzwischen Gazprom eigene Gesetze, um die Altersarmut zu bekämpfen, indem die Alten nach Möglichkeit kürzer leben sollen.

Die gegenwärtige Herrscherclique hat den Zerfall der Sowjetunion perfekt für die eigenen Geschäfte genützt und muss damit rechnen, dass es ein Stalin-Revival gibt. »Begeistert wird das Volk Stalin zurückbringen und eure Klöppeldemokraten in Fetzen zerreißen.« (529)

Für die angewandte Wirklichkeit Russlands schaut die Prognose vielleicht nicht gut aus, aber in den Bildern und Farben wird alles gut werden, das ist eine russische Eigenschaft. Spätestens beim Sterben gibt es wieder rotes Licht.

Die Zigarette danach

Zwischen Rauchern und Nichtrauchern gibt es letztlich keine Verständigung, weil beide in einem anderen Aggregatzustand leben. Ein Nichtraucher wird nie verstehen, wie man sich freiwillig so abhängig machen kann, ein Raucher wird nie goutieren, dass jemand die Lust am Leben so achtlos beiseitelässt, indem man nichts zwischen die Lippen steckt. Antoine Laurain vergisst den medizinischen Zeigefinger und lässt Heldenhaftes aus der Ich-Position eines Rauchers erzählen. Bei gewöhnlichen Helden wird ja auch nie drüber räsoniert, ob das Verhalten nun schick oder sozial ist, die meisten Stars der Literaturgeschichte leben ja von ihrem asozialen Touch, der sie als einmaliges Individuum ausweisen soll.

Der Ich-Erzähler ist Headhunter in einer angesehenen Firma. In der gehobenen Managementkultur ist es üblich, sich mit edlen Zigarren zu umgeben, die meist auch noch während des Rauchens eine Geschichte erzählen. So soll der Vater in Kuba bei einem Autounfall gestorben sein, ein gegnerischer LKW hat Zigarrenkisten geladen, die über den Verunfallten wie die Platte eines Ehrengrabes herfallen.

Dennoch entgleist der Raucher immer wieder in trivialen Szenen. Bei einer Kunstveranstaltung streift er seine Zigarettenasche in einem halb gefüllten Aschenbecher ab, der als Kunstobjekt ausgestellt ist. Jetzt gilt es für die Galeristen, die Kunstasche von der Trivial-Asche zu trennen und wieder der Kunst zuzuführen. (23)

Antoine Laurain: Die Zigarette danach. Roman. A. d. Franz. von Sina de Malafosse. [Orig.: Fume et tue, Paris 2009]. Hamburg: Atlantik 2019. 236 Seiten. EUR 16,–. ISBN 978-3-455-65046-4.

Antoine Laurain, geb. 1970 in Paris, war Antiquitätenhändler und ist jetzt Bestsellerautor in Paris.

29/01/19

Um der Ehe doch noch einen neuen Wind zu besorgen, gehorcht der Held seiner Frau und begibt sich in Hypnose, zumal seine Zunge bei jedem Kuss wie ein Zigarettenstummel schmeckt. Dem Hypnotiseur gelingt das Unmögliche, er befreit den Helden von seinem Laster. Wann immer dieser in Zukunft in eine Raucherzone gerät, ist er immun. Schlimmer noch, selbst wenn er raucht, spürt er nichts und beißt auf totes Tabakmaterial. Als er daraufhin seine Hypnose rückgängig machen will, bleibt er vom Pech verfolgt. Der Hypnotiseur erweist sich als Geldwäscher, der gerade festgenommen wird.

Dramatisch wird dieses Lustdefizit, als er an der Metrostation aggressiv um eine Zigarette angegangen wird. Als der Bettler ein Messer zieht, wirft der Headhunter den Lästigen vor die U-Bahn und verschwindet. Die Zigarette danach entfaltet plötzlich alle paradiesischen Zustände, die er so lange entbehren musste.

Zur funktionierenden Rauchlust gehört es, dass man alles unternimmt, um diese zu steigern. Dem Erzähler bleibt also nichts anderes übrig, als immer wieder jemanden beiseitezuschaffen, um mit der Erleichterungszigarette kurzzeitig den Sinn des Lebens in Händen zu halten. Da die

Morde am Chef, Nachbarn und Nebenbuhler selbst für die Polizei ziemlich auffallend sind, kommt es zur Verhaftung. Im Gefängnis trifft er den Hypnotiseur wieder, der ihm in einer Sitzung nach dem Hofgang die Lust endgültig zurückbringt. Ironie des Schicksals: Seine erste Zigarette hat der Held während eines Monopolyspiels geraucht und ist dafür mit seiner Figur ins Gefängnis gekommen.

Dieser Ritt durch den Parcours der Lüste zeigt anschaulich, dass es beim Rauchen eigene Gesetze gibt, die ein Nichtraucher nie verstehen wird. Deshalb gibt es letztlich auch kein funktionierendes Entwöhnungsprogramm, denn das Rauchen ist eine Veranlagung wie die Haarfarbe oder der Knochenbau. Man kann beides nur genießen und vor der Umwelt zur Schau stellen.

Ich lege mein Herz

Markante Titel machen sofort eine Szenerie auf, worin sie spielen könnten. »Ich lege mein Herz« lässt jemanden beim Kartenspiel ein besonders wertvolles Blatt in die Spielrunde werfen. In einem psychoanalytischen Ambiente könnte der Satz an der entscheidenden Stelle abreißen, weil entweder die Hypnose einsetzt oder eine sonstige emotionale Veränderung auftritt.

Ingrid Zebinger-Jacobi: Ich lege mein Herz. Kurzgeschichten.

Graz: Keiper 2019. 190 Seiten. EUR 20,–. ISBN 978-3-903144-76-7.

Ingrid Zebinger-Jacobi, geb. 1978 in Graz, lebt in Wien.

31/01/19

Ingrid Zebinger-Jacobi legt es mit ihren 25 Kurzgeschichten darauf an, die Ereignisse unspektakulär zu halten. Die einzelnen Begebenheiten fallen nicht auf Anhieb als etwas Besonderes auf, aber dann kommt es plötzlich zu einem kleinen Dreh, und die Helden sind in einer anderen Lebenskonstellation.

Schon in der ersten Geschichte erlebt die Ich-Erzählerin ihre eigene Auflösung. Bei einer Afterparty geht sie in Bier und Rhythmus unter und verliert ihre Koordinaten. Im amorphen Sog in Richtung Morgengrauen verabschiedet sich alles in Richtung Entropie. Die Verzahnung der Sinne verzichtet auf die bisherige Ordnung, als ob das bisherige Leben gelöscht werden müsste. Afterparty ist übrigens ein wunderschöner Begriff, den man sich unbedingt für einen existenziellen Roman ausleihen sollte.

»Und Sara traf Walter« ist eine Fügung, wie sie in Kitschromanen gerne vorkommt. Zwischen Nostalgie und literarisch übergeschnappten Floskeln startet ein Paar eine Kurzzeitbeziehung, bei der nie klar ist, was im Vordergrund steht: die Beziehung oder die schöne Sprache, die sie beschreibt. Vor allem aus der Entfernung wirkt das Paar auch nach Jahren noch zeitlos.

In einer Begebenheit aus Israel strolcht eine Erzählerin zwischen Ferien, Bildungsurlaub, Beziehungsgeplänkel und Religiosität durch Tel Aviv. Der entscheidende Satz fällt in einem Smalltalk. Und, haben Sie Jesus schon gefunden? (24)

Nur die wenigsten Kurzgeschichten haben so etwas wie einen Mini-Plot, in der Hauptsache sind es kleine Erinnerungsblasen, die wie spontan entzündete Zigaretten aufglühen und nach der sprichwörtlichen Zigarettenlänge wieder in einer amorphen Erinnerungsmasse verschwinden.

Alfred darf nach dreimal Sex bei der Freundin einziehen. Ein etwas animalischer Arzt massiert mit seinen Pfoten eine Frau so zärtlich, bis sie alles vergisst und ein Schmetterling wird. Ein Gewitter tobt und bringt die Gegend in Aufruhr, das betrachtende Ich kommt mit dem Schauen nicht nach. Aber morgen wird ja alles, was vernichtet ist, in der Zeitung stehen.

Am Abend setzt eine Verschiebung der Perspektive ein. Die Mutter versetzt sich in die Lage ihres Kindes und überlegt, ob es das alles überhaupt will. Auf der Welt zu sein beispielsweise. (68)

Ein Andante hört nicht mehr auf, weil die Erzählung die Partitur wörtlich nimmt.

Gegen Ende des Sommers taucht ein kleiner Punkt aus der Versenkung auf, der durchaus die Fähigkeit hat, alles einzutrüben. Aus der schönen Sommerbeziehung ergibt sich eine Schwangerschaft, die im Herbst wohl oder übel beendet werden muss. Nach zwanzig Jahren meldet sich das abgetriebene Kind und macht einen Knoten in die Erinnerung. Erst jetzt ist der Sommer von damals wirklich zu Ende.

Ich lege mein Herz ist eine Sequenz aus einem intensiven Spiel, wobei der Leser mitspielen muss, will er die angerissenen Geschichten verstehen. Die Kurzgeschichten sind ein offensiver Gestus, der das Herz des Lesers herausfordert. Zu der angebotenen Spielkarte muss er sein Blatt hinzufügen. Herz ist Trumpf!

Kaiser, Kleider, Kind

Wer regelmäßig über die Buchrücken seiner Märchenbücher fährt, wird bestätigen, dass sich diese jedes Mal anders anfühlen. Und wenn man daraufhin ein besonders haptisches Exemplar aufschlägt und ein Stück daraus anliest, entsteht

Alfred Pfabigan: Kaiser, Kleider, Kind. Die Kunst des Betrugs und seiner vermeintlichen Aufdeckung. Essay.
Innsbruck: Limbus 2019. 151 Seiten. EUR 16,–. ISBN 978-3-99039-141-9.
Alfred Pfabigan, geb. 1947 in Wien, lebt in Wien.
05/02/19

jeweils eine Fassung. Im Laufe seines Lebens baut sich der Leser seine Märchen dutzendfach neu auf, weil er sie ja als Kind, Vater, Großmutter oder Seminarteilnehmerin liest. Auch epochenmäßig gesehen muss eine Gesellschaft ihre Märchen in jeder Legislaturperiode neu lesen. Wer hat nicht die schönen Kreisky-Jahre in Erinnerung, als man den Wolf als Kapital und Rotkäppchen als Sozialismus lesen konnte?

Alfred Pfabigan kümmert sich in seinem Essay um das Andersen-Märchen von des Kaisers neuen Kleidern. Dabei geht er von der These aus, dass Märchen ständig unterwegs sind und sich neu erzählen, und ab und zu an einer Person hängen bleiben, die ihnen einen taffen Touch für die aktuelle Gegenwart verpassen. Für den optisch ausgesprochen hässlichen Hans Christian Andersen sind Märchen eine gute Methode, den Blick der Zuhörer von seinem Gesicht wegzulenken, indem daraus märchenhafte Ideen sprudeln.

Das Märchen »Des Kaisers neue Kleider« wird seit jeher als politische Gleichung gelesen, worin gezeigt wird, dass etwas nur so lange existiert, wie es von jemandem für existent gehalten wird. Wenn ein Kind in seinem unverstellten Blick kühn verlautbart, dass der Kaiser nackt sei, bricht dessen Macht sofort zusammen, zumal die Nacktheit eine kritische Masse erreicht hat.

Im Zeitalter von Fake-News und galoppierendem Infantilismus geht Alfred Pfabigan nun her, und erzählt das Märchen jeweils aus der Sicht der Beteiligten neu. Kaiser, Weber, Minister, Sekretarius, Kind und Volk tragen die Wahrheit aus ihrer Sicht vor und haben recht. Der aufgeklärte Leser weiß natürlich alles besser und zieht aus der Differenz zwischen dargebotener Geschichte und eigener Erfahrung einen besonderen Nutzen. Oft ist ja gerade der Gap zwischen scheinbarer Wahrheit und Darbietung das Unterhaltsame. Das ganze Internet lebt schließlich davon.

Ein ausführliches Kapitel widmet sich daher dem Hans Christian Andersen, der eigentlich ohne deklarierte Ausbildung, quasi als permanentes Kind, zum epochalen Märchenerzähler geworden ist. So verwundert es auch nicht, dass er mehrmals Autobiographien abgeliefert hat, die wie Märchen komponiert sind.

In der Begriffskette Kaiser, Kleider, Kind lenkt schließlich das Kind die größte Aufmerksamkeit auf sich. Als raffinierter Kunstgriff im Andersen-Märchen darf das Kind die Wahrheit sagen und damit das Märchen sprengen. Es ist tatsächlich unverbraucht und unbestechlich. Vor allem kommt es in der Kulturgeschichte immer wieder einem Jesuskind ähnlich zum Einsatz, wenn es um den Idealzustand der Menschheit geht.

In der gegenwärtigen Gesellschaft, die von manchen als infantil bezeichnet wird, wenn man an das Getue um den Nachwuchs denkt, hat das Kind Narrenfreiheit und man darf ihm nie widersprechen. So wird der grandiose amerikanische Präsident Trump gerne als Kind bezeichnet, wenn er wieder einmal seine Welt auf Twitter vorstellt. Aber auch eine sechzehnjährige Pipi Klimawandel aus Schweden, die momentan von Kongress zu Kongress eilt, um Taten statt Hoffnung einzufordern, wird gerne als Kind dargestellt, um die Kuh vom politischen Eis herunterzubringen.

Ein Essay darf trotz Tiefgangs auch Vergnügen bereiten. Alfred Pfabigans positive Märchenstunde erhellt die Winternächte weit über den skandinavischen Raum hinaus.

Karpatenkarneval

Freche Dichter betreten die Literaturszene gerne mit einem Roman, der die Gestalt einer Handgranate hat, bei der der Splint schon gezogen ist. Juri Andruchowytsch ist mit einer sprichwörtlichen Explosion auf die ukrainische und internationale Literaturbühne getreten. Atemlos und ansatzlos wird der Roman »Karpatenkarneval« in den Monaten September und Oktober 1990 heruntergeschrieben. Das Thema ist ein Schöpfungsfestival, auf dem die Welt neu erfunden und gleich ausprobiert wird. Eine amorph neue Ukraine wird anhand eines ausgelassenen Happenings gefeiert, ein Mittelding zwischen politischem Woodstock und poetischem Walden. Alles, was Farben, Instrumente und Ideen hat, macht sich auf in die Kleinstadt Tschortopil in den Karpaten. Über diesen fiktiven Wallfahrtsort heißt es in einer erfundenen heimatkundlichen Abhandlung: »Tschortopil ist ringsum von Bergen umgeben.« (7) Der Protagonist Choma ist Dichter und reist auf einer Welle von Begeisterung ins Gebirge. Alles ist schön, weil es überwunden ist, so schmerzt auch der desolate Bahnhof nicht weiter, weil er aus der österreichischen Zeit stammt, und die wird als schön empfunden. Auf den letzten Kilometern taucht plötzlich ein alter Imperial auf, der von einem übergeschnappten Universalkünstler gesteuert wird. In einem Mini-Roadmovie wird alles ausgepackt, was das anstehende Festival bereichern könnte.

Da trifft es sich gut, dass Choma schon etwas geschrieben hat, das viel-

Juri Andruchowytsch: Karpatenkarneval. Roman. A. d. Ukrain. von Sabine Stöhr. [Orig.: Recreacii, Kiew 1992].

Berlin: Suhrkamp 2019. 171 Seiten. EUR 16,50. ISBN 978-3-518-46941-5.

Juri Andruchowytsch, geb. 1960 in Iwano-Frankiwsk, lebt in Iwano-Frankiwsk.

Sabine Stöhr, geb. 1968, studierte Slawistik, lebt in Berlin.

12/02/19

leicht erst im Moment der Darbietung fertig geworden ist. So ein frisches Spontanwerk hat den Vorteil, dass es sofort in der Vergessenheit entsorgt werden kann, wenn es niemand würdigt. Echte On-the-Road-Kunst bricht zusammen, sobald man den Motor abstellt oder aus dem Waggon klettert. Andererseits baut sich das Programm des »auferstandenen Geistes« wie von selbst auf, sobald genug Leute angekommen sind.

Im Festprogramm kann es Überraschungen geben, heißt es verschmitzt auf einem Folder. Jedenfalls sind elf Punkte angeführt, von einer wissenschaftlich-theoretischen Konferenz über Liturgie, Folk, Tanzturnier, Rockfestival bis hin zu Dichterlesung und Schlussakkord. (41)

Das Programm kann als Manifest für die neue Ukraine gelesen werden, physisch unterstützt von der seltsamen Kultur der Huzulen, die im neuen Staat wieder ans Tageslicht dürfen. Es gibt noch keine Spielregeln für den Diskurs. Jemand fragt unvermittelt, ob das alles eine Parodie auf Gorbatschow sei. (56) Aber dann bricht das Festival los, allein die Aufzählung aller anwesenden Berufsstände und Künstlergruppen dauert drei Seiten.

In Seitengesprächen bahnen sich schon die ersten Erkenntnisse an: »Wir wuchsen auf, jeder wie er konnte.« (102) Dabei muss vor allem schnell einmal mit der Aufarbeitung der Geschichte begonnen werden, denn viele sind in den Donbass deportiert worden und wollen sich jetzt im Angesicht der Karpaten neu erfinden.

Am Höhepunkt des Festes zerbröseln die Teilnehmer in Einzelschicksale, ein paar drehen um und wollen wieder nach Hause, andere landen im Bordell oder mit schweren Blicken im Angesicht des Gegenübers. Auch die Dichterlesung sprengt sich selbst, indem sich die Texte während des Vortrags auflösen und jegliche Ernsthaftigkeit verlorengeht. Im Dunstkreis diverser Drogen brechen die ersten Psychosen auf, und jemand unterliegt dem Wahn, dass schon wieder Krieg ist und eine Armee alles besetzt hält.

Das Festival kennt kein Ende. Gerade als sich alle mit dem neuen Geist angefreundet haben, startet eine Militärparade und es beginnt der nächste Abschnitt, plötzlich müssen wieder wie wild Gedichte gelesen werden.

Karpatenkarneval ist eine Orgie des Aufbruchs. Alle Schattierungen von Utopie sind möglich, Entwurf und Abhandlung halten sich in Schach, neue Elemente versickern im Sog alter Bräuche, der Optimismus verliert seine Leichtigkeit, und am Ende ist vielleicht alles eine groteske Parade, auf der die alten Geister ihre neuen Waffen zeigen.

Dieser Staatsgründungsroman hat die erstaunliche Fähigkeit, dass er mit der Realität jeweils mithalten kann. So verrückt kann sich die Ukraine gar nicht entwickeln, dass sie nicht schon vom Karneval der Karpaten überrollt wäre. Die grotesken Feste haben die Neigung, in brutale Realität auszuarten. Ein beunruhigender Roman!

Es ist unangenehm im Sonnensystem

Überall gibt es Richtlinien und Spielregeln, sodass man immer auf der Hut sein muss, alles richtig zu machen. Selbst das Sonnensystem, das berühmt ist für seine physikalischen Gesetze und logische Geradlinigkeit, ist durchaus unangenehm, weil es sich nicht durchschauen lässt.

Martin Amanshauser antwortet auf das Sonnensystem mit Gedichten, die einerseits die Kraft und den Willen zur Ewigkeit haben und es andererseits thematisch mit der Unendlichkeit aufnehmen. In jeder dieser kleinen Gedichtzellen steckt die DNA zu einem großen poetischen Tier. Was als fein geschliffenes Puzzleteil vor dem Leser liegt, ist subtiler Teil eines gigantischen Gedankengebäudes. Jedes Gedicht ist der Schlüssel zu einem Tresor, worin vielleicht etwas eingelagert ist, das die Welt noch nie gesehen hat. Und diese Schlüssel-Gedichte sind dann wie bei einem Kalauer auf einer großen bunten Frühlingswiese angehäuft, die den Begriff Schlüsselblume in einem neuen Licht erstrahlen lässt.

Schon im Eröffnungsgedicht bereitet sich das lyrische Ich auf das Geschäft des Dichters vor. Wenn man in der Literaturszene punkten will, soll man üblicherweise eine Kneipe aufmachen, damit sich darin die poetischen Geister Tag und Nacht ansaufen können. »ich wollte nie eine Kneipe eröffnen«, sagt das Ich und erzählt einen literarischen Traum, den jeder österreichische Lyriker vor sich her durch die Jahrzehnte trägt. Ich wollte in Mattighofen lesen, im Bierstindl, in Kremsmünster und in Scheibbs. (6)

Der Literaturbetrieb wird in der Folge zum wahren Sonnensystem, worin die Genies herumgeistern wie Planeten und die Leserschaft sich hinter einem schwarzen Loch versteckt hält. Fixstern ist ein Gedichtband, der sich schlicht »100.000 verkaufte Exemplare nennt« und als Nonplusultra für Erfolg gilt.

Die Botschaften entwachsen nicht nur den einzelnen Gedichten, wenn

Martin Amanshauser: Es ist unangenehm im Sonnensystem.

Wien: Kremayr & Scheriau 2019. 171 Seiten. EUR 19,90. ISBN 978-3-218-01163-1.

Martin Amanshauser, geb. 1968 in Salzburg, ist Reisejournalist und Schriftsteller.

20/02/19

etwa Kandisin als das neue Opium für das Volk ausgewiesen wird, die wahren Informationen stecken in den Verknüpfungen der Texte untereinander. Wenn man etwa hypothetisch annimmt, dass die allseits gefeierte picksüße Mayröcker aus literarischem Kandisin besteht, so entwickelt sich plötzlich eine neue Faktenlage, was das Zusammenspiel von Aufklärung, Volk und Genie betrifft.

Dabei rennt das lyrische Ich nicht blindlings in die Falle von guter Literatur, die ja bekanntlich alles verspricht und nichts hält, sondern die einzelnen Metiers werden durchaus in ihrem dekadenten Ambiente aufgesucht und für die Nachwelt eingefroren. Lyrik ist ein derart sterbendes Fach, ruft jemand aus, der gerade die Apokalypse beschreibt. (8) Aus dem Kommunikationssystem brechen immer wieder einzelne Heroen aus und machen sich mit einer eigentümlichen Sprache selbständig. »Ich spreche Deutschland«, sagt eine Frau immer wieder und begehrt Einlass in die neue Welt, in die sie gerade geflüchtet ist.

»Sag mir einfach Bescheid«, meint eine lyrische Stimme und ist für alles offen, ob das Gegenüber nun Suizid verübt oder die Bildauslegung des Psychiaters nicht goutiert. »Wenn du das mit der Hacke nicht möchtest, sag mir einfach Bescheid.« (120)

Im Zusammenhang mit psychiatrischen Gesprächen sind auch sogenannte Jandl-Versuche zu sehen, wo jemand jemanden nachmacht, weil er ihn für lustig hält. Bei einem anderen reicht es nur für Freibord-Gedichte, das sind Texte, die es in die Zeitschrift Freibord schaffen.

Diese Irrtümer, Fehlversuche, poetischen Anstiche und psychiatrischen Exzerpte enden in vollkommener Erschöpfung, die nur mit der Illusion überbrückt werden kann, dass das lyrische Ich heute endlich ein Gedicht geschrieben habe. Der Held ist so aufgekratzt vom Literaturbetrieb, dass er dem Publikum ein ordentliches Goodbye wünscht und innig hofft, dass ein Amokläufer hoffentlich mit einer Uzi etwas anstellt.

Martin Amanshauser hat sein Sonnensystem nicht näher mit den Daumenschrauben einer Gattungsbezeichnung gefoltert. Diese gedichtähnlichen Gebilde sind am ehesten Textplaneten, die sich ruhig und verlässlich, aber auch kochend und wild verhalten. In neun Zyklen geht es um den armen M.A. selbst, um idiotischen Eigenschmerz, heimische Investoren, Unsterblichkeit, um das Mondkalb, das einen traurigen Song singt, um Reisen, Enttäuschungen, Marscherleichterung und den idealen Tierarzt. Die einzelnen Kapitel sind dabei durchaus als Welterkenntnis formuliert. »Unterwegs zu sein reduziert das Risiko, keinen Lebenslauf zu haben.«

Auch wenn es im Sonnensystem unangenehm ist, dieser Ratgeber zeigt ein paar poetische Schmähs, wie man die Tage dennoch halbwegs belichtet hinkriegen kann.

Wo nur die Wiege stand

Selbst große Tiere haben einmal klein angefangen, weshalb für die Vermarktung von Persönlichkeiten der Geburtsort immer ein kapitaler Schatz ist, welcher einer Gemeinde zufällt, in der sich der Säugling zum ersten Mal auf dieser Welt gemeldet hat.

Ludwig Laher geht mit gesundem Argwohn jenen Kulten nach, die sich um die Geburtsorte mit einmaligem Windelwechsel ranken. Gerade die Literaturwissenschaft, die mittlerweile völlig kommerzialisiert ist, setzt sich immer wieder zum ökonomischen Ziel, einen uninteressanten Ort durch Anbringen diverser Schautafeln zu einem Geburtsort und damit Hotspot mit Overkill-Faktor zu machen.

Ehe sich der Autor einigen makaberen Fällen in Kunst und Kultur zuwendet, handelt er das Windelgetue am Beispiel von zwei Welt-Persönlichkeiten ab.

Am untersten Inntal, von dem freilich die sonst so Inntal-versessenen Tiroler nichts mehr wissen wollen, liegen in der Nähe der Mündung zwei Geburtsweltorte: Marktl für Papst Benedikt und Braunau für Hitler. Das Marketing für die beiden Selfie-Ambientes könnte unterschiedlicher nicht sein. Während man Marktl mit einer Teilautobahn erschlossen und den Ortskern für eine permanente Feldmesse gepflastert und herausgeputzt hat, um beim Papstbesuch gut abzuschneiden, unternimmt Braunau alles, um die stets nachquellenden Nazis zu vergrämen und vom Hitler-Geburtshaus fernzuhalten. Sosehr man auch abreißt, umbaut, enteignet und planiert, den Hitler-Geist kriegt man nicht mehr weg, im Unterschied zum Heiligen Geist in Marktl, der mit dem Papst wieder abgereist ist. Beide Weltgrößen haben sich nur zufällig in den Geburtsorten aufgehalten und sind auch bald wieder weggezogen, nachdem die Geburt abgewickelt war.

Das Anrufen von Geistern und ihre Beschwörung ist auch das Hauptanliegen von diversen Literatureinrichtungen und Literaturhäusern. Klagenfurt wäre noch immer eine überalterte Hofratssiedlung rund um einen Bahnhof, hätte man nicht die glorreiche Idee gehabt, darin ein Musil-Archiv einzurichten. Tatsächlich hat Robert Musil eine Windel-

Ludwig Laher: Wo nur die Wiege stand. Über die Anziehungskraft früh verlassener Geburtsorte.

Salzburg: Otto Müller 2019. 104 Seiten. EUR 17,–. ISBN 978-3-7013-1265-8.

Ludwig Laher, geb. 1955 in Linz, lebt in St. Pantaleon.

22/02/19

länge gegenüber dem Hauptbahnhof verbracht, später aber von diesem Ereignis kaum mehr Notiz genommen. Jetzt stopft man in seinem Namen alles ins Archiv, was Kohle und Wertzuwachs garantiert. Längst sind Manuskripte von Dichtern Aktien geworden, die von Nachlassgermanisten an der Literaturbörse gehandelt werden. Christine Lavant und der Vorlass-Spezialist Josef Winkler umkränzen den Glorienschein von Robert Musil, der nur vom Bachmann-Wettlesen im nahegelegenen ORF-Theater getoppt wird.

Musil selbst hat für einen Romanentwurf die Sache mit den Windelorten wie immer essayistisch cool gesehen. »Geboren in Steyr. Eigentlich nicht ganz. Aber im Zeitalter der Versetzungen, Geschäftsaufenthalte udgl. werden viele anderswo geboren als sie auf die Welt kommen.« (41)

Ist schon in der Provinz das Theater mit den Geburtsorten ein Theater, so wird es auf der Weltbühne oft zur Groteske. So versucht die fränkische Siedlung Wunsiedel mit einem Jean-Paul-Kult diverse Naziprozessionen zu einem Fliegergrab zu übertünchen. Das Einstein-Haus in Ulm wird von einer geometrischen Plastik markiert, die mitten in der Fußgängerzone ungefähr andeuten soll, wo das Genie auf die Welt gekommen ist. Und bei Paul Celan ist offensichtlich nichts mehr von der muffigen Geburtswohnung im Tiefparterre übrig, weshalb man gleich die ganze Stadt Czernowitz zum Kulturdenkmal mit Nächtigungsmöglichkeit ausgerufen hat.

Nicht nur die Literatur leidet an Unterversorgung mit guten Geburtsorten, auch in der Politik ist ein ständiges Kommen und Gehen, wenn sich die entsprechenden Ideologien verändern. So will plötzlich niemand mehr etwas von Dollfuß wissen, obwohl man sich gerade noch um ihn gerissen hat. Sein Bild wurde aus dem Parlamentsclub entfernt und liegt jetzt nahe seinem Geburtsort Texing im Partei-Museum von St. Pölten.

Ludwig Laher erzählt mit Kopfschütteln von diesen Kulten über die Anziehungskraft früh verlassener Geburtsorte. Sein Essay ermuntert die Leserschaft vor allem dazu, in der eigenen Umgebung nach solchen abgewrackten und aufgemotzten Wiegenorten zu suchen.

In Tirol etwa sind plötzlich bei Kriegsende alle Genies in Seefeld geboren, weil man die Innsbrucker Geburtsstation wegen der Luftangriffe dorthin ausgelagert hat. Der DADA-Schriftsteller Raoul Schrott lebte eine Zeitlang recht gut von seinem Namen und der Behauptung, in Tunis auf einem Schiff geboren zu sein. Der tapfere Tirolflüchtling Norbert Gstrein schließlich verdankt seinen im berüchtigten Inntal gelegenen Geburtsort Mils der Tatsache, dass das friedliche Vent im Winter ein-

geschneit war, sodass seine Mutter bereits lange vor den Lawinen in be-
wohntes Gebiet gezogen ist, um die Niederkunft ordnungsgemäß hinzukriegen.

Aus all diesen Anekdoten lässt sich mittlerweile Reibach machen, seit
mit der puren Literatur kein Geschäft mehr zu machen ist.

Mein Amerika

Als Buch größter Sehnsucht, die sogar noch erfüllt werden kann, gilt ge-
meinhin Franz Kafkas Roman Amerika, ursprünglich Der Verschollene
genannt. In diesem Abenteuer voller Unschuld, Verführung und Auf-
bruchsstimmung wird ein Sechzehnjähriger nach Amerika
verschifft, wo er schließlich im Landesinneren von einem Na-
turtheater in Oklahoma verzaubert und erlöst wird.

Siegfried Höllrigl: Mein
Amerika. Prosastücke.
Innsbruck: Edition Laurin
2019. 96 Seiten. EUR
18,90. ISBN 978-3-
902866-74-5.
*Siegfried Höllrigl, geb. 1943
in Meran, lebt in Meran.*
24/02/18

Siegfried Höllrigl bastelt sich aus kleinen Prosastücken und
Skizzen ein persönliches Amerika zusammen, indem er zu
glücksbringenden Bildern Amerika sagt. Den Schlüssel, um
dieses Schloss der Verzückung aufzusperren, liefert ein Absatz aus dem Tagebuch von Henry David Thoreau, worin dieser das Verhältnis von Nähe und Ferne, Bewegung und Ruhe,
Welt und Heimat zusammenfasst.

»Die Entdeckungen, die wir in fremden Ländern machen, sind spezifi-
sche und besondere; diejenigen, die wir zu Hause machen, sind all-
gemeine und bedeutende. Je weiter weg wir uns begeben, desto näher
sind wir der Oberfläche; je näher unsere Heimat, desto mehr gelangen
wir in die Tiefe. Geh und suche die Quellen des Lebens, und du wirst dir
genug Bewegung verschaffen.«

Das große Thema des Siegfried Höllrigl ist das Erleben weitläufiger Phä-
nomene wie Wetter oder Jahreszeit durch das Individuum. »Vom heurigen Sommer erinnere ich die geschwollenen Füße meiner Mutter.« (11)
In dieser Konstellation von persönlicher Erfahrung und öffentlichen
Daten wird der Sommer einmalig und gleichzeitig als Referenzepisode
für alles Sommerliche empfunden. Die Mutter, die Blumenhändlerin,
eine schwitzende Bäuerin, sie alle tragen zu einem zeitlosen Bild bei, das
an anderer Stelle die schöne Jahreszeit genannt wird.

Überhaupt erinnern diese hellen Impressionen voller Sonnenschein an
die Erinnerungsblätter eines Robert Walser, die diesem während seiner
Spaziergänge aus den Bäumen zugefallen sind.

Das »Amerika-Ich« wartet in der Folge auf den ersten Schnee, zelebriert das Flanieren auf einem Steig nach Dorf Tirol und huldigt zwischendurch den Bäumen, die trotz Mächtigkeit spurlos in einer Mure verschwinden können, wenn der Natur danach ist. Und was ist überhaupt ein heiler Wald?

Die Themen werden von seltsamen Zeichnungen eingeführt. Die Natur ist reduziert auf drei Kuppen, die von Schraffuren bedeckt sind und alle Jahreszeiten gleichzeitig hervorbringen. Ein tollkühner Mast wartet offensichtlich auf seine Sprengung und läutet ein Kapitel ein, worin sogenannte Laubfeger durch die Natur heulen, um gegen Abend hin eine mustergültige Kunstlandschaft zu hinterlassen. Schön ist das nicht, sagt jemand, aber wie er es sagt, das ist schon wieder schön. Das Verhältnis Erzählen und Sehen kommt in einem Bonmot zum Ausdruck, wonach das Beschreiben vom Anlegen der Schneeketten komplizierter ist als das Anlegen selbst.

Gegen Ende hin kommen dann explizite Kafka-Montagen zum Vorschein. Zuerst ist es noch der Jäger Gracchus, den der Erzähler bei einer Wanderung am Gardasee als Vorstufe der Kafka-Erzählung entdeckt. In einem weiteren Schritt löst ein Telegramm zwischen Kafka und Milena eine Tragödie aus, und schließlich kommt K. selbst als Alptraum ins Spiel, indem eine Zugfahrt quer durch die Literaturgeschichte führt und der Alpträumer das Abteil gerade noch verlassen kann, ehe das Buch am Ende ist.

Die Prosa von Siegfried Höllrigl wächst direkt aus einem Stillleben heraus, wie man es oft auf melancholischen Kalenderblättern sieht, wenn die Figuren auf der Hausbank sitzend für die jeweilige Jahreszeit eingedickt sind. Andererseits sind diese Stücke ein angewandter Katalog für eine Ausstellung, die das Leben jenen bietet, die zum Schauen bereit sind. Für den Meister der Handpresse sind diese Geschichten Blätter, die wie Kupferstiche aus einer Maschine springen, die mit der Hand betrieben wird.

Europeana

Für das Grauen und die Groteske ist im internationalen Literaturbetrieb das tschechische Wesen zuständig. Franz Kafka hat endgültig die Untiefen der Bürokratie beschrieben und Jaroslav Hašek erzählt, was herauskommt, wenn man Befehle wörtlich nimmt.

Patrik Ourednik wählt einen skurrilen Zugang für sein kleines Geschichtsbuch über Europa. Mit gut 1000 Schrotkugeln aus Philosophie-

und Presse-Artikeln wird Europa durch einen einzigen Schuss erledigt, der in seiner Gleichzeitigkeit den ganzen Kontinent durchlöchert. Die Geschichte ist atemlos in einem einzigen Aufwaschen erzählt. Kleine Überschriften, die in den großen Fließtext hineingeklemmt sind wie Fettaugen in eine Wurst, ermöglichen eine grobe Orientierung, wie man etwa auch in einem großen Wochenblatt zuerst einmal die Tage mit schnellem Blick abscrollt, ehe man in die einzelnen Abschnitte vorrückt.

Europa im 20. Jahrhundert ist von A bis Z eine skurrile Angelegenheit voller Irrtümer, Sorglosigkeiten und Verbrechen. Am Schluss heißt es dementsprechend zynisch, dass der Bürger am liebsten Konsument und der Wohlstand die Garantie für die Demokratie sei und nicht umgekehrt. »Aber viele Leute kannten diese Theorie nicht und machten weiter Geschichte, als ob nichts gewesen wäre.« (141)

Europeana sind eine Warnschrift, die zum Millennium entstanden ist, aber jetzt, schon mitten im neuen Jahrhundert, erst richtig als Warnweste greift. Im Schlauch der Geschichte, durch das sich Europa ein Jahrhundert lang gezwängt hat, herrschen kaum Gär-, sondern in der Hauptsache Giftgase. In einer Logik aus Krieg, Waffen, Psychiatrie und Holocaust greift alles nahtlos ineinander, alles hat mit allem zu tun, der erste Völkermord an den Armeniern führt aus dem Ersten Weltkrieg nahtlos hinüber in den Zweiten, das Vernichtungsgas Yperit, das man bei Ypern getestet hat, mutiert bald zu Zyklon B.

Patrik Ourednik: Europeana. Eine kurze Geschichte Europas im zwanzigsten Jahrhundert. A. d. Tschech. von Michael Stavaric. Wien: Czernin 2019. 141 Seiten. EUR 20,–. ISBN 978-3-7076-0662-1.

Patrik Ourednik, geb. 1957 in der Tschechoslowakei, lebt in Frankreich. 27/02/19

In der Eingangssequenz wird ein Bild zu einem Rechenbeispiel angeordnet. Wenn man bei durchschnittlicher Körpergröße die an einem einzigen Tag in der Normandie gefallenen Amerikaner aneinanderreiht, ergibt das die Todeslänge von achtunddreißig Kilometern. Die Europäer stehen auf Bilder, »die Leute glauben den Fotografien« (93), und in der ersten Hälfte des Jahrhunderts hat man alles in Soldatendenkmäler gegossen, in der zweiten alles in Filmen untergebracht. Die 68er Bewegung schaut sich beispielsweise tollen Sex in den Filmen ab und wendet sich ab von den Kriegsdenkmälern, im Goldenen Zeitalter waren die Leute Rassisten, aber sie wussten noch nichts davon. (79)

Tatsächlich sind die Bewusstseinslagen voneinander isoliert, jeder kriegt nur einen gewissen Abschnitt zu Gesicht, das Ganze hat wahrscheinlich ein Jahrhundert lang niemand gesehen. Europa wäre das Ganze, aber wir sehen nur Teile davon, »europäische Partikel«.

Der Autor erzählt in einem inneren Monolog, der oft im Unterbewusst-

sein verschwindet und dann wieder als markanter Absatz an die Lese-
oberfläche emporkommt. Während man als Leser noch eine These ver-
daut, ist man schon längst bei einem ganz anderen Thema, von dem man
nur weiß, dass es logisch an dieser Stelle angesprochen wird, aber es gibt
keinen Anfang und kein Ende. Die Themen sind wie die Fasern eines unendlichen Drahtseils ineinander verdreht, reißfest und geschmeidig win-
den sie sich durch das Jahrhundert. Man ahnt, dass auch viele Irrwege
und Lügen eingebaut sind, aber man hat keine Chance, diese zu erkennen. Der Essay flutet jeden Argwohn und erinnert dadurch an den Wahlkampf für die nächste Europawahl, wo man immer nur einzelne Floskeln
hört, aber keinen Zusammenhang erkennt.

Aus der Geschichte kann man bekanntlich nichts lernen, man kann nur
weitermachen. Wenn man Glück hat, ohne von der Vergangenheit er-
schlagen zu werden.

Schellenmann

Wenn jemand in der Literatur Jakob heißt, handelt es sich um einen Außenseiter, der sich vor allem mit dem Sprechen schwertut und so ein ge-
fundenes Fressen für Germanisten ist.

Philipp Böhm:
Schellenmann. Roman.
Berlin: Verbrecher 2019.
221 Seiten. EUR 20,–.
ISBN 978-3-95732-374-3.
*Philipp Böhm, geb. 1988 in
Ludwigshafen, lebt in Berlin.*
01/03/19

Philipp Böhm ist studierter Germanist und sein Held heißt
folglich Jakob, weil er mit der Welt nicht zurechtkommt. Als
Bibliothekar stellt man vorsorglich den »Schellenmann« in
das Jakob-Regal, wo all die kaputten und von Germanisten
bearbeiteten Helden stehen. Bei der Lektüre später stellt sich
gleich von der ersten Seite an heraus, dass dieser Jakob etwas
Besonderes ist. Er hat etwas, das wir alle haben, wenn wir
einen schlechten Tag erwischen.

Der Roman ist rund um Jakob aufgebaut, die Weltsicht des Helden ist
auch die Welt selbst. In einer unwichtigen Gegend tuckert am Rande
einer Siedlung eine Fabrik vor sich hin. Eigentlich handelt es sich um
eine Halle, worin eine Maschine steht. »Die Maschine produziert was.«
(49)

Es ist nicht klar, ob es sich um eine Scheinfabrik handelt, die ein unbekannter Investor laufen lässt, oder ob es nur Jakob so vorkommt, dass die
Maschine nichts produziert. Als er einmal den Satz fallen lässt, er habe
etwas in den Häcksler geworfen, wird er belehrt, in einen Häcksler wirft
man nur biologische Dinge.

Irgendwann ist Jakob in die Fabrik gekommen, eigentlich hat ihn der ältere Arbeiter Hartmann eines Tages mitgenommen und gemeint, er könne jetzt da arbeiten. In der Hauptsache muss er krumme Nägel in einem Brett gerade biegen. Aber dieser Hartmann ist jetzt verschwunden, sodass Jakob allein mit der Arbeit, der Firma und dem Leben fertigwerden muss.

In einem Erlebniszusammenschnitt tut sich einerseits nichts und die Zeit steht still, andererseits gibt es ein doppeltes Zählwerk, das das Leben aufzeichnet. Einmal sind die Tage gezählt, seit Hartmann verschwunden ist, zum anderen sind es markante Erlebnisse, die das Leben begleiten. Ein wichtiges Erlebnis kann sich im Alter von zehn oder achtzehn ereignet haben, das Alter sagt nichts über die Stärke des Erlebnisses aus, es dient ausschließlich der chronologischen Ordnung.

Nicht nur die Zeitangaben sind höchst überschaubar, weil sie letztlich um eine erzählte Gegenwart inklusive Stillstand kreisen, auch die Verortung ist bescheiden. Rund um die Fabrik sind ereignislose Siedlungen angelegt, offensichtlich fahren zwei Buslinien durch die Gegend, von denen man aber nicht weiß, wohin sie fahren. Als Jakob am Schluss an die Endstation fährt, ist der Roman auch prompt zu Ende.

In Pausen- und Freizeitgesprächen fallen allerhand wichtige Sätze zur Lage der Welt. Etwa dass es zu viele Menschen gibt (69) oder dass bei einem Krieg wieder einmal alles auf null gesetzt werden müsste. (96) Jeder der Gesprächspartner hat ein persönliches Lebensmotto, das er dem Jakob um den Hals hängt. »Geh raus oder lass die Welt rein.« (140) Den ganzen Roman hindurch ist es unerträglich heiß, die Kühe spinnen und die Leute gehen mit diversen Gerätschaften aufeinander los. Es liegt was in der Luft und es wird noch viel heftiger werden. In einem Sound aus Schwüle und Glitzer begegnet der Held schließlich dem Schellenmann. Kann sein, dass dieser aus einer Faschingsgilde ausgebrochen ist, zumal man nichts Persönliches an ihm erkennt. Später hängt das Kostüm wie eine Schlangenhaut in der Gegend, niemand weiß, wer darin gesteckt hat.

Die Freunde halten alle nicht das, als was sie angetreten sind. Auch von Hartmann ist nichts mehr zu sehen, selbst seine Großmutter meint, dass er vielleicht gegangen ist. »Es ist in Ordnung, verloren zu gehen.« (194) Ein unbekannter Bus fährt vielleicht aus dem Tal hinaus.

Philipp Böhm erzählt eine vollkommene Verstörung. Die Welt und der Held passen nicht zueinander, weil es keine passenden Formen gibt, wie sie miteinander auskommen könnten. Die Welt ist logisch und verrückt in einem Atemzug, und auch der Held macht alles richtig, fällt aber dennoch aus der Welt heraus. Und alles riecht verdammt nach Apokalypse, nicht nur weil die Kühe spinnen und der Schellenmann klimpert. Vielleicht ist bloß alles zu heiß oder es gibt zu viele Leute auf der Welt.

Toko

Rätselhafte Romane stellen naturgemäß ein Geheimnis in den Vordergrund, das aber trotz aller Lesebemühungen nicht restlos gelöst werden kann. Einem seltsamen Begriff nähert man sich selbst bei Vorwissen sehr vorsichtig, denn alles führt in die Irre. So stellt sich die Vermutung, bei Toko könne es sich um ein Schiwachs aus Kindertagen handeln, noch im Klappentext als falsch heraus.

Erwin Uhrmann: Toko. Roman.
Innsbruck: Limbus 2019.
218 Seiten. EUR 18,–.
ISBN 978-3-99039-139-6.
Erwin Uhrmann, geb. 1978, lebt in Wien.
03/03/19

Erwin Uhrmann setzt mit Toko gleich zwei Helden in Szene, die aber nicht greifbar werden. Einmal ist es der Hund Toko, der ständig ausbüxt und über weite Strecken als Verschollener durch den Roman streift, ein andermal ist es ein geheimnisvoller Onkel, der ein Leben lang auf Reisen ist. Diese beiden Tokos sind freilich in einer Rahmengeschichte versteckt, die sich selbst wieder in der Warteschleife eines Wissenschaftlers verkriecht.

Erich ist Literaturwissenschaftler und erforscht sogenannte Weltuntergänge. Einen schönen Aspekt liefern dabei die Küsten Englands, die über weite Strecken im Meer versinken. Genauere Studien wird er in Bath abwickeln, aber jetzt sitzt er noch in Wien und hat ein paar Tage Zeit, sich von allen zu verabschieden. Wenn man sich nämlich mitten im Leben verabschiedet, erweckt es die Illusion, ein neues Leben zu beginnen. Ein idealer Ort für diese Reinigungsmeditation ist Irrlitz, ein entlegener Ort, an dem Bobos als Zweitwohnsitzer ihrer Kindheit nachtrauern.

Ein befreundetes Paar stellt Erich das Haus in Irrlitz zur Verfügung. Es ist abgeschieden, abgefroren und sogar zeitlich entlegen zwischen Weihnachten und Neujahr. Schon in der ersten Nacht steht eine seltsame Frau vor der Tür und sucht ihren Hund Toko. Dieser verlorene Hund treibt in der Folge Erich und Daniela zusammen. Im Erich-Haus ist die Heizung kaputt und das Daniela-Anwesen stellt sich als Saurierpark heraus, auf dem von gigantischen Knochen abwärts alles herumliegt, was die Geschichte der Menschheit beleuchten könnte. Selbst als der verschwundene Hund auftaucht, ändert das nicht viel, er gilt nach wie vor als verschwunden wie der Onkel, der immer wieder kleine Lebenszeichen aus aller Welt in den Dinopark zu schicken scheint.

Wenn es so richtig kalt wird, rückt die Menschheit gerne zusammen.

Erich und Daniela kommen einander so nahe, dass sich daraus vielleicht eine Zukunft ergibt. Aber zuvor heißt es Reinemachen. Zu Silvester wird ein riesiges Feuer entzündet und bei dieser Gelegenheit gleich der Toko-Onkel verbrannt, der schon seit Monaten am Gelände liegt und als verschollen gilt, damit die Bank nicht aufs Grundstück kommt.

Das neue Jahr beginnt nicht nur mit neuen Vorsätzen, sondern auch gut gereinigt und von Altlasten befreit. Erich tritt seine Stelle in England an, in einem Brief versichert die Saurierfrau, dass sie ihn besuchen wird.

Erwin Uhrmann erzählt sehr schlitzohrig, indem er die Helden den Literaturgesetzen und nicht den Hormonen unterwirft. In einer Konstellation zwischen Dino-Park und Krambambuli müssen die beiden ihr Leben aufeinander zurichten, weil es die Literaturgeschichte so erwartet. Der Autor führt dem Leser makaber-klar vor, was passiert, wenn man die Erwartungen erfüllt. Ein guter Roman ist letztlich ein Saurierpark, aus dem man ausbrechen muss. Am besten, man verbrennt gleich noch die Leichen im Keller, die gerade in der Literatur massenhaft herumliegen. Ein Roman der Meta-Ebene, der bewusst auf tönernen Füßen in der Realität steht. So datiert der Abschlussbrief schlauerweise aus dem Mai 2019.

Die guten Tage

Das aus Jugoslawien herausgefallene Serbien gleicht einer klapprigen Bus-Gesellschaft, die aus purem Überlebensdrang und nicht aus vergnüglichen Gründen zusammengesperrt ist, um auf der Fahrt in die Hauptstadt ja kein Schlagloch auszulassen.

Marko Dinić setzt seinen Ich-Erzähler in einen dieser angeschlagenen Fernbusse und schickt ihn von Wien aus durch Ungarn nach Belgrad, wo das Begräbnis seiner Großmutter ausgeschrieben ist. Der Held ist vor Jahren nach Österreich gekommen, weil er das Terror-Regime seines Vaters in doppelter Hinsicht nicht mehr ausgehalten hat. Der Vater war zu Hause eine Katastrophe und hat im alten Regime im Innenministerium gearbeitet und sicher allerhand auf dem Kerbholz.

Marko Dinić: Die guten Tage. Roman. Wien: Zsolnay 2019. 238 Seiten. EUR 22,70. ISBN 978-3-552-05911-5.

Marko Dinić, geb. 1988 in Wien, lebt in Wien und Belgrad.

08/03/19

Die rumpelige Reise ist Schlag für Schlag eine Fahrt zurück in das Belgrad der Kindheit, wo er offensichtlich als Deutscher gegolten hat. Am Gymnasium wird damals eine spezielle Art Nationalismus unterrichtet, die Gesellschaft ist radikalisiert und auf politische Slogans getrimmt. Die Nato-Bombardierung Belgrads stellt sich als eine Zuspitzung heraus, nach der die Sätze nicht mehr stimmen. Viele gehen ins Ausland, wo sie meist in Serben-Jobs hinter einem Balkan-Grill ruhiggestellt werden. Eine serbische Busreise ist auch heute noch ein Abenteuer an Gerüchen und Lärm. Der Erzähler kommt neben einem Pseudohistoriker zu sitzen, der ein Buch der Wahrheit schreiben will, um den Nationalismus zu rechtfertigen und die teilweise als Kriegsverbrecher verurteilen Führer zu rächen. Wie zum Hohn spielt sich draußen an den Grenzstationen Ungarns der Krieg weiterhin ab, Flüchtlinge werden abgewehrt und zur Vorsicht gilt jeder erst einmal als Flüchtling, aus welcher Richtung auch immer er sich dem Grenzbalken nähert.

Solcherart körperlich und mit Erinnerung durchgerüttelt trifft der Erzähler dann in Belgrad ein, wo in einer Vorstadtwohnung »seine Eltern versauern«. Eine Tante öffnet, und in Sekundenschnelle ist sie wieder da, die Welt von damals, als die Großmutter zuerst mit ihren Geschichten und später mit ihrer Lebensgeduld versucht hat, die guten Tage wirken zu lassen. Dabei ist dieser Titel doppeldeutig, kann er doch neben schönen Tagen seufzend auch die armen Tage bedeuten. Am Schluss hat Großmutter nur noch die Tauben am gegenüberliegenden Haus gezählt. Im Tod hat sie offensichtlich mit jemandem gerungen, so verkämpft hat man sie am nächsten Tag gefunden.

Beim Begräbnis kommt es auch zu allerhand Versöhnungsgesten. Der Vater erzählt ungefragt, dass er als Schwein im Innenministerium immerhin einmal einen Rekruten nahe zu seiner Geliebten versetzt hat, das ist doch was. Jetzt sitzt er da und liest »die Russen«. (234)

Die Stadt, die Leute und das öffentliche Programm haben sich geändert. »Wo bin ich gelandet?« Der Held kann nicht ausmachen, wohin die Reise des Staates geht. Am ehesten entspricht die Lage einem Rilke-Zitat: »Wir ordnen. Es zerfällt. / Wir ordnen es wieder / und zerfallen selbst.« (155)

Die Rückreise wird er über Rumänien antreten, es wird wieder eine blecherne, aufwühlende Fahrt werden, aber die guten Tage scheinen in Wien zu liegen.

Marko Dinić erzählt so physisch, dass man nach der Lektüre selbst durchgerüttelt ist wie nach einem Fernverkehr nach Belgrad. Die Deutungsversuche der Mitreisenden sind vor allem quälend, jeder versucht eine brauchbare Sicht auf die katastrophalen Ereignisse beim Zerfall Jugoslawiens zu gewinnen, aber es ist noch nicht ausgestanden. Vielleicht liegt der richtige Point of View im Ausland, wer lange genug weg gewesen ist, kann vielleicht eines Tages wieder heimkommen.

Dem Roman ist eine peinlich lange Liste von Danksagungspersonen bei-

gelegt. Dieser Modetrend amerikanischer Schreibschulen soll üblicherweise garantieren, dass wenigstens eine Handvoll Bedankter den Roman
liest. In diesem Fall zeigt die Liste jedoch, dass der Autor im neuen Land
Freunde gefunden hat, die sein Schicksal nicht kaltlässt.

Samowar & Huflattich

Die Kunst eines Künstlers besteht vor allem darin, die eigene Kindheit
zu beschreiben und daraus die Thesen für ein sinnvolles Leben abzulei-
ten.

Arno Heinz ist Architekt und Schriftsteller, von Kindheit an interessiert
ihn die Verquickung dieser beiden Künste in der Hoffnung, dass dadurch
standfeste Literatur und informative Architektur entstehen könnte. Ein
Leben lang beschäftigt ihn außerdem die Quellenforschung für das eigene Programm. Wo in der Kindheit sind die Weichenstellungen passiert,
die aus ihm einen Künstler gemacht haben?

Die Dramaturgie einer Kindheit besteht darin, dass die einzelnen Bilder eben keinen Roman ergeben, sondern Bilder
ohne Zusammenhang bleiben, die bei jedem Erinnern neu
geordnet werden müssen. Die Kindheit des Autors fällt in
die Kriegs- und Nachkriegszeit, wo die Ereignisse bewusst
anders erzählt worden sind, als sie vielleicht gewesen sind.
Die Hauptrolle spielen die beiden Großmütter, von denen
die eine (männlich) General und die andere (männlich) Dichter genannt
wird. Die Haupteigenschaften sind somit Ordnung und Fantasie. Aber
auch die zufälligen Passanten steuern gute Bilder zur Kindheit bei, in erster Linie sind es die Toten nach einem Bombenangriff, die von blutenden
Lebenden umkränzt werden. Für das Kind ist das alles logisch, auch dass
der Großvater offensichtlich in den Wald flüchtet und dort erst recht von
Bombensplittern eingeholt wird.

Die Kinder dürfen im Unglück das ausleben, was man heute Freiland-
hühnern zugesteht, weshalb sie sich in der Rückschau Freilandkinder
nennen. (27) Ständig kommen Leute vorbei, die auf der Flucht sind und
ein paar Stunden verweilen, andere werden umquartiert, und als schließlich die Befreiungsarmee kommt, muss die Wohnung abermals geräumt
werden.

Ordnung in dieses Erlebnis-Chaos bringt die eine Großmutter mit ihrem
Ordnungswahn. Alles ist einer Zahl untergeordnet, weshalb die Kindheit
auch von zwölf auf eins heruntergezählt wird. Dabei ist zwölf eine gute

Arno Heinz: Samowar &
Huflattich.
Zirl: BAES 2019. 89 Seiten.
EUR 12,–. ISBN 978-3-
9504419-7-0.
*Arno Heinz, geb. 1941 in
Innsbruck, lebt heute
vorwiegend in Paris.*
10/03/19

Zahl, die für schöne Erlebnisse herangezogen wird, elf ist eine schlechte, weil da der Jesus-Verräter schon ausgeschlossen ist aus der heiligen Zahl zwölf. So wird ein schönes Spiel mit Kaulquappen der Zwölf zugeordnet, das Zusammenspiel von Großmutter und Großvater der Unglückszahl Elf. Dieses irre Zahlenspiel ist unterlegt mit der Zauberkraft gewisser Wörter. »Samowar« wird zwar von der Großmutter in einem logischen Sinn verwendet, das Kind kann sich aber nichts Genaues vorstellen und weiß nur, es muss sich diesen schönen Begriff aufbewahren für ein schönes Ereignis.

»Ich wollte ohne Hilfe der Erwachsenen das Rätsel um Samowar lösen, immerhin ging ich schon zur Schule. Vielleicht war es eine besondere Speise oder ein besonderes Tier.« (36)

Das Kind bildet sich ein, dass die Erwachsenen auch ihren Samowar hätten, ein Verwandter nennt beispielsweise die Wunderwaffe des Endkrieges so oder so ähnlich.

Je kleiner die Zahlen werden, umso erwachsener wird der Autor. Einen schweren Einschnitt stellt die Vier dar, die mit dem Eintritt in die Realschule einhergeht. Der Künstler zeichnet Karikaturen, die sich aus Umrissen von Fratzen zusammensetzen, ehe sie von Ausbrüchen aus Hausfassaden abgelöst werden. Die Zeichnungen ringen um Ordnung und Fantasie wie einst die Großmütter. »Und das schöne Wort Samowar hielt nicht, was es versprach.« (67)

Das erste Mädchen taucht auf und zieht den Jüngling mit einer Drei in die Welt der Erwachsenen hinein. Großvater stirbt und wird mit einer Zwei begraben. Das Ich steht mit einer Eins plötzlich in der einzigen Welt da, die noch geblieben ist.

Arno Heinz hält sich an die autobiographische Faustregel, dass jeder seine eigene Form für das Erzählen der Kindheit finden muss. Andere haben beispielsweise eine Brache, auf der sie sich ins Leben spielen, andere spielen mit Farben und Gefühlen, Dritte sind stolz darauf, mit sich alleine das Spielen erfunden zu haben. Arno Heinz hat sein Zauberwort Samowar, wobei der Huflattich eine Garnitur auf einem Teller ist, auf dem die Leibspeise angerichtet ist.

Margarethe geht

Kinderbücher werden zwar für den Leseumgang mit Kindern verwendet, dienen aber vor allem den Erwachsenen zur Analyse ihres gesellschaftlichen Zustandes. Obendrein werden Kinderbücher von Erwachsenen gemacht, gekauft und rezensiert. Grund genug, sich als Erwachsener zwischendurch mit Kinderbüchern zu beschäftigen.

Ralf Schlatter ist ein Grenzgänger zwischen Tagtraum und Tageslicht. Ganz im Sinne des Schweizer luziden Impressionismus eines Robert Walser setzt er selbstverständliche Dinge in ein seltsames Licht und macht sie durchsichtig. Oder er schaut frisch gleich auf die Hinterseite der Protagonisten und gibt ihnen einen hintersinnigen dramaturgischen Auftrag. Kinderbücher imponieren im ersten Anblättern durch die Illustrizität. Was lässt sich realistisch verfremden? Was liegt hinter Schattierungen und abgeschwächten Linien? Was versteckt sich in einem Haufen von Ereignissen und Mikrokosmen?

Ein gutes Kinderbuch ist fast immer eine Art Wimmelbuch, worin sich die dargebotenen Dinge gegenseitig ins Licht stellen und man mit dem Finger nicht mehr nachkommt: Schau da! Schau dort!

Ralf Schlatter: Margarethe geht. Kinderbuch.
Innsbruck: Limbus 2019. 24 Seiten. EUR 16,–. ISBN 978-3-99039-146-4.
Ralf Schlatter, geb. 1971 in Schaffhausen, lebt in Zürich.
12/03/19

Und was ist in einer Zeit, in der Bienen und Insekten mit Volksbegehren gerettet werden müssen, üppiger und prunkvoller als eine Wiese, die man meist nur mehr vom Hörensagen kennt?

Man ahnt es schon, die Wiese im Kinderbuch ist eine besondere Wiese, die sich durchaus eine Monographie verdient hat. Zumal die Wiese eine komplette Heldin ist mit Gefühlen, Weisheit und Charme. Außerdem hat sie einen Namen: Margarethe.

Margarethe hat allerhand zu tun, dass sie immer der Jahreszeit entsprechend gekleidet ist. Bei ihr ist Gastfreundschaft großgeschrieben, Insekten, Gräser, Blüten kommen und gehen, nachdem sie einen Schwatz gehalten haben. Alle erzählen von einer Welt, die außerhalb der Wiese liegt. So ist es kein Wunder, dass Margarethe eines Tages den Entschluss fasst auszuwandern. Sie streckt ihre Arme, packt sich selbst an allen vier Ecken und wandert aus.

Als Wiese hat Margarethe ein Auge für die wesentlichen Dinge dieser Welt. Einmal ist es ein Fluss, der die Weisheit verströmt, alles fließt. Und zum Zweiten ist es der Wald, der die gute Erkenntnis verströmt: Wo Licht ist, ist auch Schatten.

Allmählich schlägt sich die Welt auf das Gemüt der Wiese. Allenthalben wird Nachwuchs produziert und verteidigt, ständig gibt es einen Kampf um Futter, und auch die Jahreszeiten sind oft große Hindernisse für ein geruhsames Leben. Es stellt sich langsam die Frage, ob Auswandern eine gute Idee gewesen ist.

Bei Sonnenuntergang kommt der Wiese die rettende Idee. Margarethe wird durch das Ohr in das Innere einer Frau schlüpfen und als Frau die Welt verzaubern.

»Und so kam es, dass Margarethe fortan im Kopf der Frau lebte. Das ganze Jahr über blühte sie und erstrahlte in ihrer vollen Pracht. Die sah man aber nur, wenn man der Frau lange in die Augen sah. Oder sie ebenso lange küsste.«

Als Kenner der Schweizer Literatur merkt man sofort: Das ist pure erotische Literatur. So wird in der Schweiz geflirtet, angebetet und gelitten! Kauzig wie ein Robert Walser.

Die Unmöglichkeit

Der Roman ist die einzige Möglichkeit, die Unmöglichkeit des Lebens darzustellen. Im Roman kann sich das Dargestellte während der Lektüre ins Gegenteil verkehren, aus dem Möglichen wird dann das Unmögliche und umgekehrt.

Daniel Weissenbach: Die Unmöglichkeit. Roman. Wien: edition zzoo 2018. 239 Seiten. EUR 17,40. ISBN 978-3-902190-44-4.

Daniel Weissenbach, geb. 1980 in Zams, lebt in Wien.

15/03/19

Daniel Weissenbach zeigt einen Helden, der das Leben nicht in den Griff bekommt, weder sprachlich noch erotisch oder arbeitstechnisch. Ein Ich-Erzähler quält sich durchs Leben, versucht sogar diverse Identitäten aus der Literaturgeschichte anzunehmen und scheitert irgendwie erbärmlich. Als er den heiß verehrten Trakl, dem er sogar auf das Todesfeld Galiziens gefolgt ist, am Mühlauer Friedhof ausgräbt, findet er nur einen Haufen Fake-Knochen und die lapidare Mitteilung »Hier lieg ich nicht«. (238)

Aus einem rasenden Text voller Gleichzeitigkeiten lässt sich eine Hilfshandlung herausdestillieren. Der Tiroler Hinrich, der offensichtlich für das Hotelwesen gezeugt worden ist, verlässt den Tourismus-Hotspot, um in Wien Germanistik zu studieren. ‚Was studierst du deutsch, wenn wir eh alle deutsch sprechen' ist der nicht gerade ermunternde Spruch, mit dem er gegen Osten geschickt wird. Das Land seiner Kindheit ist voller Verlogenheit und Hilflosigkeit. In einer Dauerschleife läuft der Anton von Tirol, während die Babylift daneben allein 90 Liter Schweröl pro Tag verbraucht. (152) Andererseits ist so gut wie nichts los. Laut den 16-Uhr-Nachrichten gestern gibt es wenig relevant Neues.« (36)

Die Ereignisse tauchen als Erlebnisse und Niederschrift gleichzeitig auf. Der Erzähler verbringt viel Zeit in der Psychiatrie in Hall, die ein idealer Schreibort ist, zumal hier wirklich ständig Neues aus der Nazizeit ausgegraben wird. Die Schreibarbeit ist als germanistische Hausarbeit angelegt, in der Trakl erforscht wird. Ein psychiatrisches Protokoll ist wie eine germanistische Arbeit und umgekehrt.

Mittendrin verwandelt sich der Erzähler in eine Figur aus dem Trakl'schen Ambiente. Seine Geliebte heißt jetzt Anna, die mit ihm durch dick und dünn geht, von der er sich aber die Erlösung seiner Zerwürfnisse mit der Welt erwartet. »Jetzt sind wir im Reinen. Sie liebt mich.« (121) Im Anschluss an diese Gewissheit retten die Liebenden in Klimaschutzmanier ein paar Kröten in einem Park.

Ein verrückter Arzt aus Hall begleitet seine Schreibarbeit, die an manchen Tagen zu kursiv gesetzten Zusammenfassungen einer Trakl-Biographie verklumpt. Letztlich lässt sich alles mit den Hauptwörtern Kunst, Liebe, Hoffnung und Totstellen zusammenfassen. (215) »Da weder auf Georg (Kunst) noch auf Anna (Liebe) Verlass war, stellte ich mich, eine Bibelstelle memorierend (Hoffnung) tot und bediente mich meiner schon vergessen geglaubten Fähigkeit des Bauchredens.« Als Bauchredner tritt er in einen fetten Dialog mit Gott ein, der aus einem Herrgottswinkel der Kindheit in die Gegenwart dampft.

Eine Zeitlang versucht der Held, mit einem Roman namens »Möglichkeit« die Figur der Anna zu beschreiben. Er sieht aber bald ein, dass dabei »Die Unmöglichkeit« herauskommt, sosehr er sein Gebilde auch in der Realität verankern möchte. Um seinem Leben eine gewisse Logik zu geben, zitiert er Ereignisse aus der Chronik, wie etwa das Starkschneeereignis 1999, das zur Verwüstung von Tiroler Siedlungen geführt hat. Aber es geht kein logisches Ende einher, selbst Befehle an die Psyche gehen ins Leere. »Schluss mit der Verrücktwerderei!« (150)

Daniel Weissenbachs Roman ist eine Orgie an Wahnsinn, Rausch und purer Genialität. Der Trakl-Mythos wird psychiatrisch heruntergebrochen auf einen Helden der Gegenwart, der vermutlich eher wegen Trakl wahnsinnig wird als wegen Tirol. Der Ton ist natürlich berauschend und getragen, aber er hält immer Ritzen für das Lachen frei. Ob als Humoreske über Trakl oder Groteske über Tirol gelesen, es bleibt wegen der Tragik der Hauptfigur ein großer Lesespaß. Und der moralische Anteil schwankt in jeder Episode zwischen null und hundert. Unmöglich schön.

neben deinen fußnoten mein alter schuh

Die große Kraft der Erinnerung bewirkt, dass dabei die einzelnen Bauteile kreuz und quer zu liegen kommen. Bei jedem Update dieser Erinnerung liegen die Elemente wiederum neu angeordnet in der Schütte. Friedrich Hahn verwendet diesen seltsam chaotischen Ordnungsbegriff von den Fußnoten neben dem Schuh, um sein Erinnerungsprojekt für einen poetischen Akt zugänglich zu machen. Die neuen Gedichte sind in zwei Versuchen angelegt, im ersten Teil handelt es sich um eine beinahe chronologisch aufgefädelte Sammlung zwischen 2015 und 2018. Diesen Pigmenten der Vergangenheit ist ein Motto eingeschrieben: »am falschen ende der welt oder: der mensch ist eine wanderausstellung«. Ein lyrisches Ich trägt dabei allerhand Entwürfe und Notizen zusammen, die nach dem jeweiligen Empfindungsgrad des lyrischen Körpers stark oder sanft ausschlagen. Manchmal steuert die Jahreszeit den Gemütszustand und bringt beispielsweise einen November hervor, der alles verschwinden lässt oder zumindest unbrauchbar macht. »das gebirge vorm kopf / unbrauchbar / das gesicht / wie ein grundloses lachen« (17) Gleich anschließend erscheinen die evozierten Gefühlslagen des Sommers als Tattoo, die Welt hat sich in allerlei Dinge aufgelöst. Und letztlich sind es Tätowierungen auf dünnem Eis, die die Balance zwischen dem Wort und dem angehimmelten Mond vage austarieren.

Friedrich Hahn: neben deinen fußnoten mein alter schuh. Neue Gedichte. Horn: Berger 2019. 94 Seiten. EUR 16,–. ISBN 978-3-85028-870-5.

Friedrich Hahn, geb. 1952 in Merkengersch / NÖ, lebt in Wien.

20/03/19

Der dominante Seelenzustand ist eine Melange aus Abschied und Trennung. Eine Liebe fürs Leben, eine lange Arbeit, eine brauchbare Sichtweise auf die Welt, alles scheint jetzt verlorengegangen zu sein, halb schmerzhaft, halb befreiend. So tauchen Orte auf wie Aussee, Rust, Raabs, Litschau, an denen etwas Entscheidendes passiert ist, die aber jetzt als bloße Orte im Gedächtnis liegen. Sie sind noch einmal davongekommen aus dem Ungemach, mit schwerem Erinnerungsmaterial verschüttet zu werden. (35)

»mein herz // mein herz / das einzelkind / es steht da / mit vollen händen / vor dir // es ist immer das fehlende / sagst du / und schaust weit weg / das uns mit dem / was nicht sichtbar // ist / verbindet« (39) Die drei als poetische Chronik aufgearbeiteten Jahre münden in den unvergesslich klaren Satz: »Existieren ist Reise genug« (60).

Der zweite Teil umspannt etwa fünfundzwanzig Seiten und nennt sich Zyklus. Dieser Abschnitt besticht vor allem mit einer Theorie des Sammelns. Man stelle sich die einzelnen Gedichte am besten als die Böden von Schubladen vor, die spontan aus einem Möbel der eigenen Befindlichkeit gezogen worden sind.

In strenger Draufsicht erscheinen die Gedichte als Textquadrat, Blocksatz und Fließtext in einem. Fließtext meint hier in übertragenem Sinn, dass

alles ineinanderrinnt. So auch die Stelle, wo die Fußnote an die Schuh-
sohle gerät.

»neben deinen fußnoten mein alter / schuh wir frühstücken kreide mein
/ hansi oben am lampenschirm dein / kater drinnen im käfig schreie
baden / in unschuld einer schreibt der ande- / re liest so die vereinbarung
im wilden / fleisch der antwortlosigkeit unauf- / findbar die eingebore-
nen wünsche in / schönschrift eigens erfundene sätze / sätze denen menschen abhanden / gekommen sind dann der sinn und / zuletzt das papier
auf dem sie ge- / schrieben waren« (68)

So ein Text also könnte am Boden einer Schublade liegen, die zufällig
herausgezogen ist. Die Textmasse erinnert an schwere Dramaturgie eines
Heiner Müller, wenn er Wörter aus dem Lehm von Germania zieht.
Dabei ist dieses Gedicht mit Idylle ausgestattet, ein inniges Paar sitzt mit
den Vögeln beim Frühstück und lässt die vergangene Nacht ausklingen
mit geteilter Tagesarbeit. Gleichzeitig ist die Szenerie skurril überblendet
von der Erinnerung, wenn man diesen Text schräg hält, wird er bedroh-
lich und zerfällt spontan in ungemütliche Einzelteile. Durch die scheinbar zufällige graphische Gliederung lässt sich der Text nach dem Lesen
schütteln, und wenn man ihn neu aufzieht, steht wieder etwas ganz anderes da.

Die Elemente des Zyklus sind für sich genommen schon ein theatra-
lisches Erlebnis, aber die herausgezogenen Texte korrespondieren untereinander, der obere verdeckt den unteren und am Schluss hat der Leser
eine kompakte Mitschrift erlebt, ein poetisches Tagebuch, eine Chronik
von Veränderung, eine Flash-Sammlung großer Liebe. Und alle großen
Sätze von früher sind jetzt vielleicht Fußnoten zu einem alten Schuh, der
das lyrische Ich inzwischen geworden ist, ausgelatscht, spröde und ab-
getreten. – Das lyrische Ich schenkt sind nichts.

nur einmal fliegenpilz zum frühstück

In einem sogenannten Aufwachgedicht stellt H.C. Artmann
ein paar seltsame Geräusche beim Aufwachen untereinander
und die Germanisten nennen es später Lautgedicht. In Wirklichkeit aber meint das Gedicht, dass das Aufstehen nur mit
Geräuschen und Flüchen funktioniert, die in einer individuellen Mundart in den Tag hineingestoßen werden.
Katharina J. Ferner legt daher ihre Fliegenpilz-zum-Früh-
stück-Gedichte doppelt an, links wird in Mundart geflucht,

Katharina J. Ferner: nur
einmal fliegenpilz zum
frühstück. Gedichte.
Innsbruck: Limbus 2019.
94 Seiten. EUR 13,–.
ISBN 978-3-99039-143-3.
Katharina J. Ferner, geb.
1991, lebt in Wien.
24/03/19

getobt und vor sich hin gesonnen, rechts geschieht das Ganze in einer lyrisch feinnervigen Art, die nur als Gedicht funktioniert, als Twitter oder sonst etwas Digitales aufgeschmissen wäre. Die Gedichte suggerieren nämlich einen alltäglichen Sound, sind aber elegant austariert zwischen Satzspiegel, Papier, Grau-Struktur und semantischer Auslegung. Ja selbst das Lesebändchen trägt zur lyrischen Stimmung bei und zeigt wie eine kleine Fahne, wie der poetische Wind steht.

»im woid hängt a leich / im wald hängt eine leiche« (94). Links die Mundart, rechts die Normalsprache, als Leser kann man quasi jede Zeile nachjustieren ob man es lieber hardcore oder soft-semantisch will. Und das Dreidimensionale der Verse entsteht wahrscheinlich erst, wenn man im klugen Tempo zwischen den beiden Auslebungen des Gedichtes switcht.

Die knapp fünfzig Gedichte sind in zwei lyrischen Gehegen gehalten: almpoetik // oimgstanzln (5) und schwarzwaldlyrik // im schwoarzwoid (54).

In der Almpoetik geht es gleich zur Sache, weil es in dieser Gegend ohnehin keine Sünde gibt, darf alles gegessen werden, was giftig ist. Und auch sonst kann hier das Leben ausgeschüttet werden mit vollen Händen, während es in der Welt ohne Alm ständig Gefahren, Einschränkungen und Verdrießlichkeiten gibt. Die Protagonisten dürfen in dieser Zone der Freiheit jede erdenkliche Position einnehmen und etwa mit den Augen eines Tieres Jägerin und Jäger im Unterholz zusehen. Mit ihren erotischen Accessoires bereiten diese nämlich einander Freude, indem sie flintig die Tiere schießen und einander vor die Füße legen als Strecke.

An anderer Stelle rennen Käfer ungeniert gegen eine Wand und werden dabei weder von Psychologen noch Botanikern klinisch betreut. Dann fallen wieder ausgehungerte Wanderer beim lyrischen Ich ein, schicken die Kinder vor und tun so, als ob sie ins Gelände gehörten.

Angesichts von Prozessen, die in Österreich mittlerweile im Ernst über das richtige Verhalten zwischen Wanderern und Einheimischen geführt werden, sind diese Gedichte geradezu wertvolles Gerichtsmaterial.

In der Abteilung Schwarzwaldlyrik geht es frivol weiter, jetzt verkriechen sich die Helden im mythisch unterlegten Forst, der ab und zu mit einer Unterhaltungsserie aufgebrochen wird. Der Kitsch hält in dieser Gegend, was er verspricht, niemand muss enttäuscht aus dem Mythos herausgehen, wenn er sich nur heftig genug in ihn verkrochen hat. Die Rehe sind nervös, der Wald ist tatsächlich verkleidet und eine Maus versucht im Waldschwimmbad überzusetzen. Selbst die Träume sind von Wald verseucht und man träumt von Bären, die einem bei Tageslicht lächerlich vorkommen, während man auf der Allerweltsterrasse sitzt und die obligaten Berge anstarrt.

Und dann endet es in diesem schönen Gedicht von der Leiche im Wald, die in Wien selbstverständlich auf der Straße liegen würde und in Salzburg in einem See dümpeln müsste. Im Schwarzwald hängt sie in guter Höhe und wird grün angestrichen, damit sie nicht stört. In diesem Bild ist die Wirklichkeit todernst, das Klischee ergreifend, und die lyrische Seele atemlos vor Gelächter.

Katharina J. Ferner nimmt artig die ausgestreuten Lyrik-Devotionalien und spielt damit in zwei Sprachnuancierungen, wobei die hingeknallten Spielkarten nur bedingt mit den hingebellten Sätzen zu tun haben müssen. Ein befreiendes Spiel, das man nach Ende der lyrischen Kartenrunde selbst weiterspielt.

Die Freiheit der Fische

Als Bibliothekar erfindet man ständig neue Ordnungen. Zum Beispiel jene, die Bücher nach den Vornamen der Helden abzustellen. Weit voran liegt dabei das Regal mit den Jakobs. Als Leser weiß man, dass jemand sprachgestört ist, wenn er Jakob heißt. Einer der ersten fulminanten »Jakobisten« ist übrigens Norbert Gstrein mit seiner Erzählung »Einer« aus dem Jahre 1988. Darin wird ein Außenseiter aus einem Tiroler Dorf abgeholt.

Sophie Reyer: Die Freiheit der Fische. Roman.

Wien: Czernin 2019. 159 Seiten. EUR 20,–. ISBN 978-3-7076-0659-1.

Sophie Reyer, geb. 1984 in Wien, lebt in Wien.

27/03/19

Sophie Reyer besticht mittlerweile als Tausendsassin und Vielschreiberin, die allein in den ersten drei Monaten des Jahres 2019 fünf Bücher auf den Markt geworfen hat. Dabei bespielt sie als ehemaliges Wunderkind der Literatur alle Genres. Da darf auch der heilpädagogische Roman aus Tirol nicht fehlen.

Das Genre »erweitertes Mitleid« wird in Tirol vor allem von Felix Mitterer abgehandelt. Im Stück Märzengrund bringt dieser einen Außenseiter auf die Bühne, der nach einer wahren Vorlage einen Einsamkeitsmonolog abzuhalten hat, wobei er Natur und Entlegenheit des Daseins besingt. Sophie Reyers Text basiert auf einer wahren Begebenheit, steht zu Beginn des Romans, wir wissen nicht, ob die Fabel oder die Verarbeitung durch Mitterer diese wahre Begebenheit ausmacht.

Jedenfalls heißt der Held Jakob und ist Außenseiter. In der Schule kriegt er nicht das Richtige mit und landet so in einer Sonderschule. Als er sich ungestüm forschend über ein Mädchen hermacht, landet er in der Psychiatrie. Man holt ihn wieder ins Dorf und verschickt ihn auf eine entlegene Alm, die Jakob Herzensgrund nennt. In einer Höhle verbringt er Jahreszeiten und Jahrzehnte, ehe er am Schluss mit Prostatakrebs in ein Altenheim kommt und stirbt. So weit die brutale Fabel, landläufig erzählt.

Im Roman spielt sich alles viel inniger und heftiger ab. Jakob ist Autist und lebt in einer eigenen Welt. Flugzeuge erschrecken ihn genauso wie ein Mädchen, das er erstmals nackt sieht. Seine einzige Verbündete ist seine Schwester Resi, die ihn halbwegs versteht. Die Sprache verklumpt manchmal zu einem großen A. Alles andere verstummt. Das ist auch der Grund, warum Jakob sich mit den scheinbar stummen Fischen im Gebirgssee verständigen kann. Die Freiheit der Fische gilt es zu erreichen, wenn er mit bloßen Füßen im Wasser steht und mit ihnen über die Flossen spricht. Draußen vergehen die Jahreszeiten ordnungsgemäß, so hält sich der Roman in vier Kapiteln an die Jahreszeiten, wiewohl dahinter Jahrzehnte vergehen. Das Ende ist felsenfest unbarmherzig und entspricht einem Tiroler Antiroman. Vater erhängt sich, Mutter stirbt, eine Schwester heiratet, die andere pflegt. Am Schluss stirbt der Held mit einem großen A im Mund. Das kann Staunen sein oder auch das Alpha vom Omega.

Der Roman ist kunstvoll komponiert, an manchen Stellen wirkt die Innensicht des Helden freilich wie eine Schreibübung. Die Poesie ist gleichzeitig auch die Schwäche. Wenn sich der Autismus nämlich so abhandeln ließe wie ein Schreibprojekt, wären die täglich geforderten Heilpädagoginnen des Autismus einen großen Sprung weiter.

Ja, der Roman wirbt um ein neues Verständnis des Autismus, aber es ist letztlich doch ein klingender Erzählhappen, der dem literarischen Markt gehorcht und nicht der Realität.

Wenn ich blinzle wird es besser

Eine Erzählungssammlung ist trivial gesprochen mit einem Duschkopf vergleichbar, die einzelnen Strähne springen prickelnd individuell auf die Lesehaut, und dennoch gibt die Installation eine gewisse Richtung vor, der alle diese Strahlen zu folgen haben.

Christoph Strolz lässt in seinen sieben Erzählungen immer ein anderes Ich auftreten, in verschiedenen Posen, Lebenslagen und Berufen. Allen

gemeinsam ist das Bestreben, für einen Augenblick der Wahrheit nahe-
zukommen. Der Satz vom Blinzeln deutet eine Methode dabei an, ein
Fotograf versucht, sein Modell rein und wahrhaftig ins Bild zu setzen.
Wenn ich blinzle, wird es besser, lautet die Erkenntnis, um Verunreini-
gungen aus der Haut zu kriegen. Die Erzählung heißt »Sisyphos« (31)
und deutet schon im Titel an, dass der Fotograf ziemlich vergeblich seine
Gesichter ins gute Licht rollen wird. Die ganze Tortur der Arbeit hat erst
dann einen Sinn und findet die Sisyphus-Vollendung, als es der Held kapiert: »Da beginne ich mich als glücklichen Menschen zu begreifen.«
(50)
Die Eingangsgeschichte kümmert sich mit dem schlichten Titel »Die
Wahrheit« um die Kraft der Wissenschaft, mit ihren Analysen etwas zur
Wahrheitsfindung der Welt beitragen zu können. Der Start ist fulminant
und voller Lesesog. Drei scheinbar zufällig ausgewählte Fallbeispiele sollen ein Projekt begründen, worin erforscht wird,
warum an entscheidenden Situationen immer das Hirn aus-
setzt, um den notwendigen Satz zu formulieren. Ist es Angst
vor der Wahrheit? Angst vor einer Assoziation, die dieser
Satz auslösen könnte? Dabei sind die Situationen haarsträu-
bend trivial. Auf der Terrasse kann einer dem Kellner nicht
sagen, dass das Ei zu hart ist, eine Referentin bringt nach ex-
zellentem Vortrag den Schlusssatz nicht auf die Bühne, und
bei einem Staatsanwalt versagt die Vitalfunktion, als er das
Wort Korruption aussprechen und Anklage erheben soll. Ein Ich-Erzähler arbeitet an der schottischen Universität dieses eingereichte Projekt
ab. Dabei kommt er zum Ergebnis, dass Patienten deshalb an Tatsachen-
behauptungen scheitern, weil die Ressource Wahrheit begrenzt ist. (26)
In einer für den Tourismus aufbereiteten Landschaft voller Wald und
Schnee empfindet eine Zimmerfrau das poetische Leben als durchaus
anstrengend. »Schnee« (53) bedeutet für die Ich-Erzählerin, dass es
schwierig ist, zum Arbeitsplatz zu kommen, und dass die Hotelzimmer
unabhängig von der Witterung draußen nur durch Ritzen mit der Außenwelt verbunden sind. Zu Hause versucht sie dem Kind mit einem Bilderbuch den Schnee von draußen als inniges Erlebnis zu vermitteln.
Anderntags begreift die Erzählerin abgebrüht das Quietschen des Rei-
nigungswägelchens als poetischen Akt.
In der kurzen Geschichte mit dem langen Titel »Die Grundlagen der
Harmonik nach Cornelius Berkowitz« (67) wird der Ich-Musiker hin-
und hergerissen zwischen der Welt der Anarchie und der Ordnung. Ei-

Christoph Strolz: Wenn
ich blinzle wird es besser.
Erzählungen.

Wien: Luftschacht 2019.
123 Seiten. EUR 18,50.
ISBN 978-3-903081-33-8.

*Christoph Strolz, geb. 1979
in Zams, lebt in Wien und
Anstruther/Schottland.*
31/03/19

nerseits versucht das Ich, das Stück nach der Harmonielehre abzuarbeiten, andererseits fühlt es sich als Kommandant von Aufständischen, der einen illegalen Konvoi durch die Wüste zu schleusen hat. Beides lässt sich von der Dramaturgie her vergleichen und ist für das Ergebnis entscheidend. Wie viel Abweichung von der Ordnung braucht es, um ein Ziel zu erreichen, das außerhalb der Ordnung liegt?
Ist es Sauerstoffmangel oder Schönheit? Jedenfalls kollabiert die Wahrnehmung am Gipfel nach gelungener »Tour«. (103) Das Bergsteiger-Ich gerät in Trance und sieht seinen Begleiter wanken, als ob er sich in die Tiefe stürzen wollte. Dabei ist alles nur so schön, dass man leicht den Halt verliert.
Christoph Strolz erzählt wie für ein Lifestyle-Magazin, die einzelnen Individuen sind Influencer für eine andere Art, die Dinge zu sehen. Perspektivenwechsel, Auflösung der Ordnung, Risiko zeichnen die Erzähler aus, die durchaus flott in der Gegenwart unterwegs sind, weil sie eine Zukunft haben. Wenn man sich den richtigen Ausschnitt aus dem Bild heraussucht, ist jedes Bild wahr, wenn man dabei noch blinzelt, wird es sogar scharf.

Wovon denn bitte?

Ein Motto dient als Verzierung eines Buches, als Triumphbogen, als Würdigung oder abgeklatschter Witz, ein Motto kann aber auch der Schlüssel zum Buch sein.

Christian Steinbacher:
Wovon denn bitte?
Gedichte und Risse.

Wien: Czernin 2019.
141 Seiten. EUR 20,–.
ISBN 978-3-7076-0658-4.

*Christian Steinbacher, geb.
1960 in Ried im Innkreis,
lebt in Linz.*

02/04/19

Bei Christian Steinbacher ist das Eingangsmotto der knappe Orientierungsplan in einem Buch voller Gedichte und Risse. »leben frisst ordnung. was gibt es? alles.«, wird Siegfried J. Schmidt zitiert. Der Texthalde im Buch ist eine »Warteschleife« als Tafeltext vorangestellt. Anschließend folgen dreizehn Zyklen, die zwei bis vierundzwanzig Gedichte lang sind. Diese genaue Untersuchung nach visuellen oder zitierbaren Anhaltspunkten ist für die Leserschaft notwendig, weil sie sonst hemmungslos verloren ist und dann selbst die Frage des Autors stellen muss: »Wovon denn bitte?«

Christian Steinbachers Lyrik ist vielleicht mit einer Programmiersprache für Klopstock-Oden zu vergleichen. Dieser Verdacht ergibt sich, wenn man sich über die Anmerkungen hermacht, um etwas über die innere Struktur dieses poetischen Abenteuers zu erfahren.
Aus diesen Anmerkungen ist auch der geheime Plan herauszulesen, nach

dem die Oden aufgestellt sind. Klopstock und seine Meta-Schriften, Hölderlin, Mörike und H.C. Artmann stehen zuerst als Blaupause zur Verfügung und werden dann mit dem Gestus der Gegenwart nach dem aktuellen Stand der Forschung ausgekleidet. Die alten Texte leben also als zeitgenössisches Update weiter, indem die Wörter aus der Gegenwart stammen und der Klang nach entsprechenden Klingelton-Apps ausgerichtet ist.

Natürlich sucht man im ersten Durchgang nach »handfester« Lyrik, die man vielleicht zitieren und als imaginäres Lesezeichen verwenden kann. »so rot! // I // Fort nahmen Körbe / Farn und Lehm. / Ode auf müde / Palmen. So nackt wie / kein Gewächs / gar irr zig Schwemmen mimt. / Ohne alles Tafeln / Brauch schnürt ein. Das Nicht / führt jedes Und ins Körbchen. Fort / sichern flinke Enden / oder Pracht. Benenne / Innentinte.« (103)

Eine gute Methode, noch etwas fremd wirkende Texte im Kopf heimisch zu machen, ist die sogenannte Substitutionsprobe. Dabei wird ein Schlüsselwort durch ein ähnliches semantisches Feld ersetzt. In diesem Fall könnte man rot mit Blut, Morgen oder politisch links ergänzen, und in jedem Fall eröffnet sich eine sinnige Ode.

An anderer Stelle führt der Autor diese Veränderung gleich mit dem lyrischen Ich durch. »Knollen, Ich« (109) nennt sich ein Zyklus, der als Leseobst für sapphische Strophen dient. Knapp achtzig Strophen werden dabei als Knolle im lyrischen Myzel zitiert, upgedatet und mit Fußnoten eingescannt. Die Fußnoten führen tatsächlich zu sapphischen Strophen, die im Original achtzig Autorinnen von Dunja Barnes bis Ror Wolf zugeschrieben werden.

Während die Warteschleife als Präambel dient, liefert ein formaler Satz den offenen Ausklang des Projektes. »Bald diesseits der Form« (133) Wenn die Form aufgelöst ist, ist quasi die Wittgenstein'sche Leiter weggeworfen und der Lyriker über den letzten Wall gesprungen. – Jetzt ist alles hemmungslos frei!

Ein empfindsamer Mensch

Die Empfindsamkeit ist unter anderem ein Lebensstil, mit dem in privater Sphäre jene Sau herausgelassen werden kann, die im öffentlichen Verkehr durch Political und andere Correctness ziemlich eingeschränkt wird. In der Literatur blüht die Empfindsamkeit vor allem als Rührstück Marke Gartenlaube auf.

Die Welt als Gartenlaube stellt Jáchym Topol zur Diskussion, wenn er in einem fetten europäischen Roman die Protagonisten vorerst einmal die Grundfreiheiten der EU austesten lässt. Die böhmische Schaustellerfamilie mit Vater, Mutter, Sohn und Zwerg-Sohn reist die ersten hundert Seiten des Romans durch alle Grenzen Europas, es ist eine hektische Flucht vor den jeweiligen Nationalismen. Besonders arg wird es bei einem Shakespeare-Festival in Bristol, wo die Schau-Künstler unverhohlen als polnisches Ungeziefer bezeichnet und im Namen des Brexit verjagt werden.

Jáchym Topol: Ein empfindsamer Mensch. Roman.
A. d. Tschech. von Eva Profousová. [Orig.: Citlivý člověk, Prag 2017].
Berlin: Suhrkamp 2019. 486 Seiten. EUR 25,70. ISBN 978-3-518-42864-1.
Jáchym Topol, geb. 1962 in Prag, lebt in Prag.
03/04/19

Aber auch in diversen braven EU-Ländern ist der Hass auf das umherziehende Fremde ungebrochen, und als die Helden im Kriegsgebiet der Ukraine auftauchen, werden sie auch dort nicht gelitten, denn zwischen den Fronten gibt es Schwarz und Weiß, da sind diffuse Grau-Typen unerwünscht. »Bald sind wir in Böhmen, dann wird alles wieder gut, oder?« (100) Die D1 als übervolle Ausfallstraße aus Prag lässt tatsächlich Heimatgefühle aufkommen, und als der Trupp dann noch in einem heruntergekommenen Gebiet entlang des Flusses Sasau (Sázava) Fuß fasst, scheint das Leben nach langer Zeit wieder zur Ruhe zu kommen. Diese Gegend im Süden der Hauptstadt ist Idylle, Gartenlaube und Abenteuerspielplatz in einem. Seit Jahrzehnten verbergen sich hier Aussteiger und pflegen einen alternativen Lebensstil, der vor allem in der Abwehr von Limo und der Pflege ordentlicher Getränke besteht. Die Polizei geht rechtzeitig vor Erreichen der Enklave in Deckung, denn mit den Bodenständigen entlang der Sandbänke ist nicht gut Kirschen essen. Das entschleunigte Leben besteht vor allem aus Reden, Trinken und Grillen. Jeden Tag bricht ein anderes Abenteuer los, immer wieder taucht jemand auf und erzählt eine besonders scharfe Episode aus dem Robinson-Dasein. Die große Welt von draußen und die innige von drinnen lassen sich in einem Satz zusammenfassen: »Das Auto hat Scheinwerfer an, Motten schlottern im Licht.« (194)
Die Kunst des Schaustellens gerät zunehmend in Vergessenheit und wird zu Anekdoten, wenn etwa besonders gute Aktionen beim »Totwandfahren« als Heldentaten aufgewärmt werden. Der Zwerg-Sohn hat schon längst das Wachstum eingestellt und schaut sich das Leben aus erniedrigter Perspektive an. »Ob es jetzt losgeht mit dem Wachstum?« (145) Der ältere Bruder verschreibt sich der innigen Wahrnehmung der Welt und wird zum »empfindsamen Menschen«.
In der Hauptsache besteht der Roman aus Gesprächen, die in einer Er-

lebnis-Schütte zufällig abgegrabscht werden. Lose gibt es eine Handlung, wenn etwa die Polizei aus dem Gebiet draußen gehalten wird, drinnen ein Bordell unter Bäumen mit Trieben jeder Art ajour gehalten wird. Und heimlicher Held ist vielleicht ein Panzer aus früherer Zeit, egal aus welcher, in Böhmen hat es immer Panzer-Zeiten gegeben. Dieser Panzer wird schließlich aus dem Fluss geborgen und notdürftig restauriert. Ein gewisser Napalm leitet die Aktion, die vor allem aus Träumen besteht. Wir Neutschechen! (293), das könnte eine Parole werden. Im Traum wird der Panzer ganz wild, verteidigt das Nuttenhaus und zerquetscht ein Polizeiauto. Das muss Zukunft genug sein.

Jáchym Topol erzählt mit kaum übersetzbarem Slang von Aussteigern, die den wahren Staat leben, indem sie diesen vom echten Staat fernhalten. Der empfindsame Sohn beäugt die ältere Generation sehr genau und wundert sich, welchen irren Ritualen sie huldigen. Europa ist ein leeres Übungsgebiet für das Navi, der Nationalismus kann unterschritten werden, indem man sich in die Büsche schlägt. Wenn man dann noch der Groteske huldigt, die ja die heimliche Leidenschaft der Tschechen ist, steht einer glücklichen Zukunft nichts im Weg. »Spring auf, Junge, sagt der Vater freundlich und reicht ihm die Hand. Na gut.« (486)

Das Züchten von Kakteen inmitten einer üppigen Landschaft

Das Lesebuch gilt einerseits als die freieste Form der Literatur, weil darin alle Gattungen und Erzählschubladen aufgelöst sind, andererseits ist der Begriff durch den Schulbetrieb versaut, endet dort doch alles mit einem gebellten Befehl: Lies!

Wolfgang Pollanz: Das Züchten von Kakteen inmitten einer üppigen Landschaft. Ein Lesebuch. Graz: Keiper 2019. 290 Seiten. EUR 24,–. ISBN 978-3-903144-75-0. *Wolfgang Pollanz, geb. 1954 in Graz, lebt in Wies.* 06/04/19

Wolfgang Pollanz weiß als abklingender Gymnasiallehrer um diese Schizophrenie des Lesebuchs. Gleich in der ersten Geschichte erklärt er, dass er ein bedeutungsloser Ehemann, Lehrer und überhaupt Bedeutungsloser gewesen sei. Den ersten Sex freilich hat er mit sich selbst gehabt. Nach dieser Logik muss man auch bis zur letzten Geschichte warten, um endlich den Titel dechiffrieren zu können: »Das Züchten von Kakteen inmitten einer üppigen Landschaft«. Dabei handelt es sich um 100 Mutmaßungen über M., geschrieben im Jahre 1977. Darin posiert im Stile von Kafkas K. ein Pollanz'scher M. vor Spiegel, Pissoir, Witterung oder Strand. »M. hat schlechte Manieren und Mundgeruch.« (259) Der Held scheint ein selbstverliebter Aufsteiger zu sein, der auf der neuen sozialen Ebene noch nicht richtig angekommen ist.

Ein ähnlich übergeschnapptes Ich beamt sich in das Hippie-Jahr 1967 zurück. Dabei macht das erzählende Ich zwar gerade das Internat in Graz durch, träumt sich aber über Musik, Popstars und Magazine locker in die freie Szene in San Francisco hinein.

Jetzt lässt sich auch das Konzept des Lesebuchs erahnen, das zum 65. Geburtstag des Autors komponiert worden ist. In 32 Beispielen führt es von der Gegenwart chronologisch zurück in die Siebziger, was die Schreibzeit betrifft. Der Inhalt freilich geht oft auf Adam und Eva zurück, wenn das Chronisten-Ich etwa seine Zeugungsgeschichte quer durch das letzte Jahrhundert beschreibt. Der Großvater hat seinen Vater nie gesehen, weil er inzwischen an der Isonzo-Front verblutet war, und der Vater kann aus Demenzgründen nicht mehr zum Höhepunkt seines Lebens geführt werden, der in Landeck 1938 stattgefunden hat, als der Steirer in Tirol Unteroffizier geworden ist.

Es sind solche Entgleisungen aus einem unauffälligen Leben an der Peripherie, die das Lebensprojekt von Wolfgang Pollanz so unverzichtbar für die Literatur machen. In allen seinen Geschichten, Glossen, Treatments und Mini-Essays bocken die Helden und verweigern den ordnungsgemäßen Vollzug von Trivialität. Nicht nur die Gattungen werden ständig gesprengt, auch die rurale Moral von Aufsteigern wird von hinten her bearbeitet, bis sie zusammensackt.

In »Blind vor Liebe« werden anhand von Songs die Phrasen wörtlich genommen. Dabei gerät die Psyche wahrhaftig ins Beben, freilich eher vor der Kitschhaftigkeit als der Wahrhaftigkeit. Aber so ist nun mal die Liebe in Popsongs, jemand singt »Weine jetzt!«, und wehe, du tust es nicht.

In einer alpinen Biographie vom Baukran dreht sich alles um den Ich-Aufsteiger, der zwar in der Ebene geboren wurde, jetzt aber mit seinem ausladenden Arm alles in den Bergen in Beton taucht. An der Peripherie haben mangels intelligenter Steuerungsprogramme die Dinge die Herrschaft übernommen. Der Baukran dominiert, weil er das herausragende Selbstbewusstsein hat, ein Lift daneben verliebt sich trivial in eine Lokomotive, die ihn gerade angeschleppt hat.

Graz ist zwar vielleicht auf dem Papier eine Stadt, sonst aber »liegt es nahe dem Nullmeridian der Ereignislosigkeit«. (42)

Ähnlich schroff wird die Schöpfungsgeschichte erzählt, nämlich als formidabler Fetzen in sieben Tagen.

In einem Romanfragment nennt sich der Held sinnigerweise Roman und will die Herrschaft über den Text übernehmen. Aber ein guter Roman ist zu kompliziert für einen schlichten Helden. Deshalb scheitern Roman und Roman auch im Doppelpack.

Geradezu hellseherisch ist eine Glosse aus dem Jahr 1979, wo die beiden damals noch unschuldigen Begriffe Terrorismus und Tourismus zusammengeführt werden zu einem bösartigen Ding, das mittlerweile Realität geworden ist: Tourrorismus! (246)

Dagegen wirkt eine erzählende Wäscheklammer, die sich auf das Niveau von Franz Klammer hinunterbeugt, geradezu charmant. »Nachbemerkung des Autors: An dieser Stelle breche ich den Text ab, obwohl ich mir bewusst bin, dass das Thema WÄSCHEKLAMMER noch lange nicht erschöpft ist.« (255)

Das Lesebuch von Wolfgang Pollanz ist Weltliteratur an der Peripherie!

Handstreiche

Jeder Revolutionär träumt davon, dass er etwas in einem Handstreich nehmen könnte. Kluge Revolutionäre wissen zudem, dass die wahre Revolution immer auf dem Papier stattfindet.

Volker Braun ist ein altgedienter Schreibrevolutionär. Im Spätwerk hat er die Absätze zu Sätzen eingedickt, die Reisen zu Spaziergängen, die Bibliothek zum Überlebensregal. Zum achtzigsten Geburtstag sind die wesentlichen Sätze aus den Triennien 2005–2007 und 2015–2017 zusammengebunden worden zu einem Jubiläumsband, der unter dem Motto einer eingelegten Kinderskizze stehen könnte, die mit Kreide auf den Gehsteig geschrieben ist: Hier lang!

Volker Braun: Handstreiche. Berlin: Suhrkamp 2019. 91 Seiten. EUR 18,50. ISBN 978-3-518-42849-6.

Volker Braun, geb. 1939 in Dresden, lebt in Berlin.

07/04/19

Der vordere Abschnitt nennt sich »aus der Werkzeugtasche«. Dabei steht ein gewisser Flick im Hintergrund, der ähnlich wie der Herr Keuner von Bert Brecht mit griffigen Sätzen herumgeht, um einen aus dem Ruder gelaufenen Sachverhalt zu reparieren. Die Dinge werden dabei nicht verändert, sondern repariert. »Man kann es sich nicht aussuchen, aber man kann sich etwas herausnehmen.« (119)

Diese eingekochten Sätze brauchen keine umständliche Fabel, sie bringen die Moral auch ohne Helden und ohne Ambiente auf den Punkt. Manchmal genügt ein markantes Schlagwort wie »Ötzi«, und es ist ohnehin ein ganzer Roman evoziert. »Ötzi, der Gletschermann, muss ab und zu aufgetaut werden, gereinigt, bevor er wieder vereist wird in seine Bedingungen; das sieht mir ähnlich.« (25)

Viele Reflexionen haben mit dem schleichenden Verfall des Körpers zu tun, dieser muss immer öfter repariert werden. Und nicht immer hilft die Flick'sche Methode mit dem Werkzeugkasten, ständig muss die Medizin ran. »Vielleicht sollte er auf die alten Tage dazu übergehen, nur eine Sache zu tun und nicht zwei oder drei nebeneinander; weil die Zeit knapp wird.« (39)

Als Zwischenablage vor dem zweiten Abschnitt ist Partikel-Prosa eingestreut, worin ausgefuchste Alpträume ein poetisches Ich bedrängen, mit dem Aufwachen zu warten. Unter der geographischen Verortung an der Leidsestraat schwimmt eine ungeheure Flut durch den Stadtteil, halb ist es eine Historie, halb ein Traum. Bei einem apokalyptischen Abendmahl sitzen die skurrilsten Personen inklusive Stalin beieinander und zwingen das Ich, irgendwie nackt eine Eröffnungsrede zu halten. Wie grotesk das alles ist, sagt am besten diese wunderschöne Fügung, wonach »eine Sängerin ariniert«. Die Arie klingt dementsprechend unverschämt.

Der zweite Abschnitt ist überschrieben mit »Ausschreitungen auf dem Papier«. Auch hier ist wieder ein Flick mit seinem Reparaturkasten zugange. Das zurückgezogen kämpfende Ich ist in den letzten zehn Jahren noch eine Spur abgeklärter geworden. »Ich lasse das Chaos arbeiten.« (57)

Seltsame Fragen tun sich auf, etwa ob die Amseln berufstätig sind, weil sie immer mehr zurückgedrängt werden und nur mehr zu bestimmten Bürozeiten singen dürfen. Ein paar Mal wird auch Kafka wie eine Amsel zitiert und sein Aphorismus zu einem jähen Ende gebracht. »Natürlich bleibt nichts. Nichts bleibt natürlich.« (89) Die Sätze werden immer gasförmiger und seltener. Am Schluss geht es nur mehr darum, »das Denken ins Freie zu bringen«. (90)

Meistens sind wir einfach soso lalalala

Einen Verwicklungsroman kann man sich vage als einen Erzählzopf vorstellen, bei dem mehrere Zeit- und Themenstränge ineinander verflochten sind, oder wie ein starkes Tau, das ein schaukelndes Boot an Land festhalten kann.

Ilse Kilic und Fritz Widhalm liefern jeweils hundert Seiten einer unendlichen Geschichte, geben dem Textabschnitt einen markanten Titel und enden dabei immer mit dem Versprechen, dass die Geschichte noch nicht fertig ist. Aktuell ist der elfte Band erschienen, »meistens sind wir einfach soso lalalala«, genauer kann man eine noch nicht abgeschlossene Handlung nicht bezeichnen. Die Helden haben einen fiktionalen und einen realistischen Zug, im sogenannten wahren Leben am Boden der Realität heißen sie vielleicht Ilse und Fritz, in der Heldenwelt von Romanen fungieren sie als Jana und Naz.

Der Verwicklungsroman hat zwei Zeitebenen, die ständig voranzuckeln wie früher die Zeiger einer Turmuhr. Die Erzählzeit ist die nähere Gegenwart, die erzählte Zeit spielt immer eine Generation früher, in diesem Fall also um 1988 bis 1990. Beim Generationenwechsel müssen nicht immer Kinder im Spiel sein, im Verwicklungsroman machen das die Helden selber, indem sie alle Stadien einer Biographie durchspielen.

Das Thema ist immer eng und weit, es geht um Lesen und Schreiben, Kunst und Überleben, Freude und Körper. Dabei merkt man, dass die Grazer Autorenversammlung immer fix und fest ist, während die Körper ständig schwächeln und zusammenbrechen.

Naz freundet sich mit einem Hörgerät an, weil er dabei in drei Stufen die Intensität der Welt festlegen kann, als geheimer Musiker nimmt er die Stufe »soft«. Jana hat zuerst dem Naz zugesehen, wie er Blutdruck misst, und jetzt ist sie es, die erhöhten Druck hat und dagegen einen Senker einwirft. Und überhaupt die Rahmenhandlung: Zu Beginn wirft es Naz am Eis um und er bricht sich Rippen. Am Ende wird ein Verkehrsunfall reflektiert, bei dem ein Auto den Naz umfährt und ihn mit gebrochener Nase ins Krankenhaus bringt. Dazwischen zittert Jana um die neuen Befunde einer Überwachung eines Krebses, der sie ständig in Bewegung hält.

Biertrinken ist immer noch schön, leider braucht man mit zunehmendem Alter immer länger, um aus dem Kater zu kommen, meint Naz. Aber kein Kater kann letztlich einen Menschen besiegen, der das Bier liebt.

In den Rückblenden geht es um Reisen nach Griechenland und Cuxhaven, dabei zeigt der Tourismus vor allem seine Fratze, niemand entkommt ihm und er wird immer mächtiger. Halbwegs leere Flecken der Welt oder gar eine weiße Bucht kriegst du heute nur mehr in der Erinnerung.

Dieses biographische Netz trägt letztlich auch die österreichische Literaturgeschichte, in die Naz und Jana peripher eingeflochten sind. Die beiden erinnern sich an die ersten Publikationen und starren dabei fassungslos auf Druckabrechnungen aus den 1990er Jahren, als ein Buch zu machen schon so viel gekostet hat wie der Lebensunterhalt eines Helden quer durch ein ganzes Jahr.

Die Freundschaft unter den Schreibenden geschieht nach ganz anderen

Ilse Kilic / Fritz Widhalm: Meistens sind wir einfach soso lalalala. Des Verwicklungsromans elfter Teil.

Wien: edition ch 2019. 108 Seiten. EUR 12,–. ISBN 978-3-901015-70-0.

Ilse Kilic, geb. 1958 in Wien, und Fritz Widhalm, geb. 1956 in Gaisberg, leben in Wien.

09/04/19

Regeln, als es die offizielle Literaturgeschichte meint. So erfährt Jana das Entscheidende von Elfriede Gertl, als sie ihr beim Transport von Vintage-Kleidern hilft. Naz ist noch nach Jahrzehnten berührt von einer Rezension eines Bibliothekars, der die Familiengeschichte von Naz ernst und wörtlich nimmt. Sind die Sätze, die uns ins Empfindungsfleisch schneiden, aus der Literatur oder aus dem Leben? Als die Mutter von Naz stirbt, schreibt der Bruder »Heute ist Mama gestorben«. Das ist der erste Satz aus Camus' Fremdem, aber der Bruder hat gar keinen Camus gelesen, sondern nur seine Mutter verstorben vorgefunden.

Während man als Leser den Helden zuhört und mit ihnen mitleidet, ob sie wohl alles gut und fröhlich hinkriegen wie »das fröhliche Wohnzimmer«, in dem sie mit ihren Glücksschweinen hausen, hat man ein Stück österreichische Zeitgeschichte ausgelesen, erzählt in Form eines aktiven Mitgestaltens. Der Verwicklungsroman ist nämlich eine Lebenshaltung, er ist erst zu Ende, wenn das Leben vorbei ist. Das ist der Grund, warum 2021 der zwölfte Band erscheinen soll. Im Zeitalter des Artensterbens muss man sich vor Augen halten: Solange es den Verwicklungsroman gibt, gibt es ein Leben in Österreich.

Gefeuerte Sätze

Eine wichtige Aufgabe der Lyrik besteht darin, an der Sprachgrenze das Ausfransen von Sinn zu beobachten und einen sprachkritischen Kanal zwischen Inventar und Anwendung herzustellen.

Petra Ganglbauer spürt mit ihren Gedichten stets den Mehrdeutigkeiten, semantischen Beigeräuschen und dem gesellschaftlichen Unterbewusstsein nach. Es ist ein klärender Prozess, wenn die herumschwirrenden Parolen und herumgeisternden Sachverhalte wie bei Gericht aufgestellt werden, wobei die Lyrik als Richterin fungiert.

Petra Ganglbauer: Gefeuerte Sätze. Gedichte. Innsbruck: Limbus 2019. 94 Seiten. EUR 13,–. ISBN 978-3-99039-145-7. *Petra Ganglbauer, geb. 1958 in Graz, lebt in Wien.* 11/04/19

Der Prozess »Gefeuerte Sätze« geht der latenten Gewalttätigkeit nach, die quasi unter jeder Parole schlummert. Gefeuert werden dabei nicht nur Sätze, wenn sie die Beendigung eines Arbeitsverhältnisses begleiten, gefeuert meint auch im militärischen Sinn, dass die Wörter zu Munition werden, die unter den Anwendern abgefeuert werden. Am ehesten poetisch kann man die gefeuerten Sätze noch deuten, wenn man sie als Leuchtfeuer nimmt, die eine Küste markieren. Freilich steckt hinter der Ausleuchtung meist eine Abwehranlage. Die Analyse geht logisch in drei Schritten vor: Gewalt Muster (5) | Re-

visited (45) | Blessuren (69). Zuerst werden die sprachlichen Muster
entlarvt, später begutachtet und schließlich die Schäden dokumentiert.
Als übergeordneter Plot dient eine Migrationsszene, die sich unter er-
bärmlichen Umständen aufmacht in eine Überlebenszone, wobei die
Menschen anonymisiert einer ebenfalls anonymen Abwehrmasse gegen-
überstehen. Nur das Meer des Ertrinkens hat dabei wenigstens einen
Namen. In den migrierenden oder abwehrenden Kollektiven könnte
jeder von uns als lyrisches Ich involviert sein.
»Das Gebrüll aus *gefeuerten Sätzen* / Gefriert in der Hitze zur Mauer aus
/ Scherben und Spurlosem (*Steine*) – / Jede Stelle im Raum der Sprache
ist / Kahl die sickernden Worte / Kriechen durch Wände.« (17)
Nach dieser Sprachdramaturgie sintert jegliche Ordnung als Mauer aus,
die Sprache wird in eigenen Echoblasen eingezwängt und aus dem Be-
wegungsmodus genommen, die einzelnen Begriffe sitzen eingepfercht
wie Häftlinge in streng überwachten Sprachzellen, einmal werden Begriffe zu »Fresswerkzeugen« (26), dann wieder ist ein Landstrich zu
einer Luftaufnahme verklumpt, und im Bild darin ist alles verwest und
verschüttet. (20) Das Meer selbst wird zur Gewalt, wir wissen im Auf-
prall darauf und Untergang darin nicht, wer wir sind.
Der Krieg kommt schließlich ins Haus wie eine Hauszustellung, rundherum ist bereits der ganze Ort verstört und die Sprache darin vergriffen.
(63) Geschlossene Lager und Ankerzentren der Erkenntnis werden installiert, irgendwo gibt es ein Buch mit Erkenntnis-Schauplätzen. Längst
hat das Phänomen der Total-Blessuren die ganze Erde erreicht, alles läuft
hinaus auf eine unruhige Restlebensdauer.
Petra Ganglbauer nimmt dystopische Begriffe aus diversen Katastrophen
und wirft sie als Munition in die formalisierte Lyrikmasse. Was in Gedichten zwischendurch als Ode, Hymne und großer Gestus zelebriert
wird, kriegt eine unerträgliche Schärfe, indem diese Getragenheit mit
Pamphleten und Populismen substituiert wird. Die gefeuerten Sätze
schlagen in der Leserschaft wie Verletzungen ein. Aber dieses Mal sind
es heilende Wunden, die angerissen werden.

Zeit der Häutung

Ein aufrüttelnder Roman zeigt mit einer imposanten Leseszene oft an
Helden und Lesern, dass Literatur lebenslänglich etwas bewirken kann.
Bei Robert Kleindienst reißt im Roman »Zeit der Häutung« eine kleine
Eingangsszene die Heldin und Leserschaft aus der Lethargie: Draußen

ist Sonne und Leben, und drinnen liegt Ana und hat Masern. Der Großvater kommt vorbei, und erklärt den Zusammenhang zwischen Sonne,
Krankheit und Leben.

Diese Ursituation des Lesens, nämlich dass man in Quarantäne der Hinterseite des Lebens auf die Schliche kommen muss, ist über die Heldin
gestülpt, als diese nach dem Krieg das bisherige Handeln reflektieren und
das kommende begründen muss. Es ist die Zeit der Häutung, wo alle ihr
Kriegsgewand abstreifen und nicht bei allen klar ist, ob daraus auch ein
bunter Schmetterling schlüpfen wird.

Ana hat den Krieg und Kroatien schon hinter sich, als sie in Aussee in
einer Jagdhütte wartet, wie sich die Dinge entwickeln werden. Sie ist irgendwie auf der Flucht, gleichzeitig aber auch auf der Suche oder in
Warteposition, um mit allem Vorgefallenen klarzukommen. In Kroatien
hat sie in einem Kinderlager der faschistischen Ustascha sa-

Robert Kleindienst: Zeit
der Häutung. Roman.
Innsbruck: Edition Laurin
2019. 234 Seiten. EUR
20,90. ISBN 978-3-
902866-72-1.
*Robert Kleindienst, geb.
1975 in Salzburg, lebt in
Salzburg.*
14/04/19

nitäre Hilfsdienste geleistet. So gut es ging, galt es die Kinder
zu betreuen und auch in der Todeszone der Gefühle bei
Laune zu halten. Als es darum geht, Kinder zu retten, indem
man sie von den Todgeweihten selektiert, macht sie sich mit-
schuldig, weil sie mit der Erstellung dieser Liste den Tod
schwarz auf weiß fixiert. Ana ist noch nicht ganz klar, inwie-
fern sie sich schuldig gemacht hat, jedenfalls sind die Usta-
scha-Leute hinter ihr her, und auch die Befreier dürften
kurzen Prozess mit ihr machen.

Über alte katholische Untergrundkanäle wird die Flucht der Heldin gesteuert. Zuerst geht es ins zerstörte Salzburg der Nachkriegszeit, anschließend über Krimml, die Tauern und Südtirol nach Genua, wo der
Dampfer nach Argentinien wartet. Als Navigation ist eine klassische Na-
ziroute ausgewiesen, auf der sich Ana tatsächlich bis in den Hafen von
Genua bewegt. Je näher die Abfahrt nach Südamerika kommt, umso heftiger wühlen die Schicksale der Kinder in der flüchtenden Seele. Als ihr
dann noch ein Brief von einem besonderen Kind übergeben wird, zieht
sie die Reißleine der Flucht. Während der Dampfer ablegt, steht ihr die
finale Häutung bevor. Sie wird nach Kroatien gehen und dort an der Aufarbeitung samt Schuld und Sühne mitwirken.

Robert Kleindienst nimmt für das Chaos, das nach dem Krieg in der
Stadt Salzburg geherrscht hat, ein winziges Schicksal heraus und versucht
dabei, die Ruinen der semisakralen Stadt als Filter zu verwenden. Das
Schicksal der Heldin ist das eine, das nehmen die Leser so hin als neue
Variante der Nazistraße. Die Funktion einer kaputten Stadt für die Rei-

nigung kaputter Helden ist das andere. Das kaputte Salzburg wirkt dabei dynamischer und quirliger als die restaurierte und mit Morbidität aufgemotzte Festivalstadt. Eine Aufarbeitungs- und Emanzipationsgeschichte einer sogenannten kleinen Frau von der kroatischen Straße.

Dardanella

Es gibt die freche Überlegung, dass der schärfste und logischste Roman Wittgensteins Tractatus sei: Knapp, jeder Satz ein Zitat, durchkomponiert und ein vernichtendes Ende, indem sich alles in sich selbst auflöst, nachdem die Leiter der Erkenntnis umgefallen ist.

Paul Divjak geht mit seinem Tractatus-ähnlichen Roman »Dardanella« ähnlich knapp und präzise vor wie Wittgenstein. Zwar gibt er seinem namenlosen Helden eine kleine Handlung mit auf eine Luxusjacht, auf der er immerhin den Narrenschiff-Philosophen Oskar Werner treffen darf, aber sonst werden die Erkenntnisse heruntermanövriert wie eine aus den Fugen geratene Kreuzfahrt.

Paul Divjak: Dardanella. Roman.
Klagenfurt: Ritter 2019. 78 Seiten. EUR 13,90. ISBN 978-3-85415-587-4.
Paul Divjak, geb. 1970, lebt in Wien und Südostasien.
17/04/19

Der Ich-Erzähler hat eine aufgeschwemmte Kindheit in einer übergeschnappten Gesellschaft hinter sich, er ist schwer adipös und erklärt sich zum Opfer des Kapitalismus. »An den Abenden lag ich in meiner Kabine, rauchte, masturbierte oder versuchte mein Glück im Kasino.« (15) »Ein feiner, tiefer Schmutzfilm liegt über allem. Ein alter Deckenventilator brummt. Keine Spur von Romantik.« (16) Mit kleinen Regieanweisungen wird allmählich der Zustand der Welt beschrieben. Zwar werden die wichtigsten Zeitungen an Bord geliefert, aber kaum jemand liest sie, während alle warten, dass draußen an der Wasserkante etwas Interessantes geschieht. Tatsächlich treiben in der Ferne Flüchtlinge herum, hinter denen Frontex her ist oder vor denen die Grenzpatrouille flüchtet, um die Primärflüchtlinge nicht retten zu müssen. Einmal geht ein Finanzhai aus der Schweiz über Bord, aber trotz seiner Geldschwere reißt er kein Loch in den Kapitalismus.

An Bord taucht schließlich Oskar Werner auf und redet über die letzten Dinge der Welt. Es kann sein, dass bloß der Film Narrenschiff gezeigt wird, worin er eine Hauptrolle mit Herzinfarkt spielt. Oder vielleicht ist die aktuelle Schiffsreise eine Neuinszenierung des Narrenschiffs oder es wird aus allem ein Roman gemacht. Der Ich-Erzähler verliebt sich zur Vorsicht in eine Tänzerin ohne Brüste und wird dabei ganz wild in seiner Fettleibigkeit. In regelmäßigen Abständen taucht ein Mann ohne Gesicht auf und begutachtet die Welt. »Ein Mann ohne Gesicht, gezeichnet vom Krieg, schaut durch einen Maschendrahtzaun. Er betrachtet die toten, weißen Körper auf ihren Sonnenliegen.« (48)

Die Reise treibt auf Attribute der Dekadenz und des Untergangs zu. Das Schiff verwelkt, alle, inklusive Käpt'n, sind auf Crack. Aus dem Off kommt sowas wie Stille. Und dann ein Übergang in eine andere Realität, vorsichtigerweise in Klammern gesetzt. »(Und du? Wo warst du, als es passierte?)« (78)

Dardanella ist zwar nur ein Schiffsname oder der Schatten einer Geographie, aber insgesamt eine Lebenshaltung, in der Verdrängen, Absaufen und Wegschauen als Metaebenen einer Realität auftauchen, von der der Held bereits erledigt worden ist. Und der Held ist dermaßen voluminös gestaltet, dass damit beinahe die Menschheit gemeint sein könnte. »Was von mir blieb, war ein Kadaver, eine leere Hülle.« (61)

Gerade weil der Roman so knapp und wortkarg dahintreibt, können an ihn unendlich viele Deutungsmöglichkeiten andocken. Dardanella ist vielleicht ein ins Leere abgeschossener Torpedo, der verwelkt, bevor er ein Ziel erreicht. Der Untergang der Vernichtungswaffe Mensch ist vielleicht die einzige Rettung der Menschheit.

Komm, schnüren wir die Knochen

In der Gastronomie ist es längst üblich, dass der Teller umso größer und weißer ist, je kleiner und wertvoller der servierte Happen ausgefallen ist. Ähnlich sollte es sich bei der Lyrik verhalten, wo das Weiße mitgelesen werden muss, um das Wertvolle in den Zeilen richtig würdigen zu können.

Cvetka Lipuš: Komm, schnüren wir die Knochen. Gedichte. A. d. Slowen. von Klaus Detlev Olof. Salzburg: Otto Müller 2019. 120 Seiten. EUR 20,–. ISBN 978-3-7013-1269-6. Cvetka Lipuš, geb. 1966 in Eisenkappel, lebt in Salzburg.

18/04/19

Cvetka Lipuš braucht für ihre dreiundzwanzig Gedichte über hundert Seiten Platz, und das ist gut so. Immerhin geht es nicht darum, Lyrik als Zip-Datei auf den Markt zu werfen. Als Leser kriegt man also ein echtes Buch, das sich anfühlt wie etwas, das länger wirkt als eine ausgerollte Datei. Das weiße Feld, das sich auch beim Umblättern nicht einschränken wird, nimmt den Zeitaussteiger gefangen und leitet ihn schließlich sorgfältig auf die Gedichte, die wie bebaute Furchen in der Weite liegen.

Oft sind die Gedichte in zwei- bis siebengliedrige Blöcke unterteilt, die Zeilen sind breit und erinnern fast schon an Prosa, aber jeder Vers bremst rechtzeitig am Seitenrand ab, um keine Unwucht in den Text zu bringen.

»Komm, schnüren wir die Knochen« ist ein merkwürdiger Aufruf, der einerseits eine groteske Ermunterung ausspricht, sich samt dem Knochengerüst auf den Weg zu machen. Andererseits gilt dieser Satz vielleicht Forensikern oder Archäologen, die die diversen Knochen von Verstorbenen zusammenklauben sollen für ein Beinhaus. Das Leben wird leicht und ausgebleicht, wenn es nur mehr aus Knochen besteht.

Als Überschrift über sieben Tugenden, mit denen man aufbrechen soll, steht »komm, schnüren auch wir die Knochen«. Damit ist gemeint, dass man als Leser machen soll, was der Gedichtband schon gemacht hat. »Red nicht. Lass keinen Mucks von dir hören. Gib keinen Ton von dir. Lass dich mit niemandem auf einen Streit ein.« (47) Es sind Empfehlungen wie aus einem Sachbuch für Überlebensfragen, am Schreibtisch könnte man das Foto eines Angehörigen als Talisman aufstellen, sprich nicht, wenn du aufstehst und einen Kaffee aufsetzt, allein gelassen mit der Fernbedienung suchen wir die Überreste der Welt.

Zwischen Suche, Ratschlägen und Leitlinien irren die lyrischen Protagonisten durch den Text. Man soll dabei loslassen von Rilke, auch Heidegger bringt es nicht, wenn das Ich wie ein Geschoss durch den Raum der eigenen Zeit reist. Anfrage an Martin auf dem Todtnauberg: Gab es da dunkle Wolken beim Spazierengehen?

Cvetka Lipuš ruft die lyrisch-metaphysischen Helden zur Räson, sie sollen nicht Mythen verstärken, die vielleicht hohl sind. Auch sonst wird das lyrische Inventar ständig infrage gestellt. »Im Nu passe ich mich an« (55), sagt das lyrische Ich, das durchaus stromlinienförmig im Wasser der Gegenwart liegt oder als braves Boot an einer bröselnden Mole angebunden ist.

Und über allem liegt ein scharfer Blick, der durch die Zeit schneidet wie durch Butter. Während das Antlitz noch im Gespräch ist, landen bereits Aasfresser auf dem Knochenbogen überm Auge. (105) Irgendwer hat Verspätung, entweder das Aas oder der Knochen! – Wundersam zerbrechlich und zeitlos, wie Knochen eben sind.

Darknet

Damit eine Sache gut wird, braucht es das Böse als Herausforderung und Kontrolle. Fast alle am Globus nützen mittlerweile das gute Internet, aber gleichzeitig lauert in seiner Tiefe auch das finstere. Dabei macht das sichtbare, helle Netz vom Umfang her nur ein Prozent aus, alles andere gedeiht im Verborgenen, manches davon auch auf kriminelle Weise.

Cornelius Granig hat ein echtes Handbuch zu einem großen Thema geschrieben. Dieser Vorgang muss mittlerweile extra erwähnt werden, seit in diesen Tagen der Springer Verlag sein erstes automatisch generiertes Buch über die Lithium-Batterie auf den Markt gebracht hat. Wenn dieser Algorithmus-Zombie namens Beta Writer funktionieren sollte, könnte Cornelius Granig womöglich als der letzte analoge Autor in die Geschichte der Fachliteratur eingehen.

Ein Handbuch sollte immer zweifach gelesen werden. Einmal in einem Zug, um den individuellen Wissensstand auf die Aktualität der Forschungsszene zu bringen, zum anderen in kleinen, anlassbezogenen Portionen. Das Buch vom Darknet richtet sich natürlich an Anwender, Fachleute und international tätige Unternehmen, die jeweils ihre Sicherheitsbeauftragten ranlassen. Immerhin gilt Cornelius Granig als anerkannter Unternehmensberater, der um die Gefahren von Internet-Abuse und Kriminalität weiß. Diese Klientel wird vermutlich mit dem Inhaltsverzeichnis anfangen und je nach Arbeitsfeld die entsprechenden Kapitel aufsuchen.

Cornelius Granig: Darknet. Die Welt im Schatten der Computerkriminalität. Wien: Kremayr & Scheriau 2019. 304 Seiten. EUR 24,–. ISBN 978-3-218-01157-0.

Cornelius Granig, geb. 1970 in Klagenfurt, ist Unternehmensberater und Journalist.

Ungelenker und deshalb interessanter freilich ist die Anwendung bei einem Pensionisten in der Peripherie, der das Buch vielleicht als puren Stoff von der Außenwelt auf den Rechner herunterlädt. Dieser periphere Leser wird wahrscheinlich mit dem Glossar anfangen, wo alles zwischen »Access point« und »Zwei-Faktor-Authentifizierung« erklärt ist.

Spannend ist für diesen User auch das kriminelle Feld des Netzes, endlich weiß man, wo die flachen Krimi-Schreiber abschreiben, nämlich im Darknet. Und auch für genügend Helden ist gesorgt, immerhin gibt es bei den Hackern White Hats, das sind die Guten, die Fehler aufspüren, um sie zu verbessern. Die Black und Grey Hats freilich haben Böses unterschiedlicher Qualität im Sinn. Ein eigenes Kapitel zählt dann die häufigsten Betätigungsfelder der Kriminellen auf, sie reichen vom Zuneigungsbetrug bis zum Wohnungsdesaster. Phishing, Spams und Pharming, alles, wovon man nicht heimgesucht werden will, ist hier ausführlich beschrieben.

Über ein eigenes Kapitel, das durch Tor (The Onion Router) zu erreichen ist, geht es dann stracks hinein ins finstere Netz, wo neben Kinderpornos auch Baupläne für Waffen heruntergeladen werden können.

Ein Abschnitt über das Netz für Unternehmer lässt den kleinen User erahnen, was sich hinter Industriespionage und Datenklau für Gefahren verbergen. Einmal wird von einem Datenleck der TGKK (Tiroler Gebietskrankenkasse) berichtet, da ist man als Betroffener fast stolz, dass man endlich über die Krankenkasse abgegriffen worden ist, weil man latent wichtig ist.

Zehn Sicherheitstipps sollte man auch in Randlage des Geschehens immer berücksichtigen, beispielsweise nie einen USB-Stick anstecken, wenn man nicht seinen Verseuchungsgrad zuvor geklärt hat.

Interviews geben dem Netz schließlich eine »menschliche Größe«. Der ehemalige Landeshauptmann von Salzburg berichtet, wie man ihm über das Netz eine Ehekrise angedichtet hat, aus der er fast nicht mehr herausgekommen ist. Der ehemalige niederösterreichische Landeshauptmann berichtet, wie er sich in den Zeiten vor Donald Trump in Wahlkämpfen geschützt hat, um eine Mehrheit ohne Betrug einzufahren.

Was der Amateurleser natürlich nicht beurteilen kann, ist die Ideologie, die hinter dem Darknet steht. Angesichts der Urheberrechtskampagnen in der EU hat der Einzelne wohl endgültig den Überblick verloren. Fakt scheint zu sein, dass das Darknet wie alles auf der Welt dem Kapitalismus nützt. Da lässt es einen hellhörig werden, wenn die Informationen von einem Unternehmensberater kommen. Aber das Netz ist an manchen Tagen so schnell, dass alle Gedanken darin träge wirken.

okzident express

In der Mathematik spricht man von Ableitungen, wenn eine Gleichung durch eine Operation verdichtet, verdünnt oder falsifiziert werden muss. In der Literatur ist bei einer Ableitung der ursprüngliche Satz noch erkennbar, aber bereits durch das Zitieren hat er seine Explosionskraft neu aufgeladen.

Stefan Schmitzer lässt in seinem »okzident express« falsch erinnerte Lieder im Gehör der Leserschaft anklingen in der Hoffnung, dass daraus vielleicht ein falscher Ohrwurm wird. Wie bei einem Tinnitus könnte man dann das störende Geräusch der Erinnerung mit einem falschen zum Verstummen bringen.

Stefan Schmitzer: okzident express. falsch erinnerte lieder.

Graz: Droschl 2019. 69 Seiten. EUR 16,–. ISBN 978-3-99059-028-7.

Stefan Schmitzer, geb. 1979 in Graz, lebt in Graz.

21/04/19

Bereits der Titel ist so eine Überlagerung. Während in der Stoffgeschichte ständig vom Orient-Express und seinen üppigen Verfilmungen die Rede ist, ist der Okzident-Express ein Tabu, weil hier die Menschen in der falschen Richtung unterwegs sind. Außerdem lässt es sich nur schwer filmisch darstellen, wie auf dem Weg nach dem Okzident die Menschen der Reihe nach in Schlauchbooten und an Grenzzäunen verglühen.

In acht Kapiteln und einer Einschwingung, die unter null fungiert, wird die Lage des Kontinents anhand von griffigen Parolen, aufwühlenden Liedern und grotesken Balladen aufgerollt. »Wir werden irgendwas machen müssen«, heißt es gleich zu Beginn, »wir werden in unsere Träume ein Bleigewicht zaubern müssen.«

Tatsächlich wiegt überall der Sachverhalt schwer, während die Parolen leicht dahinplätschern. Etwas Blei ist da eine gute Idee, freilich wird diese falsch verstanden und das Blei kommt wie immer aus Gewehren.

Die einzelnen Anlegestellen für Parolen und Zitate sind nach diversen Methoden der Interpretation ausgelegt. Idylle, Tiger Mountain Flachdach, Rambo III oder Herzi Herzi Eigentum lassen eine Urdramaturgie erkennen, die zwischen einem Soldatenwestern, einer Alpinschnulze oder einem griffigen Love-Song herauswuchert. Die Originaltextur wird dabei ähnlich schnell hinter sich gelassen, wie etwa der Spargel durch seine Frühjahrsfolie schießt. Die Dramaturgie verfestigt sich zu einem kräftigen Bild, wenn beispielsweise eine Georgierin sich aus Stalin heraus weiterentwickelt und auf der Planierraupe der Zeitgeschichte Platz nimmt.

Die Revolutionäre treten in diesem Projekt als Parolenschmiede auf den Plan, Peter Rümkorff, Rolf Dieter Brinkmann oder Andreas Gabalier nehmen als Headline in den Köpfen des Publikums Platz und bestrahlen es mit Sätzen maßloser Halbwertszeit.

Ab und zu treten Helden der Peripherie in Erscheinung und verformen die Welt vom Rand her. Zwei Geckos etwa unterhalten sich in L.A. über den Lauf der Welt und verändern ihn dadurch nachweislich.

Unter dem allumfassenden Begriff Klimawandel verdorren ehemals fruchtige Schnulzen-Zeilen und verpuffen, ohne sich je einen neuen Sinn übergestülpt zu haben. Ein großer Austausch findet statt, zuerst als harmlose Wortfügung, später als Ideologie von politisch radikalisierten Truppen. Da wird selbst die romantische Anrufung alter Kampflieder zu einem Flurschaden, »Sag mir, wo die Blumen sind«.

Wenn alle verunsichert sind und die Lieder keine Geschmeidigkeit mehr haben für das Schmalz des Alltags, fragt jemand in die Zukunft hinein: Sag, was hörst du zwischen den Kriegen?

Stefan Schmitzer stellt die Zeitgeschichte als kulturelle Satzausfransungen dar. Einem wuchtigen Originalzitat, wie wir es immer gehört und gelesen haben, stehen plötzlich Erosionen der Glaubwürdigkeit gegenüber.

Wir können nichts mehr für unverrückbar nehmen, die Lieblingssätze
zerbröseln uns unter der Hand.
»Ländersterben / Landstrichwegschwimmen / Landstrichaustrocknen
/ großer Austausch // Einatmen Ausatmen« (53)

Aus dem Schatten

Manche Erzählungen liest man eindeutig wegen des Stoffes, den sie versprechen, und weniger weil man sich mit einer neuen Erzähltheorie auseinandersetzen will.

Bei Geovani Martins kommen jedoch beide Komponenten
zusammen. Die Sammlung »Aus dem Schatten« handelt
von dreizehn Ereignissen, die in einer Favela geschehen. ,Aus
dem Schatten' ist auch gleichzeitig das Konzept, diese Fälle
sollen aus dem Schatten heraustreten. Schatten ist überhaupt
der Kosmos, der die Favela umgibt. Das ganze Gebiet liegt
außerhalb der gesellschaftlichen Wahrnehmung, ab und zu
kommt Polizei von außen und durchkämmt die Siedlung,
teilweise mit tödlichem Erfolg. Landebahn für Gefühle und
Berührung mit der Außenwelt ist der Strand, auf dem sich
Touristen, Weiße und Außenseiter in die Quere kommen,
obwohl zeitlich und räumlich die einzelnen Sandfelder recht
genau abgesteckt sind.

Geovani Martins: Aus
dem Schatten. Stories.
A. d. bras. Portug. von
Nicolai von Schweder-
Schreiner. [Orig.: O sol na
cabeça, São Paulo 2018].
Berlin: Suhrkamp 2019.
125 Seiten. EUR 18,50.
ISBN 978-3-518-42858-0.
*Geovani Martins, geb. 1991
in Rio de Janeiro, lebt in der
Favela Vidigal.*
24/04/19

Held ist jeweils ein Ich-Erzähler, der vor allem zwei Ziele hat: zu überleben und den neuen Tag mit Lebenslust anzuwerfen. Obwohl die Episoden zur Kindheitszeit, Schule oder Pubertät spielen, sind sie immer
gleichermaßen erwachsen und todernst, in diesem Milieu gibt es nur Er-
wachsensein oder tot sein.

Die Titel der Erzählungen verraten etwas von der Dramaturgie des Über-
lebens. Kleine Runde, Spirale, russisches Roulette, der Trip, Durch die
Favela. Wie beim höchsten Theater geht es nicht so sehr um die Handlung, sondern um den großen Chor, der im Innern des Helden groovt.

Es geht schon damit los, wie man das Geld für eine Busfahrt zusammen-
kriegt. Und wenn man halbwegs legal unterwegs ist, wird man von der
Streife abgeführt, denn die nehmen alle mit, die kein Geld haben oder
zu viel, weil sie mit Drogen unterwegs sind.

In den Gassen der Siedlung belauern sich die Typen gegenseitig, zuerst
als Schatten, später mit gezogenen Waffen. Oft stellt sich erst nach dem
Schusswechsel heraus, wer die Guten oder Bösen sind.

Als Schüler nimmt das erzählende Ich einmal die Waffe des Vaters mit in die Schule, um dort ein Mann zu sein. Am Nachmittag kommt der Vater verfrüht heim, und jetzt gilt es, die Waffe wieder zu deponieren, ohne dass es Vater merkt. Das ist russisches Roulette, es geht schließlich um Vater oder Tod!

In der brutalen Welt gibt es Kleinodien, die wahrscheinlich noch brutaler sind als das Leben in der Favela. Ein Schmetterling fällt von der Wand in das heiße Öl der Großmutter und wird frittiert.

In der Schule wird in allen Facetten gemobbt, das führt bis zur sexuellen Entwürdigung. Der Satz »Mädchen auf die Toilette« gilt als Aufforderung, in der Pause seinen Mann zu stehen und irgendwelche Initiationsriten an Mädchen zu vollziehen.

Selbst in einer Welt voller Graffiti ist jeder Sprayer in Lebensgefahr, denn er sprüht entweder was Falsches oder an einem falschen Ort. Der Held nimmt spontan die Schuld auf sich, ein Sprayer zu sein, um einen anderen zu retten, der gerade ein Kind gekriegt hat.

Ein Trip gelingt selten, wenn man ungeduldig ist. Oft werfen die Kids spontan andere Sachen nach, wenn das LSD auf Löschpapier nicht schnell genug wirkt. Und dann gibt es Herzrasen, das stracks auf den Friedhof führt.

Zwischendurch ergeben sich seltsame Fragen. Angesichts eines Blinden, der seit der Geburt halbwegs unbeschädigt durch die Hölle geht, tut sich die Überlegung auf, ob man eigentlich blind sein muss, um das alles auszuhalten.

In der abschließenden Erzählung Durch die Favela wird eine Leiche von einem Ende zum anderen transportiert. Obwohl alles wie Slapstick wirkt, ist diese groteske Form des Transports für alle Beteiligten eine hundsgewöhnliche Angelegenheit.

Brutale Geschichten kann man naturgemäß nicht grandios nennen, aber den eigenen Slang, die eigentliche Hierarchie und das letzte Ziel von der Favela auf eine konsumorientierte literarische Welt nach außen zu beamen, diese Erzählform ist grandios.

Was in Erinnerung bleibt

So um das dreißigste Jahr herum werden in der guten alten Literatur die Helden ziemlich nervös und beginnen entweder Ingeborg Bachmann zu lesen oder sich selbst wie ein Bachmann aufzuführen.

Markus Deisenberger überschüttet seinen 35-jährigen Protagonisten mit einer Erbschaft, damit er zur Hälfte des Lebens darüber nachdenken kann, was der Sinn für die zweite Hälfte sein könnte. Denn das bisherige Leben lässt sich nur knapp für die Chronik aufarbeiten nach dem Motto: Was in Erinnerung bleibt.

Paul Fossel ist auf dem Weg nach Kreta, er hat sich aus der Anwaltsszenerie verabschiedet und tritt einmal belanglos seine Erbschaft an. Von sich selbst weiß er momentan nicht mehr viel, außer dass seine Identität etwas verschwommen ist. Bei einem Schachspiel kann er sich nicht entscheiden, ob er Schwarz oder Weiß nehmen soll, und tendiert zu einem Grau. Obwohl ab jetzt kein Zeitdruck mehr da sein sollte, klemmt alles, der Flug verspätet sich und so bleibt genug Zeit für ein paar Getränke am Terminal-Café.

Ja, es ist Langeweile, die ihn umfängt. Er erinnert sich ein bisschen herum, aber es ist alles belanglos. »Pauls Generation hatte alles. Gleichzeitig nichts.« (45) Jetzt hat er das Haus der Großmutter, weil er als Kind gerne dort gespielt hat. Aber der Zauber ist vorbei. Er wird ein wenig schreiben, denn Schreiben kann nie schaden. (35)

Der Abflug soll eine Erleichterung von der eigenen Vergangenheit sein. Als Paul Fossel, den man als Leser zunehmend als Fossil liest, am Flughafen in Kreta ankommt, ist das bisherige Leben gut abgesetzt und alkoholisch ertränkt. In den erstbesten Gesprächen geht es um das Hirnwichsen, und nichts ist dafür besser geeignet als eine kleine Wittgensteiniade. Wenn man schon keinen Inhalt hat, kann man immer noch über die Sprachform reden, ob sie auch trägt, die Wahrheit sagt, auch wenn es nichts zu sagen gibt. (131)

Markus Deisenberger: Was in Erinnerung bleibt. Roman.

Innsbruck: Edition Laurin 2019. 300 Seiten. EUR 22,90. ISBN 978-3-902866-73-8.

Markus Deisenberger, geb. 1971 in Salzburg, lebt in Salzburg und Wien.

26/04/18

Aus den vielen belanglosen Gesprächen, die sich den ganzen Tag lang auftun, stechen jene mit dem Kneipenwirt Scott hervor. Von ihm lernt Paul die regelmäßige Abfolge der Tätigkeiten auf der Insel: Schwimmen, Essen, Trinken. (223) Mit der Zeit stellt sich heraus, dass auch die ausgefuchstesten Aussteiger nur mit Wasser kochen. Wenn man lange genug redet, kommt die Leere zum Vorschein; was in Erinnerung bleibt, ist das pure Nichts.

In Trinkpausen kriegen selbst die Aussteiger mit, dass es offensichtlich eine Außenwelt gibt, die Probleme hat. Demonstranten ziehen herum und verweisen auf das Migrationsproblem. Paul analysiert sich wieder einmal und stellt fest, dass er letztlich ein unbescholtener Anwalt auf der Flucht ist.

Am Schluss löst sich auch noch die Geheimnistuerei, die der Kneipenwirt zu später Stunde immer auf dem Programm hat, wenn die Unterhaltung stockt. Tatsächlich gibt es ein unbewohntes Eiland, auf dem Marihuana gepflanzt wird, ganz wie es der Mythos von Aussteigern verlangt. Und dann brennt es noch bei Paul. Aber das ist fast schon eine Erleichterung.

Markus Deisenberger zeigt einen ziemlich verunglückten Taugenichts, der nicht einmal imstande ist, einen romantischen Traum vor sich herzutragen. Aussteigen kann fad sein, zu erben sowieso, und am Meer zu liegen und ein bisschen herumzuschreiben ist die Hölle.

Schlaglichter

Schlaglichter sind Lichtkonstellationen, die jäh auftauchen, wenn etwa das Licht ungeplant quer über den Asphalt einer Straße läuft oder als Lichtspritzer aus einer Wasserwelle herausglitzert.

Waltraud Haas:
Schlaglichter. Lyrik und
Prosa.
Wien: Klever 2019. 124
Seiten. EUR 16,–.
ISBN 978-3-903110-42-7.
*Waltraud Haas, geb. 1951 in
Hainburg, lebt in Wien.*
27/04/19

Waltraud Haas verwendet Schlaglichter, um aus einem Logbuch Formationen von Querschlägern aufzuzeichnen oder in Gedichten das Helle eines spröden Tages aufkeimen zu lassen.

Dem ersten Teil, schlicht Lyrik genannt, ist das Schreibprogramm des Beatniks Christian Loidl vorangestellt: »Wenn es ein Gedicht ist, fliegt es sowieso.« Und tatsächlich kriegen die schwersten Sachverhalte und die bleiernsten Füße plötzlich Auftrieb, wenn sie Waltraud Hass flugfähig macht und gen Himmel bläst wie den sprichwörtlich leichten Löwenzahn. »ich bin // ein hase / mit löwenaugen / und habe / eine blume / ätsch!« (9)

Die Vorfahren sitzen als Bauern mit Spitzhacken in den Adern, auf den Bäumen hocken die Schwestern und werfen mit Steinen um sich, das lyrische Ich brütet eingesunken vor dem Satz: »ich habe nichts.« (15)

Das lyrische Ich ist oft in dieser obdachlosen Nachkriegszeit zu Hause, manchmal gilt es, Mehl zu ergattern, im Kornfeld eine warme Mahlzeit einzusammeln oder einen Engel zu bewundern, der wieder einmal durchs Zimmer streift. »im schatten // meines schlagschattens / läßt es sich / gut träumen.« (24)

Der Abschnitt Prosa ist mit knapp dreißig Skizzen ausgelegt, kleine Flashs aus dem Familienbereich, Notate am Schreibtisch, an dem die Texte ausgesessen werden müssen, Schnappschüsse aus dem Venedig 2018, als plötzlich die Möwen nichts mehr zu lachen haben.

Die Kindheit erscheint in der Erinnerung als stramme Einheit, worin schon mal die Lehrerin das Lineal auspackt und an den Kinderfingern erprobt, wo Gemüseduft schwer in den Schulhof hineinhängt und Hunger macht. Stramm in die Psyche fährt auch jene Szene hinein, wo die junge Frau der Mutter beim Rühren im Topf zusieht und den Satz ertragen muss: »Du hast ihn nicht geliebt, sonst wäre er nicht gegangen.« Die Blumen der Kindheit können andererseits immer noch ganze Jahreszeiten evozieren, als noch mit der Sense gemäht wird, Glockenblumen neben der Eingangstür hängen, Teerosen vor dem Küchenfenster. Bei genauerem Erinnern sind überall Blumen versteckt. Und die Heldin wird jäh aus dem Blütenmeer gerissen, als sie auf einen Blumenverkäufer trifft, der im Straßenverkehr ums nackte Überleben kämpft.

Das Sinnieren geht schließlich in puren Alptraum über, als das Ich nachts auf der Bettkante sitzt und weint »armes Ferkele, armes Ferkele«. Die Heldin wiegt den Oberkörper vor und zurück und verflucht den Bauern, ehe es gelingt, mit geballten Fäusten aufzuwachen.

Waltraud Haas stellt sich den Schlaglichtern, die sich jäh und ungeplant über die Tage legen, gerade wenn diese unauffällig sind. Die Ahnen schreiben ihre Geschichte fort und bemächtigen sich der Schreiberin, die Vögel verwenden sie, um in den Süden zu entkommen, die Donau spuckt ein paar Wellen aus, wenn sie am Geburtsort Hainburg vorbeirinnt. »als ich / luzida / geboren werde / tritt die donau / über die ufer / und die weiden / saufen sich satt« (8)

Die Klanglaterne

Naturwissenschaftler und insbesondere Biologen machen dieser Tage eine fachliche Katastrophe durch, stündlich sterben Tiere und Pflanzen aus und bald einmal werden sie umsatteln müssen auf Fossilienforschung, wenn die Lebewesen erledigt sind.

Joachim Gunter Hammer ist gelernter Naturkundler, aber als Lyriker hat er die Möglichkeit, in die Welt der Poesie auszuweichen und dort alles zu erschaffen, was in der realen Welt ausstirbt. Vielleicht sichert er so den Fortbestand der Erde, indem er in eine andere Sprachgalaxie ausweicht. Logischerweise setzt auch die aktuelle Sammlung von 17- und 19-Silbern mit einem genesisartigen Kraftakt ein. Jäh aus dem Impressum heraus fließt ein Motto: »Wachtest als Schmetterling auf/ sahest unvorstellbar / neue Farben, wofür du / verzweifelt Wörter suchtest.« (5)

Joachim Gunter Hammer: Die Klanglaterne. Gedichte. 17-Silber und 19-Silber.

Wien: Verlagshaus Hernals 2019. 241 Seiten. EUR 24,90. ISBN 978-3-902975-77-5.

Joachim Gunter Hammer, geb. 1950 in Graz, lebt in Edelstauden.

29/04/19

Das ist auch das Konzept der dreizeiligen Silber, sie reagieren auf Geträumtes, Erdachtes, Erlesenes oder Verschollenes und machen einen Grundeintrag im Lexikon der Poesie. Alles, was da steht, gibt es wirklich, weil es durch Sprache erschaffen ist. Die straffe Form der 17- und 19-Silber ist eine Art Spiegelbild einer Molekularkette, mit der sich die kompliziertesten Gebilde zusammensetzen lassen als sprachliche Form von Lebewesen.

Die Zeilen schießen wie ein permanenter Logbucheintrag durch die Jahreszeiten, die einzelnen Einträge sind Kommentare, worin Farben, Lichter, Klänge und Temperaturen zusammenkommen. Da ziehen Streichquartette durch den Oktober, während in einer vergangenen Kindheit ein Lehrer dem Kind das dritte Ohr langzieht. Ein Requiem in einer fremden Sprache lässt sich im Mai nieder, später reist Franz als Schubert auf einem Hammerklavier durch den Winter.

Neben diesem musikalischen Aspekt sind es vor allem verschiedenfarbige Lampions, die als Ebenbilder von Planeten die Finsternis durchleuchten. Ganze Zyklen sind diesen Lampions in ihren Grundfarben gewidmet.

Ein drittes Element stellt die Forschung im naturwissenschaftlichen Bereich dar. Tatsächlich keimt künstliche Intelligenz auf und beherrscht auf Anhieb das poetische Metier. Systematiken machen sich selbständig und erschaffen eine Meta-Semantik, die nur ansatzweise mit den übernommenen und überkommenen Begriffen der Lyrik korreliert.

In die Orgie des Logbuchs sind Zwischentakte eingestreut, die den lyrischen Strom wie eine Peilung neu vermessen. Titel sind als lyrisch dramatische Anleitungen zu verstehen, damit man als Leser ungefähr weiß, wo man umgeht. Nächtlicher Ausflug im Reservat, Auf ins Grüne, Der blaue Kehlkopf, Krähenschrei in Violett sind sogenannte GPS-Verankerungen einer Klangwelle.

Allein über den Ausdruck »blauer Kehlkopf« könnte man stundenlang meditieren. Ist dieser Kehlkopf vom Singen blau angelaufen, hat die Stimme einen Herzfehler, brennt im Innern des Kehlkopfs das blaue Licht der Romantik und führt alle nach Hause?

Joachim Gunter Hammers »Klanglaterne« ist ein Unikat, das nur jemand erschaffen kann, der in mehreren Welten zu Hause ist. Aber auch einzelne Gedichte und Zyklen sind durch literarisches Zitieren und Verlinken mit Widmungen in den lyrischen Zustand der Gegenwart eingeflochten. Hannes Vyoral ist eine Textstelle gewidmet, die aus dem pannonischen Blick herausdestilliert ist, und dem Rezensenten ist »der etwas schräge Zyklus Laterna robotica gewidmet« (187–190), der das Roboterhafte moderner Bibliothekare im Ruhestand anspricht. »Schon feiern die Roboter / ihr Herstellungsjahr, / weinen zur Musik. // Wird ein Chip in Robotern / vermeiden, was / Menschen antun Menschen? // Ich am Horizont / ein Homunculus, / der alles nur kaufen kann? // Mama robotica gibt / Milch, feucht werden auch / die Kulleraugen.« Die Welt wird zumindest mit dem jetzigen biologischen Personal untergehen, aber es macht nichts, denn durch diese robusten Zeilen ist sie für die Unendlichkeit gerettet.

Zu ebener Erde

Gerüchtehalber hat der Beruf der Eltern einen kräftigen Einfluss auf die Entwicklung ihrer Kinder. Als schwer angeschlagen gelten dabei Kids, die von Pädagog/inn/en abstammen. Aber auch genetische Reproduktionen von Theatermenschen scheinen ziemlich defekt zu sein, wenn man dem Roman »Zu ebener Erde« Glauben schenkt.

Christine Teichmann: Zu ebener Erde. Roman. Graz: Keiper 2019. 213 Seiten. EUR 22,50. ISBN 978-3-903144-73-6.
Christine Teichmann, geb. 1964 in Wien, lebt in Graz.
30/04/19

Christine Teichmann erdet ihre Helden mit einem halben Nestroy-Stück, der erste Stock der »Local-Posse« entfällt. Der Ich-Erzähler Gabriel, schicksalshaft Gabi genannt, lebt mit seiner jüngeren Schwester Ida und den Theatereltern ein unauffälliges Leben, sieht man davon ab, dass alles theatralisch ist. So dreht sich alles um die Auftritte der Eltern, ihre Tourneen und Durchbrüche, der Haushalt läuft sehr schlicht als lästiges Ereignis ab. »Wir Sängerinnen sind nicht geeignet für Hausarbeit.« (178) Statt Kinderbüchern gibt es Opernrollen und Exzerpte wichtiger Stücke. Ehrensache, dass an manchen Abenden stundenlang über Nestroy diskutiert wird.

Die Geschwister sind viel allein und rücken immer enger zusammen, sie entdecken ihren unterschiedlichen Körperbau und nehmen nach der Pubertät auch die Genitalien in Betrieb, indem sie »es tun«. Es entwickelt sich ein inzestuöses Verhältnis, das die beiden aber als besonderes Theaterstück empfinden.

Eines Tages entdecken die beiden, dass Mutter schon ein paar Jahre lang nicht mehr aufgetaucht ist. Lange hat man ihr Verschwinden als ausgiebiges Engagement an einer fernen Bühne gedeutet. Und als später Vater stirbt, ändert es kaum etwas im Lebenslauf der Hinterbliebenen, denn auch seine Auftritte waren immer Theater und jetzt scheint er eben eine stumme Rolle zu haben. Der Notar verkündet den Kindern: Ihr seid mittellos, aber schuldenfrei.

In einer zur Sexualität etwas tiefer gelegten Arbeitswelt wird Gabriel auch am Arbeitsmarkt geschlechtsreif. Er besucht eine Tourismusschule und macht ein Praxismonat an einem miesen Kärntner Seehotel, wiewohl eine Schnupperlehre in Tirol, wo am Abend Moretti im Hotel auftritt, als das Nonplusultra gilt.

In der Einsamkeit der Kärntner Szenerie arbeitet Gabi an seiner sexuellen Zukunft. Da er vielleicht schwul ist, obwohl er immer noch auf seine Schwester steht, kümmert er sich um das Zusammenspiel zwischen Körpersäften, Geschlechtsorganen und identitätsstiftenden Genitalaktionen. Über einen Arzt gelangt er schließlich an eine Hormonklinik, die allerhand Umbauten an der Sexualität vornehmen kann. Bei Recherchen stellt sich heraus, dass sich auch die Mutter vor Jahren umoperieren hat lassen und nicht verschwunden ist, sondern als Herr Karl, der gute Kerl der Familie, fungiert. Im echten Theater wird so gut gespielt, dass nicht einmal die Angehörigen merken, welches Stück gerade gegeben wird.

»Vielleicht hatte ich auch nur eine Wahrheit gefunden, die immer schon da war und die ich einfach nicht sehen wollte.« (212)

Christine Teichmanns Roman ist atemberaubend grotesk, als Leser fiebert man mit den Helden mit und man wäre auch zu einer Geschlechtsumwandlung bereit, wenn es die Dramaturgie verlangte. Hinter dem »lustigen« Teil dieser überdrehten Familiengeschichte steckt auch ein befreiender Umgang mit den geschlechtsspezifischen Rollen, den Zufälligkeiten bei der Rollenverteilung und dem ewig gültigen Schnitzler'schen Diktum: Wir spielen alle, wer es weiß, ist klug.

Queen of the Biomacht, ehrlich

Im Feuilleton regiert in diesem Frühjahr eine Frau mit Seepferdchenblick. Es handelt sich dabei um Sophie Reyers neues Markenzeichen, das mit nebulösem Sehgestus aus der Presse heraus am Leser vorbeischaut, als ob dieser völlig wertlos wäre. Aber im Hintergrund sei etwas, da könne man sofort ein Buch machen darüber, sagt dieser Blick.

Sophie Reyer hat jetzt gleichzeitig fünf Bücher auf den Markt geworfen. Man wendet sich ab, wie es ein Fußball-Schiedsrichter tut, bei dem eine Mannschaft mit dreizehn Spielern aufläuft. Man wird dieses Match vorläufig nicht anpfeifen. Erst allmählich, wenn ein paar überzählige Bücher

vom Schreibtisch gegangen sind, kann man sich der »Queen of the Biomacht, ehrlich« widmen.

Da bei Sophie Reyer alles belangloses Spiel ist, wie sie in ihren State-
ments immer betont, kann man ihre Gedichte auch belanglos spielerisch
lesen. Es geht darum, dass der inszenierte Literaturbetrieb in zusammen-
geschnittenen Lyrik-Zeilen vorbeizieht, ohne vorerst Spuren zu hinterlassen. Der Aufzug des Vorhangs ist das Thema, nicht der dadurch
gesteuerte Auftritt des Lichts.

Da in dieser Inszenierung nichts mehr glaubwürdig wirkt, ist bereits dem
Titel die Floskel »ehrlich« beigefügt, wie es frisch Ertappte der Behörde
anzeigen, »ich habe die Geschwindigkeitsbegrenzung nicht
gesehen, ehrlich!«. Bei Sophie Reyer taucht die Queen of
the Biomacht auf, das »ehrlich« soll darauf hinweisen, dass
es wirklich so ist. Diese Biomacht ist eine Art künstliche Intelligenz der Biologie, ein zum Roboter mutierter Schöpfer,
der allerhand Befehle für die Steuerung gibt. Trivial gesprochen sind es auch die kleinen Helferlein, die schon mal über
eine Nachmittagsdepression hinweghelfen.

Sophie Reyer: Queen of
the Biomacht, ehrlich.
Gedichte.

Innsbruck: Limbus 2019.
94 Seiten. EUR 13,–.
ISBN 978-3-99039-144-0.

Sophie Reyer, geb. 1984 in
Wien, lebt in Wien.

02/05/19

Wie in einer Programmiersprache setzen die Gedichte mit
einem isolierten Doppelpunkt ein, der Nichtvorhandenes
mit Vorhandenem induziert oder in einem nicht vorhandenen Raum ein
Gedicht installiert. Dieses Gedicht hat dann ab und zu ein Programm,
das aus der Überschrift hervorgeht, etwa Utopie, Suchbewegung, Erinnerungen, Delirium. Es kann aber alles zu einem Tweet zusammen-
geschmolzen sein, wenn es etwa heißt: »seit du // übe ich wieder /
leben« (19)

Die Leserschaft ist eingeladen, die Leerstellen aufzufüllen mit einem persönlichen Sinn. Diese lyrischen Gerüste sind ein bewusst gesetzter Akt,
nicht alles von der Autorin zu erwarten. Im Sinne einer Übungsanleitung
sollen die lyrischen Akzente mit eigener Atmosphäre ausgefüllt werden,
wenn möglich nach Art von Multiple Choice.

Selten gebrauchte Wörter werden plötzlich übertrieben oft eingesetzt,
um einen didaktischen Akzent zu setzen, seht her, was man mit einem
Wort wie »Schläfe« alles machen kann. Tatsächlich taucht die Schläfe
als weiße Schneebehaarung auf oder als Übergangsphase von Wachsein
zu Schlaf. Die Schläfe fungiert sozusagen als Smiley des Schlafes.

Nicht nur die Psychen liegen mit ihren Nerven blank und müssen mit
Beruhigungstherapien sediert werden (Puzzles statt iPhones!) (51), auch
die Botanik hat sich genetisch neu aufgeladen und fragmentiert, die

Bäume reißen sich plötzlich selber aus.

Eine anvisierte lyrische Seele kriegt plötzlich ein Burnout und ihr Auge fängt plötzlich zu kreiseln an, bis alles in einer vollkommenen Abwehrhaltung erstarrt: No! Im Gebirge sind sie dann zum Fürchten nah, diese Todesübergänge, die wie absturzreife Seilschaften in die Hänge geschmiedet sind. Und selbst der Regenbogen hat nichts Stabiles, wiewohl er als eine Art Rettungsgurt am Firmament hängt. Das letzte Gedicht taucht auf, das letzte Wort, »und«.

In einem Würdigungsnachspann sind vier Meister eines Lebenssinnes aus dem 17. Jahrhundert angeführt: Friedrich von Logau, Johannes Rist, Hans Sachs, Philipp von Zesen.

Ob in dreihundert Jahren jemand Sophie Reyer zitieren wird? Vielleicht ja, weil die Gedichte recht gut das Grobporige angeschlagener Psychen aus den 2020ern dokumentieren könnten.

Die kennen keine Trauer

Die Menschen reagieren wie jedes Lebewesen auf die Umwelt, neben den genetisch formulierten Instinkten tragen sie freilich so etwas wie Erfahrung mit sich herum, die sie manchmal bei der Ausübung der Gegenwart mehr irritiert, als dass sie hilfreich ist. In der Literatur werden solche Verwerfungen, Erinnerungsnarben und Bruchstellen sichtbar oder hörbar gemacht.

Bjarte Breiteig scannt Lebensumbrüche mit einem feinen Seismometer, er stöbert jeweils jene Haarrisse in der Biographie der Helden auf, die zu einem Umbruch oder zu einer Katastrophe geführt haben. Über den sieben Erzählungen schwebt nicht umsonst die Abwehrfloskel, »die kennen keine Trauer«. Wie in einem Western wird zuerst einmal mit großem Schweigen geantwortet, wenn die Opfer des Desasters seltsam verrenkt am Set herumliegen.

In der Eingangssequenz halten sich Jugendliche an dieses Rezept, das jenseits von Gefühlen das Leben als pure Abwicklung propagiert. Der Ich-Erzähler und der Außenseiter Karsten haben sich vom Schwimmunterricht losgeeist und durchkämmen in der Nachmittagsstille das Schulgebäude, bis sie die Tür zum Keramik-Raum offen finden und diesen zu verwüsten beginnen. Alles, was als pädagogische Maßnahme ausgelegt werden könnte, wird zerstört. Die selbstgebastelten Tonarbeiten und das Inventar werden zertrümmert, selbst ein Vogelhaus wird mit der Kreissäge zerlegt, weil es zu lieblich ist. Während des Zerstörungswahns erkennt der Erzähler, wie die ganze Klasse Karsten zu einem Außenseiter gemobbt hat. Aber jetzt gibt es kein Zurück mehr. Alles ist logisch, wenn es kaputt ist. Der Erzähler ist wie von Sinnen, als er bei dieser Zerstörung mitmacht.

Am Ende seiner Karriere als Hallenarbeiter in einer Fabrik bekommt der Held eine Uhr von den Kollegen geschenkt. Er macht die letzte Schicht fertig und merkt, dass etwas nicht mehr stimmt. Er hält es für die Vorboten der Rente, als er den Reinigungsboy für sinnlos hält, wenn dieser seine Schlieren mit dem Wischer zieht. Aber es sind eindeutig Stiche dabei, im Rücken, an der Schulter, Brust. Er sieht sich schon zu Hause sitzen und das pure Messer des Alters spüren, da fällt er um, die Kollegen murmeln was von Infarkt. Er aber bleibt beim Titel der Erzählung: »Nichts passiert!«

»Der Herr betet in Gethsemane« ist so eine ferne Fügung aus den Kindertagen, mit der man ein Leben lang nichts anfangen kann. Der Ich-Erzähler kehrt in das Haus der Kindheit zurück, worin Vater gerade gestorben ist. »Das Zimmer riecht nach Schlaf.« (31) Seine Frau sieht zum ersten Mal das Haus, das sie bisher nur aus den Erzählungen ihres Mannes gekannt hat. Dieser strolcht wahllos durch die Räume und bleibt an einer Kinderzeichnung hängen. Vor Jahrzehnten hat er sie gezeichnet, und da fällt ihm der Titel wieder ein, der Herr betet in Gethsemane.

»Bis zum Abend« handelt von einer anderen Kindheit, worin das sich erinnernde Ich einen lapidaren Tagesablauf beschreibt, der selbst für ein neugieriges Ich sehr langweilig werden kann, wenn der Abend nicht kommt.

»Für Ronnys Hund« ist so eine beiläufige Fügung, die im Gespräch der Arbeiter fällt, die gerade ein Soda-Schiff entladen. Die Lebensgeschichte eines Kollegen kommt dabei auf den Hund. Ronny hatte einmal einen Hund, aber seine Frau war darauf allergisch, da hat er den Hund erschossen. Hatte er wenigstens einen Namen? Nein.

»Die Wäschespinne« ist so ein belangloses Accessoire, das zum Haus gehört. Vielleicht kann der Vater wenigstens dazu was sagen, denkt sich das erzählende Ich, das ein bisschen was über das Haus, die Vergangenheit, Mama und den toten Bruder wissen will. Aber Vater sagt nicht viel, die Wäschespinne empfindet er als Ablenkung von nichts.

»Stockholm« schließlich ist eine verkorkste Liebesgeschichte, die zwischen Fake, Fernbeziehung und Online-Stand angesiedelt ist. Zu Weih-

Bjarte Breiteig: Die kennen keine Trauer. Erzählungen.

A. d. Norweg. von Bernhard Strobel. [Orig.: Surrogater, Oslo 2000].

Wien: Luftschacht 2019. 85 Seiten. EUR 16,50. ISBN 978-3-903081-32-1.

Bjarte Breiteig, geb. 1974 in Kristiansand, lebt in Oslo.

Bernhard Strobel, geb. 1982 in Wien, lebt in Neusiedl am See.

05/05/19

nachten denkt sich einer eine Beziehung aus, die in Stockholm spielen könnte. Eine Freundin entdeckt den Bluff und schlägt vor, Weihnachten handfest und gewöhnlich zu begehen, ohne Hirngespinste.

Die Erzählungen deuten zwar so etwas wie einen Plot an, an dem man mit der Fingerkuppe entlangfahren kann wie bei einem Relief, aber das wahre Fleisch der Verzweiflung dockt an diesen Plot mit kleinen Verästelungen an, die als Seitenhiebe gegen einen etwaigen Lebenssinn gedacht sind.

Ohne Lesen wäre das Leben ein Irrtum

Lesen ist eine ziemlich einsame Angelegenheit. Damit man ins Lesen kommt, muss man vor allem sich selbst über den Weg trauen, sich selbst der Welt stellen und diese dann aushalten. Groß ist daher die Lust, sich ab und zu mit anderen Lesern auszutauschen und im Idealfall davon zu lesen, wie andere das Lesen und sich selbst aushalten.

Cornelius Hell gilt als Erfinder der litauischen Literatur. Er hat sie natürlich nicht erfunden, aber als Österreich-Lektor entdeckt, ausgegraben und übersetzt. Wenn man in der Geschichte von Gründern einer Dynastie spricht, könnte man über Cornelius Hell sagen, er hat die Dynastie der Litauen-Leser gegründet.

Seine Streifzüge durch die Literatur haben immer wieder mit Litauen zu tun, aber ihr goldener Anlass geht auf Sonntagssendungen zurück, die der Autor für den Rundfunk verfasst hat. Mit diesem Begriff ist auch geklärt, dass es sich um etwas Optimistisches, Helles, Sonntägliches in der Literatur handelt, wiewohl natürlich auch die Düsternis darin Platz hat, gerade auch wenn es um jüdische Protagonisten geht, die in Litauen immer wieder verfolgt und ausgerottet worden sind.

Autoren wie Meister Eckhart, Abraham a Sancta Clara oder Johann Peter Hebel haben das Erbauliche in ihrem Programm, gerade Kalendergeschichten, Sprüche und Predigten stellen das Positive eines Lebensprogramms in den Vordergrund. Üppig ist diese Art des Erzählens früher einmal als Erbauungsliteratur bezeichnet worden.

Die dreißig Streifzüge beginnen oft mit einer unerhörten Begebenheit oder einem bemerkenswerten Satz, der auch dem Leser sofort quer durch die Knie schießt. »Abraham a Santa Clara saß auf einem Abhang.« (27) So ein schrulliger Übungssatz für das »A« kann nur einem Germanisten einfallen, aber sinnlose Übungen bewirken, dass daraus oft eine Meditation werden kann. Und was kann ein Literat eigentlich Besseres tun, als mit sich selbst auf einem Abhang zu sitzen und das A in verschiedenen Fassungen zu artikulieren?

»Ich werd in diesem Leben nicht mehr viele Rosen zu pflücken haben«, sagt hingegen Hebel ganz versonnen und denkt, dass alles auch ein Ende haben muss.

Neben diesen Sätzen und Aufhängern sind es vor allem Lesesituationen, welche die Bücher zum Leben erwecken. Als der Autor als Zivildiener in Salzburg Michail Bugalkow liest, ist es ein Leben lang um ihn geschehen. Wo immer er aus einem öffentlichen Verkehrsmittel schaut, sieht er draußen das düstere Moskau, das nicht nur den halben Kontinent, sondern auch sich selbst in mausgrauer Geiselhaft hält. Lesen ohne Lesesituation ist unmöglich, weshalb das Lesen immer auch zu einem individuellen, einmaligen Vorgang wird.

»Wenn es jemanden gibt, der Bach alles verdankt, dann ist es bestimmt Gott.« (113) So eine Erkenntnis des E.M. Cioran, der seine Vornamen bis in ihre Abkürzung hinein gehasst hat, bringt den selbst Orgel spielenden Autor auf die Erinnerungspalme.

Cornelius Hell: Ohne Lesen wäre das Leben ein Irrtum.

Streifzüge durch die Literatur von Meister Eckhart bis Elfriede Gerstl.

Wien: Sonderzahl 2019. 230 Seiten. EUR 22,–. ISBN 978-3-85449-523-9.

Cornelius Hell, geb. 1956 in Salzburg, lebt in Wien.

07/05/19

Aber die euphorisierenden Stellen der Literatur werden oft dünn gehalten, um auch die Kritik durchschimmern zu lassen. So ist Max Frisch mit seinem Tagebuch letztlich die pure Werbemasche eines zutiefst verunsicherten und dadurch zu einem großen Namen aufgeblasenen Schweizer Autors, der im Kalten Krieg als neutraler Identitätssucher letztlich bei der eigenen Eitelkeit gelandet ist.

Auch bei Gertrud Fussenegger schimmert das Herrische durch, das der Sudetendeutschen von klein auf eingeimpft ist und in der Nazizeit zu einem großen Gestus ausgebaut wird. Dass der Autor mit der Beantwortung eines späten Briefes bis zu ihrem Tod gewartet hat, ist irgendwie gerecht.

Eine ähnlich durchschimmernde Grundierung zeigt sich auch bei Christine Busta, deren Nachlass wie selbstverständlich im Brenner-Archiv liegt. Die Korrespondenz mit ihrem Mann, einem ausgewachsenen Nazi, verdüstert so manches Gedicht.

Von Thomas Bernhard sind seltsamerweise die Psalmen angesprochen, nicht nur weil sie für den Sonntag am geeignetsten sind, sondern weil vielleicht in den Psalmen die eigentliche Unsterblichkeit der raunzenden Thomas-Bernhard-Poesie steckt.

Und den Höhepunkt des Zitierens eines Lebenswerkes in einem Satz stellt Elfriede Gerstl mit einem Kriegsende-Gedicht zur Verfügung. »April 1945 // a bissal gfiacht / a bissal gfreit / hauptsach aus kölla / aussegräud«. (227)

Cornelius Hell zeigt zurückgenommen, wie die Bücher untereinander sprechen, wenn sie von einem Individuum hintereinander gelesen werden. In den Streifzügen steckt die Weisheit aller Rezensenten: In der Literatur geht niemand verloren! Ein paar vom Rand der Aufmerksamkeit hat Cornelius Hell einen Sonntag lang in den Mittelpunkt des Interesses geholt.

Vielleicht ist das neu und erfreulich

An allen Germanistik-Instituten des Kontinents werden Tag und Nacht Poetikvorlesungen abgehalten, meist über Stefan Zweig. Mit diesem permanenten Abtasten zwischen den akademischen Hermetikern und der weitschweifigen Poesie sollen offenbar germanistische Arbeitsplätze gesichert werden, aber die meisten dieser Umtriebe bleiben etwa so interessant wie der Umlauf einer Straßenbahn auf einer heruntergekommenen Vorortlinie.

Nicht so bei Kathrin Passig. Seit ihrem fulminanten Vorlesungsstart mit einem Bild über ein Eichhörnchen, das eine Nuss in einem Hundefell verstecken möchte, gilt sie als die Eichhörnchen-Poetin. Dieser seltsame Vergleich löst einen unvergesslichen Wissenszuwachs aus. In Wirklichkeit ist nämlich das Eichhörnchen eine Autorin, die den Nuss-Text im Internet-Fell verstecken möchte.

Mit dieser schrägen Versuchsanordnung ist das Dilemma angesprochen, dass seit Jahrhunderten eine Schieflage zwischen Literaturform und Literaturmöglichkeit herrscht. Die Literatur ist generell etwas Konservatives und es braucht mindestens zwanzig Jahre, bis ein Phänomen der Gesellschaft vom Literaturbetrieb aufgegriffen wird. So ist der Titel der Vorlesung versöhnlich gedacht: »Vielleicht ist das neu und erfreulich.« Die Autorin entwickelt ihre Thesen aus einem eigenen Germanistikstudium, bei dem ihr bloß in Erinnerung geblieben ist, dass es für die Rezeption eines Textes wurscht ist, in welcher Verfassung er geschrieben worden ist. Eine weitere Quelle ist der technische Ablauf des eigenen Schreibens, die E-Books und E-Writings des vorigen Jahrhunderts wirken zwar abenteuerlich, aber sie haben sich immerhin dem Tagesgeschäft gestellt. Die Literatur hingegen zelebriert immer noch Formen des 19. Jahrhunderts, was anlässlich einer Preisverleihung an den gefeierten

US-Autor Jonathan Franzen gezeigt wird. Dieser zieht bei seinem Dankesvortrag so ziemlich alle antiquierten Register, um die Uralt-Jury nicht alt aussehen zu lassen. Generell kommt die Autorin am Ende dieses Eichhörnchen-Kapitels zur Auffassung, dass das Neue kaum erkennbar ist, und wenn es jemand sieht, schließt er es sofort aus, wie etwa die Idee mit dem Self-Publishing.

Im Mittelteil geht es um das Verhältnis Schreiben und Maschine. Es wird die berühmte Markow-Kette vorgestellt, die der Frage nachgeht, ob man mit Schlüsselwörtern dem Schreibstil diverser Autoren auf die Schliche kommen könne. Die Autorin stellt dabei ihre eigenen Projekte im Netz vor, wobei sie mit Zufallsgenerator und Spielanleitungen arbeitet. Die Literatur verdankt den Gamern und Game-Entwicklern unendlich viel, ohne diese zu würdigen. Fallbeispiele der lustigen Art lockern diese finstere Germanistenmaterie auf. Etwa das Experiment von Schmatz und Czernin, durch spielerische Fälschung die gesamte Lyrik-Kaste vom Podest zu stürzen. Oder auch ein Gedicht über den Tod, das aus lauter Buchtiteln über Suizid besteht. Im »Gomringador« schließlich werden twitterähnlich ziemlich belanglose lyrische Schlagzeilen verfasst. Während das Spielerische bei der Nachäffung von Literatur noch nicht ganz zum Zuge kommt, erweist es sich in Übersetzungsmaschinen als sehr überzeugend. Die modernen Übersetzungsprogramme sind so verspielt, dass sie wie ein Kätzchen oder Kind mit jeder Zeile etwas dazulernen.

Das dritte Kapitel macht sich Gedanken über das »Papierbuch«, das ständig neue Ablehnungen und Liebkosungen auslöst. Ein Papierbuch lässt sich am ehesten mit der Ausgrabung von Troja vergleichen, in jedem Buch liegt eine Stadt in neun Schichten zwischen den Seiten. Rund um das Buch hat sich eine Kultur des Kaufens, Sammelns und Verdrängens entwickelt, dabei geht es nie um das Lesen der Bücher, sondern um das Handling dieser Papierprodukte. Im Japanischen bedeutet der Ausdruck Tsundoku, dass man Bücher kauft, um sie zu Hause auf den Stapel der ungelesenen Werke zu legen.

Bücher dürften einen seltsamen Charme haben, denn auch die größten Digital-Freaks drucken bei Veranstaltungen manchmal etwas auf Papier aus, damit sich die Anwesenden die Gedanken leichter vorstellen können. Kathrin Passig schließt mit dem Versprechen, dass sie die wirklich wertvollen Projekte in Zukunft als haptisches Ereignis ausdrucken wird. Dieses Anliegen ist verständlich, wenn man das Quellenverzeichnis liest,

Kathrin Passig: Vielleicht ist das neu und erfreulich. Technik. Literatur. Kritik. (= Grazer Vorlesungen zur Kunst des Schreibens. Band 2).
Graz: Droschl 2019.
116 Seiten. EUR 15,–.
ISBN 978-3-99059-029-4.
Kathrin Passig, geb. 1970 in Deggendorf, lebt in Berlin.
10/05/19

das aus lauter Links besteht. Keine Sau wird diese Quellen anzapfen, zu groß ist die Kluft zwischen dem gedruckten Text und den angefügten Links, die vermutlich großteils ins Leere führen. So gesehen hat das Papierbuch eine ziemlich große Halbwertszeit.

Die Vorlesung kann man durchaus als Kritik des bestehenden Germanistikbetriebs lesen, bei dem oft nicht klar ist, ob die angeschlossenen Literaturhäuser als Innenraum einer großen Kiste oder als überdimensionale Vitrine wahrzunehmen sind.

Spiel am Horizont

Ein schöner Moment tut sich in der Literatur immer dann auf, wenn dauerhaftes Lesen auf dauerhaftes Schreiben trifft. Der daraus entstehende Respekt beglückt beide, die ums Werk versammelt sind, den Leser und den Autor.

Günther Winter hat das Schreiben zum geistigen Rückgrat seines Lebens gemacht, während ihm der Beruf als Elektroingenieur vor allem zur Befriedigung der Alltagsgelüste gedient hat. In dem jetzt zu einem Band zusammengefügten Gesamtwerk sind sieben Einzelpublikationen quasi zu einem Korpus zusammengeklebt. Vom Spiel am Horizont (1972) geht es in lyrischer Form weiter zu den Stationen Traumspirale (1980), Zeitkristalle (1986), Frühstücksgedichte (1988), Im Zeitschatten (2013) bis hin zur Zweizeiler-Sammlung Ein Bär (2014), ehe alles von den Erzählungen unter dem Titel Begegnungen (2010) abgeschlossen wird.

Günther Winter: Spiel am Horizont. Mit einer Vorbemerkung von Marjan Cescutti.
Auer: Varesco 2018. 695 Seiten. EUR 31,–. ISBN 978-88-8300-043-0.
Günther Winter, geb. 1937 in Bozen, lebt in Bozen.
17/05/19

Der aktuelle Literaturbetrieb funktioniert meist mit hoher Geschwindigkeit, indem ein Autor schnell ein Werk verfasst, das der Leser dann schnell zu lesen oder wegzulegen hat. Das Projekt »Spiel am Horizont« ist das genaue Gegenteil davon, hier trifft eine Lebenshaltung auf eine Lesehaltung, und in beiden Bereichen spielt Zeit keine Rolle.

Wie jedes Gesamtwerk sollte man auch Günther Winter mit jeweils eigenem Leselicht lesen, einmal als Biographie, dann als Zeitgeschichte, schließlich als literarische Entwicklung.

Der Autor hat offensichtlich früh die Poesie als Ausstieg und Komplementärmenge zur Arbeitswelt gesehen. Für einen Ingenieur ungewöhnlich ist das Ausweichen in eine Sprache der Natur und Mythologie. Alles, was tagsüber verkabelt ist, ist am Abend voller Äste und Vögel, könnte man zusammenfassen. Mit diesem poetischen Ansatz bleibt die Literatur zwar immer ziemlich unversehrt, in den einzelnen Sequenzen zeigt sich aber dann doch, dass das Vogelsterben, die Umweltabnutzung und der Klimawandel auch an einer robusten Naturlyrik nicht spurlos vorübergehen.

Die Gedichte sind quasi ein Fesselballon, der über den Jahrzehnten schwebt und eine eigene Botschaft in sich trägt, nämlich zumindest einmal am Tag einen guten Gedanken zu fassen. So sind in den Texten auch kaum Verwerfungen und Sorgen angesprochen, sondern es geht jeweils um das Aufrufen optimistischer Gedanken. Ob es nun konventionell gehaltene Gedichte oder klamaukähnliche Zweizeiler sind, immer steht die Lebenslust im Vordergrund. Und wenn man sich die Lieblingspose des Autors vor Augen hält, wonach er die Frühstücksgedichte in der Nacht geschrieben und beim Frühstück vorgelesen hat, dann lässt sich ein wenig von dieser versuchten Urlaubsstimmung erahnen.

Am Beispiel der prosaischen Begegnungen kann man auch die Aufgabenstellung dieser Literatur ablesen. Die Begebenheiten sind letztlich Selfies, die wahllos ausgewählte Helden von sich machen müssen. Es gibt bei diesen Blitzlichtern kaum ein Vorher oder Nachher. Extrem deutlich wird diese Dramaturgie, wenn man wahllos zwei Texte hintereinander liest.

Da stirbt in der Erzählung »Flocki« (546) ein Akademiker an einem Hund, der ihm in das Fahrrad rennt. Trocken liegt er auf der Pathologie und hat ein Nummernschild an der toten Zehe kleben. In der nachfolgenden Geschichte flüchtet ein »Partisan« (548) durchs Gebirge, rettet ein Lämmlein im Gebüsch, denn so viel Zeit muss im Krieg sein, und spürt den Schuss im Rücken, ehe alles schwarz wird. Diese Begegnungen sind entpolitisierte Fotomotive, um die herum eine Kurzerzählung drapiert ist.

Die wahre Leistung von Günther Winter besteht aber in seiner Dauerleistung, im lyrischen Durchhalten in einer Welt, die immer komplizierter wird. Denn die unspektakuläre Form einer Tagebuch-Lyrik hat den Vorteil, dass sie mit der Biographie mitwächst. Je älter die Personen werden, umso jünger werden die Gedichte. Chapeau!

und jemand winkt

Neben Büchern, in denen der Text wie Wasser in einem Kübel steht, gibt es auch diese kunstvollen Text-Arrangements, die als Baupläne, Partitur, als Untertitelung oder Regieanweisung gelesen werden müssen.

Li Mollet: und jemand winkt.
Klagenfurt: Ritter 2019. 127 Seiten. EUR 15,90-. ISBN 978-3-85415-590-4.
Li Mollet, geb. 1947 in Aarberg, lebt in Bern.
19/05/19

Li Mollet stellt unter der Fügung »und jemand winkt« einen Metaroman vor, der voll und leer, rechts und links, als Objekt und als Subjekt auftritt. Inhalt des Ganzen sind Zitate, Plots und Fügungen aus Büchern, die im Anhang alphabetisch und bibliothekarisch geordnet sowie zitiert sind von Altes Testament über Elfriede Jelinek und Robert Musil bis hin zu Ludwig Wittgenstein und Christa Wolf.

In der Jagdsprache könnte man von diversen Zusammentrieben des Literaturwilds sprechen, das dann am Gatter des Erzählens oder vom Hochstand aus erlegt wird. Dabei kommt es im Anschluss zu Aufbrüchen und Trophäen-Schauen.

Der erste Aufbruch betrifft das Layout. Links kommt immer eine Lötstelle zum Vorschein, welche die Verbindung von Text und Leserschaft herstellt. »und stützt den Kopf auf die Hände«, »und rufe nach einem Freund oder Pferd«, »und jemand winkt«. Diese Regieanweisungen zeigen Übungen an, mit denen man wie in einer Therapie den gelesenen Text verdauen könnte. ›Und jemand winkt‹ lässt mehrere Situationen zu, es könnte freundschaftlich von der Hausfassade heraus zugewinkt werden, jemand begrüßt mit Winken die Stars in der Arena, ein Passagier rennt dem Lokführer entgegen und winkt, um ein Unglück zu verhindern.

Alles, was allgemein gehalten ist, kann allgemein gedeutet werden. Nach dieser Wittgenstein-These ist auch der volle Text auf der rechten Buchseite in fünf Erzählstränge aufgelöst, die mit dem Bespielen durch aktuelle Handlungen wieder zu einer Gesamterzählung zusammengeflochten werden.

Die fünf Erzählmuster laufen korrekt getaktet durch den Text. Szenebeschreibung, Überlegung für einen Alternativvorschlag nach dem Muster »wie wäre es«, linksbündig angesetzte Komprimierung zu einem Spruch, Man-könnte-Geschichte und alles springt anschließend auf die gegenüberliegende Seite und führt zu einer Therapieformel, die den Text in aktives Tun überführt. Und im Hintergrund laufen immer die angelesenen Geschichten und Biographien aus der Literaturgeschichte mit und zwingen einen, das scheinbar verlässlich Tradierte neu im Kopf zu installieren.

Für das Gelesene ist man als Leser selbst verantwortlich. »An der Ecke auf der Schattenseite des Hauses steht die Frau mit Burka. In ihrem Arm ein Säugling. Das Kind trägt weder Leibchen noch Windeln.« (93) Wir haben gelernt, diese Sequenzen sofort in unserem Weltbild unterzubringen. Mit diesem therapeutischen Roman freilich wird man eingeladen und gezwungen, die Sätze wieder anders zu ordnen. Für jeden Fall gibt

es Alternativen, und bei dieser Gelegenheit müssen auch diverse Erzähl-theorien ihre Tauglichkeit beweisen.
»Man könnte den Blick zum Himmel richten und sehen, dass die Wolken weiterziehen. Man könnte fragen, wie das Erzählen erzählt werden will. Dieses Buch hat eine geknickte Ecke am unteren Rand. Immer wieder lese ich eine geknickte Ecke am unteren Rand. Immer wieder lese ich die neon-gelb übermalten Sätze // und habe ein dringendes Verlangen.« (93)
Li Mollets »Versatzstücke-Roman« ist an der Oberfläche ein Leseaben-teuer, in der Mittelschicht der Empfindungshaut eine destillierte Litera-turgeschichte und subkutan ein Tagebuch, das für jeden Tag das Überleben durch Lesen sichert.

Pinguine in Griechenland

Ein stilles Zeichen der Globalisierung ist es, dass Tiere mittlerweile über-all oder gar nicht vorkommen. Pinguine sind entweder ausgestorben und nirgends oder in Zoos oder Genbanken – und damit überall.
Der Titel »Pinguine in Griechenland« hätte vor Jahrzehnten noch gro-teskes Staunen ausgelöst, mittlerweile ist es normal, dass es auch in Grie-chenland Pinguine gibt. Silvana Steinbacher schickt für ihren Roman einer Sinnkrise zwei männliche Pinguine nach Griechenland auf eine Insel, wo sie sofort im Tourismus und Tavernismus untergehen und nicht weiter auffallen.

Silvana Steinbacher: Pinguine in Griechenland. Roman.

Weitra: Bibliothek der Provinz 2018. 193 Seiten. EUR 20,–. ISBN 978-3-99028-666-1.

Silvana Steinbacher, geb. 1957 in Turin, lebt in Linz.
20/05/19

Die Story ist wie aus einer Psychiater-Couch herausgeschnit-ten. Boris und Harald, beide über vierzig, haben eine Psy-chokrise, Boris hat über 100 Kilo und eine Firma zur medizinischen Qualitätssicherung, Harald ist Theater-mensch und macht mit seinem Impro-Theater höchstens bei sich selbst Furore.
Jetzt, auf einer griechischen Insel, wollen sie für ein paar Wochen Reißaus nehmen von der Welt und zu sich selbst finden. Dabei gilt es, möglichst unauffällig zu konsumieren und das Mittelmaß einer globalisierten Kon-sumwelt auszukosten. Dementsprechend schaut das Programm aus: Ta-verne, Strand, Motorrad, Sehenswürdigkeit, Taverne, Sonnenuntergang, Taverne.
Die Krankheiten der beiden sind bezeichnend wie ihre Berufe, der Qua-litätsanalyst findet »kein Betriebssystem für sich selbst« und leidet daran, dass ihm ständig Gratis-DVDs in den Kopf eingespielt werden, obwohl er eigentlich auf die Realität aus ist. So sieht er auch während

einer Wanderung im Innenhof eines Gebäudes ein paar Pinguine in der griechischen Sonne sitzen und denkt sich nichts dabei.

Der Theatermensch hingegen will sich aus der Wirklichkeit davonspielen. Eine Nierenkolik wirft ihn von der Rolle, bei jedem Monolog umklammert ihn die Angst vor einer neuerlichen Attacke.

Quasi als Kontrollorgan einer psychischen Blindverkostung ist dann noch eine Frau im Spiel, die sich einen passenden Aussteigernamen gibt, nenn mich einfach Sandrina! (78) Sie arbeitet in einer Rechtsanwaltskanzlei und löst sich gerade von allen Beziehungen, wodurch sie alle Beziehungslosen halb wahnsinnig macht.

Natürlich treffen die freien Erotik-Radikalen auch den fetten Boris, als er gerade mit Liegestützen beschäftigt ist. Obwohl er mit dem Sex schon abgeschlossen hat, streckt ihn die Atmosphäre genital nieder. »Ich will jedenfalls nichts mehr suchen.« (155) Am nächsten Morgen ist alles wieder nüchtern und die wilden Hormone sind abgebaut. Alle sind sich einig, dass Gefühle nichts bringen. In dieser nüchternen Stimmung treten sie wohl alle den Heimflug an und sind sich sicher, dass sie alle in Therapie gehen werden.

Silvana Steinbacher lässt es mit den Ingredienzen eines griechischen Allerweltsurlaubs heftig zischen. Die Lebenskrise der Helden führt zum Ergebnis, dass ein griechischer Urlaub nichts bringt, wenn man nur ein romantisches Zitat im Kopf hat. »Das Land der Griechen mit der Seele suchend«, hat jeder dieser armen Helden einmal lernen müssen. Andererseits ist das Urlaubsritual verbraucht, es bringt keine Lösung. In einer abgeklärten Welt sind schließlich auch die Insassen abgeklärt und zu keinen Gefühlen mehr fähig, außer zum Selbstschmerz oder zum Burnout. Angesichts der erkalteten Helden wirken alle Sätze und Thesen überspitzt, sinnlos und leer. Wer mit Komplexen auf die Insel fährt, kommt mit Komplexen zurück. Wer leer dorthin fährt, kommt leer zurück. Es gibt in der gegenwärtigen Verfasstheit der Gesellschaft keinen Grund, auf eine Insel zu fahren. – Eine groteske Gesellschaftskritik, die die Helden ins Leere und Triviale laufen lässt.

Biedermeiern

Politische Protokolle und Tagebücher zeigen einerseits den rasanten Verfall der Tagesereignisse und haben scheinbar eine geringe Halbwertszeit, andererseits sind diese literarischen Zeugnisse die ersten Dokumente, die einen Sachverhalt von der jeweiligen Gegenwart in die historische

Ewigkeit überführen. Denn für die Geschichtsschreibung hält jede Beschreibung ewig, heißt es bei den Historikern.

Livia Klingl entwickelt für eine Regierungsform, die umgangssprachlich als Schmäh-Regierung bezeichnet wird, eine höchst süffisant-österreichische Protokollform – das Biedermeiern. Das Biedermeier nämlich schickt die Leute in ihre privaten Zonen, damit es rund um den Wiener Ballhausplatz mit Polizei- und Fiakerpferden ausgesprochen idyllisch zugehen kann wie seinerzeit bei Metternich.

Die Rede ist von der kurzen Kurz-Regierung, die erst nach ihrem Ende als völlig flaches Designgebilde so richtig zur Geltung kommt. Hintennach betrachtet ist jeder Satz, den diese Regierung als Apfel aus dem Hinterteil hat fallen lassen, eine Verhöhnung des Menschenverstandes.

Livia Klingl zeigt mit ihren Biedermeiereien zwischen Oktober 2017 und November 2018, wie Politik zu einem Gemauschel aus Slogans, Message Control und Selfie verkommen kann. Die Autorin greift dabei Schlagzeilen des Boulevards auf, untermalt sie mit Hülsen aus Interviews und dem nörglerischen Sound der Österreicher, wenn diese in Öffis die Sau herauslassen.

Livia Klingl: Biedermeiern. Politisch unkorrekte Betrachtungen.

Wien: Kremayr & Scheriau 2019. 144 Seiten. EUR 12,90. ISBN 978-3-218-01164-8.

Livia Klingl, geb. 1956 in Wien, lebt in Wien.

23/05/19

Noch vor der Veröffentlichung des sogenannten Ibiza-Videos, worin der Vizekanzler seine ganze Düsternis aufblitzen lässt, sind hier prophetisch finster jene Skizzen, Porträts, Entwürfe und Satzfetzen zusammengetragen, die man am besten im öffentlichen Raum vor der Haustüre liegen lässt, ehe man sich biedermeierisch ins private Glück zurückzieht. Das Biedermeiern lässt sich jenseits einer politischen Epoche als österreichische Tätigkeit lesen: bieder herumeiern!

Das Tagebuch ist wie ein Poesiealbum gestaltet, unten läuft eine blumige Datumsleiste, auf der die einzelnen Tage der Regierung verwelken, oben sieht man als Bleistiftzeichnung hohle Gesichter, die nicht minder hohle Sätze aussprechen.

Da kommt es dann zur Empfehlung: Erwerbt Eigentum, damit wir euch erpressen und euch etwas wegnehmen können. / Ich verstehe euch, und ich bin für euch da. / Ich wollte einen anständigen Beruf, aber jetzt bin ich Bundeskanzler geworden.

Der Bundeskanzler erscheint wie ein neuer Heiliger und wird intim »Sebi« genannt. Der Innenminister hat eine berittene Polizei ohne Pferde. Und der Bürger will ein weiches Ei und Weltfrieden.

Livia Klingl sammelt an der Oberfläche der Tage die öffentlichen Sprüche und Inszenierungen. Gleichzeitig aber wird immer wieder die österreichische Biedermeier-Seele aufgeschreckt und in ihrem Dämmerschlaf gestört. Denn die eigentlich Schlechten sitzen nicht in der Regierung, sondern in den Wahlzellen. Es ist das schläfrige Volk, das solchen Slogans in allen Blautönen auf den Leim geht.

Deshalb ist Biedermeiern auch zu allen politischen Zeiten einsetzbar. Einmal zeigt es als Protokoll, wie Österreich unter einem Bundeskanzler Kurz tickt. Dann beschreibt es für die nächsten Generationen jene Agonie der späten Zwanzig-Zehner-Jahre, worin das Volk mit Selfie-Machen, Klima-Schimpfen und Online-Konsum beschäftigt war. Und drittens ist dieses schmale Büchlein ein hervorragendes Gebetsbüchlein für den nächsten Wahlkampf, indem die Parolen zu Stoßseufzern und Stoßgebeten zusammengestutzt werden.

Biedermeiern ist eine literarische Leistung und hat gute Chancen, zu einem imposanten Genre der Politik zu werden.

Von der Kunst, Dinge zu sehen

Der Mensch ist mit den Füßen verwurzelt! – Besonders einleuchtende Sätze haben die Eigenschaft, dass sie besonders leicht verschüttgehen, weil sie von der Menschheit Konsequenzen verlangen.

John Burroughs' Essays laufen wie alte Markierungen am Straßenrand der Geschichte entlang. Zwar sind Textteile als Zitate ab und zu im Umlauf, aber die Texte selbst kennt niemand mehr. In der Essay-Serie des Limbus-Verlags sind zwei dieser Kleinodien wieder ausgegraben, abgeklopft und durchgeschüttelt worden, ehe sie jetzt auf sauberem Papier mit Bändchen wieder ins Bewusstsein der Leserschaft zurückkehren.

»Von der Kunst, Dinge zu sehen« geht der Überlegung nach, dass nicht alle alles sehen können. Manche haben Augen, manche bunt bemalte Knöpfe im Gesicht, heißt es lapidar. Das Sehen wurde evolutionär eingerichtet, um Gefahren zu sehen oder gar vorauszusehen. Mittlerweile scheint die menschliche Evolution abgeschlossen, sodass man sich auf das Nötigste im Leben beschränken könnte. Für ein gelungenes Leben sind nämlich drei Dinge Voraussetzung: Bücher, Freunde und Natur.

Gerade bei der Naturbetrachtung hapert es am meisten, und so kann es schon vorkommen, dass sich sogar Fachleute irren, indem sie nämlich einen Vogel falsch ausstopfen, weil sie von

John Burroughs: Von der Kunst, Dinge zu sehen. Von der Heiterkeit der Landstraße.

Zwei Essays. A. d. Amerikan. und mit einem Nachwort von Klaus Bonn. [Orig. The Art of the Seeing Things, New York 1908 und Exhilarations of the Road, New York 1876].

Innsbruck: Limbus 2019. 88 Seiten. EUR 10,–. ISBN 978-3-99039-147-1.

John Burroughs, geb. 1837 in Roxbury, starb 1921 im Zug von Kalifornien nach New York.

Klaus Bonn, geb. 1958, arbeitet als Dozent und freier Übersetzer in Saarbrücken.

29/05/19

den Vögeln keine Ahnung haben. Dabei hülfe uns ohnehin unser Empfinden: »Wenn wir Vögel im Sinn haben, sehen wir nur Vögel.« (36) Der Essay aus dem Jahre 1908 liest sich wie ein moderner Prospekt zu einem Wellness-Wochenende: Augen offen halten, Freundschaften pflegen, mit der Natur und nicht gegen sie leben!

Von der Heiterkeit der Landstraße aus dem Jahre 1876 greift einen elementaren Wesenszug des Menschen auf: Er ist ein Geher! Alles, was vom Gehen ablenkt, ist irgendwie pervers, aber gerade der zeitgeistige Mensch glaubt immer, dass das Gehen etwas Primitives aus der Vergangenheit sei. Im Sinne der Geh-Literatur wird mehrmals darauf hingewiesen, dass der Geher nie erschöpft sein kann, weil er durch das Gehen immer heftiger zum Leben erweckt wird. Diese These hat es seit der Romantik zu einer eigenen Literaturgattung gebracht und findet vielleicht in Werner Herzog und Thomas Bernhard ihren Höhepunkt. Ob vom Gehen im Eis oder schlicht im Gehen, überall gilt der Satz: Der Mensch ist mit den Füßen verwurzelt. Bei Kafka heißt es als Höhepunkt sogar, man soll das Glück begreifen, nicht mehr Platz als für das Stehen auf zwei Füßen zu brauchen.

John Burroughs' Essays werden umso moderner, je mehr der Mensch dem Gehen ausweicht, das Schauen vernachlässigt und die Natur ausrottet.

und fließt die zeit wie wasser wie wort

Zeit ist das größte Thema der Lyrik, manche behaupten sogar, dass Lyrik Zeit sei. Als Hauptdarsteller der Zeit in Gedichten dient immer der Vogel, weshalb dieser selbst nach seinem Aussterben noch in vielen aktuellen Gedichten vorkommt. Einen besonderen Zeit-Umgang hat seinerzeit Gerald Bisinger mit seinen Situationsgedichten gepflogen. Er schrieb Ort und Zeit eines Augenblicks auf und dazu noch etwas lyrischen Füllstoff, wie man ihn zum Auskleiden von Paketen verwendet.

Christl Greller pflegt die These, wonach Wörter Zeit sind und deshalb mit wechselnden Bedeutungen in einem eigenen Wortnetz abfließen wie Wasser. Der Autorin kommt dabei die Aufgabe einer Waal-Wärterin zu, indem sie diverse Steuerungsbolzen des semantischen Systems öffnet und schließt und so möglichst gerecht die Worte verteilt. Die Wörter machen zwischendurch, was sie wollen, aber

Christl Greller: und fließt die zeit wie wasser wie wort. Gedichte.

Zeichnungen von Angelika Kaufmann.

Oberwart: edition lex liszt 2018. 107 Seiten. EUR 18,–. ISBN 978-3-99016-145-6.

Christl Greller, geb. 1940 in Wien, lebt in Wien.

Angelika Kaufmann, geb. 1935 in St. Ruprecht, lebt in Wien und Warnungs.

01/06/19

sie gehorchen immerhin der Schwerkraft der Bedeutung.

Gut achtzig Gedichte fließen durch das Band von Wasser und Wort ab und werden zu Bildern ausgeleitet, nämlich zu den Zeichnungen von Angelika Kaufmann. Darin sind Sinn-Pigmente zu Wellen aufgekräuselt, welche ein Motiv umspülen. Im Zentrum dieser Zeichnungen steht etwa ein Baukran, ein Rock aus Laub, der die Hüften einer Herbstzeitlose bedeckt, oder ein kleines Eck einer Kirchenfassade, die demnächst von einem zeitlosen Gewächs überwuchert sein wird.

Die Gedichte tragen knappe Begriffe als Titel, die später im Register zu einem eigenen Gedicht geformt sind, worin sich wesentliche Strukturen der Gesellschaft erkennen lassen: Apokalypse, unscharfe Stunden, Patchwork, im Sumpf, Probearbeit, am Bahnhof, die Rückseite der Fassade, im Stadtbeton, eigene Wege.

Mit einem Schlagwort als Aufmacher setzen die Gedichte plötzlich ein und weisen darauf hin, dass jedes Gedicht schon längere Zeit wie ein Myzel unterwegs ist, ehe es jetzt als lyrischer Ballen auf der Oberfläche einer Jahreszeit zu liegen kommt. So zeigen Eingangsfügungen wie »und dann«, »und plötzlich«, »jetzt«, dass es eine Vorgeschichte gibt, ehe das Gedicht in voller Spannung losbricht. Die Situation setzt unmittelbar ein, mutiert zu einem Standbild, verzögert sich, steuert auf ein Fade-out zu oder fährt generell den Zeitfluss herunter. Mustergültig nachzulesen ist diese Verlangsamung im Gedicht »die zärtlichkeit der zeitlupe« (51), worin ein Spiegel sich dreht und wie eine Kaskade aus Wasser in sich zusammenfällt nach einer geheimnisvollen Choreographie.

Urbane Motive und Elemente der Natur reagieren naturgemäß verschieden auf den Zeitfluss; was im einen Fall Kreislauf des Jahres bedeutet, nennt sich im Angesicht von Stadtbeton Verfall, Niedergang, Devastierung. Nicht nur standortfeste Gedichte des lyrischen Ichs unterliegen einem Stadt-Land-Gefälle, auch die sogenannten Reise-Gedichte sind vom Zeitlauf geprägt. Das beobachtende Auge sieht aber nur einen jahreszeitlichen Augenblick und muss den Rest vermuten. So sind etwa die »störche litauens« (34) besonders fruchtbar, weil sie im fruchtigen Ambiente eines grünen Straßenrandes sitzen. Die gleiche Situation in einem frostigen Winter würde aus dem leichten Reisegedicht vermutlich eine verfrorene Finsternis machen. Denn Litauen kann auch sehr kalt und dunkel sein.

Das Fremdenzimmer, das in manchen Landstrichen wegen der hemmungslosen Zimmervermietung ganze Jahrgänge verschreckt hat, wird in diesem Falle zu einer Hör-Oase. Ein fremdes Ich ist in das Zimmer eingedrungen und hört fremdes Wasserrauschen, anonyme Wasserrohre, seltsame Geräusche, die nur mit Mühe dem Abfluss von Zeit zugeordnet werden können.

In einem Nachspann sind Monatsgedichte als »Gesichter einer Stadt« für eine Hörfunksession ausformuliert. Dabei werden die einzelnen Monate durch die Ergänzung »Wien« zu einem besonderen Ereignis, das fast wieder an eine Bisinger'sche Lyriksituation herankommt. »wienMAI // jetzt fahnen! / roter rathausplatz / wie immer.« (98)

Hinterm Hasen lauert er

Das Verrückte hat die Eigenschaft, dass es ab einem gewissen Level ganz normal wird.

Colin Hadler blickt vielleicht nur spöttisch hinter die Bedeutung der Fügung »wissen, wie der Hase lauft«, da explodiert ihm die ganze Geschichte und wird zu einem irrealen Kunstwerk. Das Sympathische an diesem »Bildungsroman« ist, dass der Anspruch der Helden nie mit der Realität übereinstimmt, dass die Kids in einem untauglichen Vokabular stecken und dass die Erwachsenen gar nicht mitbekommen, wie daneben sie letztlich mit ihrem Sprachschatz und Erziehungskodex stehen.

Colin Hadler: Hinterm Hasen lauert er. Roman.
Graz: Keiper 2019.
278 Seiten. EUR 18,–.
ISBN 978-3-903144-72-9.
Colin Hadler, geb. 2001 in Graz, lebt in Weiz.
03/06/19

Held dieses psychedelischen Kriminalfalles ist der Ich-Erzähler Finn, der vielleicht eine schlitzohrige Transformation von Huckleberry Finn ist, welcher vor 150 Jahren am Mississippi genauso mit der Gegenwart zu kämpfen hatte wie der aktuelle Finn im Sumpf des Internets.

Aus dem Nichts heraus überschlagen sich bei Finn die Ereignisse. Sein Bruder erklärt, dass er schwul sei, was aber niemanden beeindruckt, sodass er verschwindet. Ein Nachbar taucht auf, will angeblich bei Finn aufs Klo gehen, durchforstet aber stattdessen den PC des Verschwundenen. Im Netz gibt es starkes Mobbing, das als Krönung auf die Frage hinausläuft: Hast du schon einmal einen Stalker gehabt? (44)

Zu Hause stellt die Schwester dumme Fragen: Was sind eigentlich Vögel? Ein guter Ansatz in einer Zeit, wo sie gerade aussterben.

Und dann, mitten in der Welt der Trivia und Banalia, blickt der Erzähler in das Gesicht eines Hasen. Ja, es ist vermutlich eine Hasenmaske, aber der Schrecken ist genauso groß, zumal Hasen einen cannabisähnlichen Schock auslösen können. In der Folge verschwinden Schüler vom Campus und es kommt sogar zu einem Massaker à la Colombine. Auch in diesem

Fall flüchten wieder alle in die Bibliothek, weil dort generell die Überlebenschancen am größten sind. (199) Zwischendurch taucht der Bruder auf und verschwindet wieder, ein Holzfäller benimmt sich auf dem Heimweg verdächtig und schickt sogar sein rotkariertes Hemd an den Helden, damit dieser einen Verdacht schöpft und die Handlung weitergeht.

Längst hat Finn die Empfindungskoordinaten verloren. Was ist erlebt, was ist im Netz, was ist aus purer Literatur?

Zwischendrin stirbt Oma und hinterlässt einen Brief, der aber bei nächster Gelegenheit verbrennt, ohne gelesen worden zu sein. Immerhin kann das Kürzel UCD, das zuerst für eine christliche Partei oder Terrorgruppe gehalten wird, dechiffriert werden, es handelt sich um die farblose Floskel von Undercover-Detektiven.

Dann stirbt auch noch ein Freund, die Schüsse in der Realität scheinen tödlich zu sein. Und der Bruder ist schon wieder verschwunden, vielleicht steckt er hinter all dem Hasen-Treiben.

Schließlich löst sich alles mit Moral und Revolutionsgeist auf. Der Hase gibt in einem Bekennerschreiben zu bedenken, dass er beim Kampf gegen den Fuchs radikalisiert worden ist. Wenn man schon über den Hasen herzieht, soll man auch den Fuchs als wahren Übeltäter nicht vergessen. Und auch die Leser sind aufgefordert, die Revolution in die Hand zu nehmen, indem sie beispielsweise diesen Hasen-Roman weiterempfehlen.

Das tut man als Rezensent gerne. Schon lange nicht mehr hat ein Held so viel Solidarität eingefahren wie Finn, der sich als Jugendlicher gegen die groteske Welt der Erwachsenen zur Wehr setzt, indem er aus deren Traumfragmenten einen persönlichen Alptraum bastelt. – Gute Revolutionen erzeugen am Anfang immer gute Stimmung, heißt es irgendwo bei Lenin.

Der Autor steht NICHT zur Verfügung

Eine Autobiographie hat in erster Linie den Zweck, für die Auto-Person eine gültige Lebenserzählung auszudrücken. Die Leserschaft weiß um diese Subjektivität und kann sich daher hemmungslos auf die erzählte Geschichte stürzen, ohne lange zu überlegen, wie wahr und ausgeräumt der erzählte Lebenslauf ist.

Friedrich Hahn packt das Genre Autobiographie mit beiden Schreibhänden bei den Hörnern, erzählt seine Geschichte und steigt dann in eine Meta-Ebene, um das Dargestellte quasi vom Jenseits aus noch einmal zu relativieren. Der Ausdruck »Nahaufhörerfahrung« lehnt sich literarisch an den medizinischen Begriff »Nahtoderfahrung« an, in beiden Fällen geht es um den Super-Gap, mit dem man den Tod erzählen kann.

Die Autobiographie thematisiert den Ausstieg aus dem Literaturbetrieb, indem sie zeigt, wie ein hundsnormales Individuum in die Mühlen der Literatur und in Lebensgefahr geraten kann. Denn Schreiben ist nicht nur eine Erfüllung oder ein Lebenssinn, es kann auch wie eine Sucht stracks in den Untergang führen.

Im Wesentlichen sind drei Hauptstränge zusammengeflochten, die manchmal aufeinander verweisen und sich dann wieder aus dem Weg gehen. Dabei entstehen drei »Werke«, das Arbeitswerk, das Familienwerk und das Literaturwerk. Der Autor merkt erst beim Schreiben, wie stark diese drei Werke zusammenhängen. Auch für ihn gilt: Je ehrlicher er zu sich selbst ist, umso mehr erfährt er über sich selbst.

In der Arbeitswelt gibt es zu Beginn der Karriere fixe unkündbare Jobs im Bankwesen, später als Startupler, wie man damals noch nicht gesagt hat, stehen vor allem wirtschaftliche Zufälligkeiten und ein abschüttelnder Markt im Weg. Die Werbebranche ist immer unberechenbar, aber immerhin ermöglicht sie es, Elemente der Literatur aufzugreifen und scheinbar als Kunsthandwerk einzubringen.

Das Familienleben beginnt mit dem damals üblichen Häuslbauer-Schock: Kaum zwanzig, scheint auch schon alles vorbei zu sein, Haus, Frau, Fehlgeburt, die Scheidung bringt erstmals kurzfristig Entlastung. Es folgen noch eine Künstlerbeziehung und eine On-off-Geschichte, die zu einer Tochter führt.

Das literarische Leben hat in etwa drei Schübe. In den siebziger Jahren reüssiert der Autor mit der eigenen Jugend und dem unverkäuflichen Buch »kältefalle« (1979), das wahrscheinlich keinen einzigen Leser gesehen hat. Als Verlagsnomade erwirbt er sich mit diversen Gedichtbänden eine dahinschleichende Präsenz, ehe er mit den Romanen zum eigentlichen Schreiben und zumindest für sich selbst zum Durchbruch findet. Wo ein Durchbruch, da auch ein Zusammenbruch, heißt es in der Psychoanalyse lapidar. Der Autor beschließt, aus dem Literaturbetrieb auszusteigen.

Die Welten werden nicht nur thematisch, sondern auch zeitlich miteinander verwoben. Der 65-Jährige schreibt über seine Literaturwelt als 50-Jähriger, in der die Arbeitswelt als 25-Jähriger eingebaut ist.

Friedrich Hahn: Der Autor steht für Lesungen und Pressetermine NICHT zur Verfügung. Eine Nahaufhörerfahrung. Für die einen ein Roman. Für die anderen eine höchst private Arbeitsbiografie.

Weitra: Bibliothek der Provinz 2019. 318 Seiten. EUR 24,–. ISBN 978-3-99028-826-9.

Friedrich Hahn, geb. 1952 in Merkengersch / NÖ, lebt in Wien.

06/06/19

Der Schreibeinsatz gilt immer sich selbst und ist als Autochthonie angelegt. Leserschaft und Rezeption sind von vorneherein nicht geplant. Vielleicht hängt das auch damit zusammen, dass die Berufe Banker und
Werbefritze es nie auf ein Gegenüber angelegt haben, sondern immer
ihre Produkte in den Markt dreschen. So wird auch Literatur zwischendurch blindlings auf den Markt geworfen. Eine Bemerkung einer Ver-
legerin, wonach man in ihrem Fall ein paar Spielregeln der Textur
eingeführt habe, führt zu Verstimmung und Trennung.

Im Bibliothekswesen gibt es für diesen Zustand eine einfache Erklärung:
Es gibt Bücher für die Leser und Bücher für die Autoren!

So schimmern in der Auto-Analyse immer recht ernüchternde Verkaufs-
zahlen durch, die Literaturhäuser verkaufen das eigene Blabla und haben
kein Interesse an der Literatur anderer Autoren. Rezensionen muss man
sich zusammenbetteln, alles wird zu einer ziemlich frustrierenden Angelegenheit, wahrscheinlich weil die Literatur letztlich doch das Leben wi-
derspiegelt. In diesem Kontext wirkt die Bibliographie mit über dreißig
Werken wie ein Stoßgebet, das man herunterhechelt, ohne den Inhalt zu
begreifen.

Auch hier gibt es eine beruhigende Botschaft aus der Bibliotheksszene:
Für einen Leser, den wir bei der Veranstaltung sehen, kommen zehn
stumme, die zu Hause lesen. Für einen Autor, den wir in der Zeitung
lesen, kommen zehn stumme, die das Schreiben aufgegeben haben.

Gerade als die Autobiographie zum 65sten abgeschlossen ist, gibt es noch
ein Überraschungskapitel, das sich Nahaufhörerfahrung nennt. Das erzählende Ich ist aus der literarisch aufgemotzten Welt ausgestiegen und
in einer Meta-Welt, wo der Sinn neu entworfen wird. Der Markt ist
wurscht, die Romane entstehen aus einem Drall in die Zukunft, zumal
alle anderen Zeitvertreibungen belanglos sind. Der Mobilitätsradius ist
eingeschränkt, weil ein Bein nicht mehr richtig will, die Freunde sterben
aus den Freundschaftskohorten heraus, die Familie ist eine Generation
weiter gerückt, die Eltern sind verstorben, die Tochter ist erwachsen. Die
Abrechnung ist vollzogen, es geht sich vielleicht auf null aus. »Literatur
als sei nichts gewesen. Leben als sei nichts gewesen.« (315)

Allein wenn alle, die zu Lebzeiten aus dem Literaturbetrieb ausgestiegen
sind, diese friedliche Zusammenfassung der Literatur lesen, kriegt Friedrich Hahn für seine Begriffe einen Bestseller zusammen. Und noch eine
dritte Weisheit aus dem Bibliothekswesen: Ein Autor wird nie für das bekannt, für das er bekannt sein wollte.

Die Haare des Kaiman

Seit Robinson Crusoe gelten Inseln als ideale Projektionsflächen für das Studium von Überlebenskraft, Individualität und Kooperation mit der Natur. So gut wie alle Forschungszweige probieren ihre Rechenmodelle zuerst an einer Insel aus, ehe sie dann den Globus mit entsprechendem Zahlenmaterial bespielen.

Manfred Krenn: Die Haare des Kaiman. Kuba – Nahaufnahmen einer desillusionierten Gesellschaft. Mit 22 Fotografien von Manfred Krenn.
Wien: Sonderzahl 2019. 268 Seiten. EUR 22,–. ISBN 978-3-85449-528-4.

Manfred Krenn, geb. 1960 in Mürzzuschlag, lebt in Wien.

10/06/19

Manfred Krenn ist Soziologe, 68er, nüchterner Romantiker und Karibik-Kenner. Einen längeren Forschungsauftritt auf Kuba nützt er, um am Beispiel Kubas das Überwintern mehrerer Generationen nach der Revolution zu studieren. In der Revolutionstheorie nennt man das Stillhalten nach dem Aufstand »Überwintern«, auch wenn es in größter Hitze geschieht. Sinnfigur könnte der Kaiman sein, jenes archaische Über-Krokodil, das mit allen Lebenslagen zurechtkommt und von oben aus ausschaut wie Kuba auf der Landkarte. Bei Manfred Krenn trägt der Kaiman Haare, die ihm täglich gegen die Wuchsrichtung gekämmt werden. Kuba hat diese Haare immer in zwei Richtungen gebürstet: auf die idealistisch-romantische Phase folgt jeweils die realistisch-pragmatische. (75) Das Schlüsselwort des Soziologen für diese Zustände ist Voluntarismus. Ob Bildung, Politik oder Ökonomie, alles ist vor allem vom Wunschdenken befruchtet. Wenn Wünsche über Jahrzehnte nicht erfüllt werden, entsteht daraus eine desillusionierte Gesellschaft.

In vier Streifzügen analysiert der Autor die Revolution und ihre ökonomischen Auswirkungen, die Sozialpolitik, den paternalistischen Autoritarismus und die kulturelle Substanz der Revolution. In diesem handbuchartigen Erkundungsdiskurs wird aufgedeckt, wie Inseldasein und Weltlage auseinanderdriften, wie die Bildungsoffensiven ohne wirtschaftlichen Untergrund danebengehen, wie die Bevölkerung eine Zeitlang die Träume an das Geschehen anpasst und schließlich alle Hoffnung fahren lässt.

Oft sind es kleine Skizzen des Alltags, die die Generallage Kubas ausdrücken. So dürfte der Zivilschutz angesichts der Hurrikans einer der besten der Welt sein. Trotz aller Gleichheitsbestrebungen gibt es Migration vom Osten in den Norden der Insel, sozial gesehen gibt es so etwas wie einen Rassismus ohne Rasse. Beeindruckend ist eine Liste von spanisch-kubanischen Farbnuancen, mit denen auf einer Hautfarbenskala das Gegenüber ungeniert eingeschätzt wird (tizón, prieto, indiao, javao, blanvo, blanco dorado; 116).

In die soziologischen Studien sind Gespräche und Interviews mit All-
tagsmenschen eingestreut, die einerseits zufällig entstehen wie das An-
gebot einer schönen Frau vom Nachbartisch, die nach dem Mittagessen
für Sex zur Verfügung stehen möchte. Andererseits sind Interviews geplant, wie jenes, das bei einem Gefängnisbesuch entsteht. Auch die bloße
Beschreibung der prekären Wohnsituation kann zu einem Gefängnis-
essay führen. Dazwischen kristallisieren sich kulturelle Dauerlagen heraus, wie etwa die permanente Beschallung des öffentlichen Raums mit
identitätsloser Karibik-Musik oder die laszive Dauerbereitschaft für Sex.
Bei der Prostitution ist nicht immer klar, ob es sich um eine Verhöhnung
des Massentourismus handelt oder um eine zur Schau getragene Depres-
sion als Teil der öffentlichen Desillusion.

Die Auswege aus dem Desaster sind Träume vom Abhauen von der Insel,
die bewirken, dass niemand mehr an die Realität denkt. Bildung ist eine
Möglichkeit, um als Dienstleister im medizinischen Bereich abzuhauen,
die Frauen organisieren sich, so gut es geht, einen exterritorialen Lover,
um an Geld zu kommen, wenn es schon mit dem Auswandern nicht
klappt. Der vorherrschende Gedankentypus gleicht dem österreichischen Herrn Karl, der ein Meister jenes Opportunismus ist, der in Zeiten
des Mangels gefragt ist. Die Bevölkerung schrumpft, die Überalterung
einer an sich jungen Gesellschaft wird dramatisch.

Der Autor kehrt ziemlich ernüchtert von der Insel zurück. Irgendwie hat
man den Eindruck, dass die Realität auch seine eigene Romantik zerstört
hat. Wenn man wissen will, wie Jugendträume alt aussehen, braucht man
nur als Tourist kurz einen Abstecher von den Havanna-Hotspots hinun-
ter ins ungepflasterte Leben zu machen. Kaum irgendwo lässt sich so dramatisch spüren, dass es beim Leben eigentlich ums pure Überleben geht.
Manfred Krenn »erzählt« demütig ohne Besserwisserei. Er ist oft am
meisten von allen erschrocken, wenn eine Ungeheuerlichkeit an die Hitze
kriecht. Und die Hitze ist apokalyptisch, wahrscheinlich eine Vorbotin
der nächsten Revolution.

Spuren im Schnee von gestern

Wenn du den Frieden willst, schaff dir eine Paranoia an! – In der Poesie,
erzählt man sich, gibt es ein magisches Knacksen, wenn die belanglose
Gegenwart in die bedeutsame Ewigkeit übergeht.

Matthias Schönweger ist ein Meister dieses Knacksens, das oft als spitzes
Geräusch beim Umblättern der Seiten eines Hardcore-Buches entsteht.

Sein Werk ist folglich schwer und flüchtig in einem, seine Bücher sind als ausgesprochene Ziegel gestaltet, manche vergleichen sie auch mit handgeklopften Marmorplatten, die das Umblättern ohne Bagger kaum ermöglichen.

Eines von beiden ist immer schwer, entweder der Satz oder das Material, auf dem dieser geschrieben steht. Dabei tauchen diese zerbrechlichen Sätze scheinbar felsenfest als Sprichwort aus der Antike auf. »Wenn du den Frieden willst, rüste zum Krieg.« Aber in einer kleinen Verhunzung wird aus dem »para bellum« eine »para noia«. (192)

Das neue Werk setzt gnadenlos in jener Zeitspalte ein, die wir Gegenwart nennen. Die ausgelesenen Spuren sind vielleicht im Schnee von gestern angelegt und sind schon geschmolzen, noch ehe man ein Selfie hat machen können. Überhaupt zerrinnt alles schneller, als man es in Worte fassen kann.

Matthias Schönweger: Spuren im Schnee von gestern. Bozen: Edition Raetia 2019. 624 Seiten. EUR 40,–. ISBN 978-88-7283-691-0.

Matthias Schönweger, geb. 1949 in Tscherms, lebt in Meran.

12/06/19

Der Band ist künstlerisch, intellektuell und finanziell aufwändig gestaltet, meint der Autor und hofft, dass diese edlen Aufwände auch goutiert werden. Zumal er augenzwinkernd als Eigengeschenk zum siebzigsten Geburtstag formuliert ist, die Lebensdaten sind freilich so gestaltet, als ob es sich um einen Grabstein handelte. 1949–2019.

Das fette Buch hat noch Bögen, die einmal als Bildmaterial und dann wieder als Textbogen ausgestaltet sind. Allein schon für den Buchbinder ist diese Verleimung von glatten und saugenden Seiten eine große Herausforderung. Aber auch der Leser ist es nicht mehr gewohnt, das Buch als etwas Zeitloses zu begreifen, jetzt, wo Bücher oft schon wie Softtücher durch die WCs gespült werden und die Kläranlagen lahmlegen.

Die Textseiten sind als Inschriften, Aufrufe und Sprüche gestaltet, wobei sich oft eine Kruzifix-Form ergibt, weil die Wörter im oberen Seitendrittel eben immer kurz die Arme ausbreiten, ehe dann wieder der Wörter-Stamm von oben nach unten durchgezogen ist.

DAS / WAREN NOCH / GANZE / KERLE // BEVOR / SIE BOMBEN / UND GRANATEN / ZERRISSEN / HABEN (244)

DER / WAHNSINN // KOSTET // DEN / VERSTAND (249)

NAZIGRÖSSEN / TAUCHTEN / IN MERAN / UNTER / UND // ERST / IN / LATEINAMERIKA / WIEDER / AUF (339)

Der Bildteil setzt Devotionalien, Dokumente, Rezensionen in eine neue Perspektive, dabei ist der schräge Blick Voraussetzung, um das sinnlose Geheimnis dieser Texte halbwegs auszuleuchten. Manche Bilder tauchen als Monolithen aus Farbe und Struktur auf, dann gibt es wieder Fotostrecken zu verwitterten Landschaftsteilen, die sich ein verblasstes Wegenetz zurückholen. Markant in Erinnerung bleiben die Bunker-Bilder, alles, was auf der sogenannten Erdoberfläche sichtbar ist, hat ein Pendant als Bunker in der Erdkruste.

Aus dieser Konstellation schießt auch ein Gedicht heraus, das aus zwei Wörtern besteht: ERDGESCHOSS // VULKAN (599) Allen Erdgeschossbewohnern wird elegant mitgeteilt, dass sie auf einem Vulkan sitzen und jederzeit in die Luft fliegen können.

Natürlich lösen die Bilder oft Gelächter und andere gute Hormonflüsse aus, wenn etwa ein Stoff-Affe an einem Baumstamm hängt und das Ganze Stammbaum heißt.

Matthias Schönweger ist einer der wenigen Künstler dieser oberirdischen Welt, die das Unsichtbare sichtbar machen. In Fotos sind manchmal mit ein paar Strichen Figuren eingezeichnet, die aus Geist bestehen. Meist ist es der Autor, der als Seele auftritt und als Kennzeichen seine Abkürzung »msch« als Frisur trägt.

Im letzten Bild blickt der Autor erstaunt nach oben, wo ihm ein Wellensittich in die Stirn pickt. Was der Wellensittich mit dem Hinterkopf macht, kann man nach diesem Buch erahnen. – Das Buch wird jedenfalls Spuren im Regal von gestern hinterlassen.

Lyophilia

Bücher werden heutzutage in Clusters angeboten, die durch Inhalt, Form, Genre, Cover-Farbe oder Autoren-Preisliste eine erste Vorsortierung für das angeblich beschränkte Publikum bieten sollen. Wenn ein Buch ohne den Zusatz Roman auftaucht, hat es scheinbar einen Startnachteil. In Wirklichkeit aber wird der Leser ermuntert, die eigenen Sinnesorgane bei der Lektüre einzusetzen.

Ann Cotten nennt ihre Textsammlung »Lyophilia«, was man grob mit gefriergetrocknete Sachen übersetzen könnte. Aus einem Interview ist zudem ein Klappentext zusammengeschnitten, wonach es sich bei diesem Werk um eine Art »Science-Fiction auf Hegel-Basis« handeln könnte. Im Impressum ist dann noch als grammatikalische Besonderheit angeführt, dass die polnische Deklination verwendet wird. Dabei werden einfach die Buchstaben, die man für das ewige Gendern braucht, hinten an den Wortstamm geklebt und der Leser ist aufgefordert, es zu vergessen. Tatsächlich werden ja mittlerweile die Gendereien bloß noch als Floskel verwendet, wie seinerzeit die schöne Gewerkschaftsformel von

den »Nossinnen und Nossen«. So spricht die Autorin von »Oberunter-
österreichernnnie«, wenn sie die Bewohnerschaft der »Fläche Österreich« meint. Markenzeichen übrigens: Beim Heurigen stimmen die
Obertöne. (87)

Die »gefrorenen Sachen« zeigen sich in zwölf Abschnitten, wobei die
Erzählung »Proteus | Die Häuser denen, die drin wohnen« zu einem
Beinahe-Roman ausgebaut ist. Der Held ist einem Proteus-Bakterium
nachempfunden und vermehrt sich je nach Nährlösung. Im erzählten
Abschnitt lebt Proteus mit der slowenischen Model-Politikerin Ganja zusammen, die dem ersten Anschein nach der Gattin des amerikanischen
Präsidenten nachempfunden ist. Zumindest in der Erzählung lebt sie
eine Zeitlang brav und bieder mit ihren zwei Söhnen in Ljubljana, ehe
alle in ein Paralleluniversum gebeamt werden.

Kennzeichen dieser Lebensführung ist ein leichter Kippeffekt, durch den
plötzlich die Zeit gewechselt und der Raum rundherum neu
definiert wird. So spielt einer der Söhne ununterbrochen im
Netz, bis er jeglichen Zusammenhang mit der Netz-Außen-
welt verloren hat. Als er sich online für ein Universitätsstu-
dium anmelden soll, verkauft er den Zugangscode, weil die
Uni nichts anderes als ein Spiel im Netz ist.

Ann Cotten: Lyophilia.
Berlin: Suhrkamp 2019.
460 Seiten. EUR 24,70.
ISBN 978-3-518-42869-6.

*Ann Cotten, geb. 1982 in
Iowa, aufgewachsen in Wien,
lebt in Berlin.*

24/06/19

Die Erzählung gibt sich als Stoffsammlung für einen Essay,
indem die Helden noch unfertig mögliche Positionen einnehmen können. »Kein Gedanke, nur eine vage, heitere Melancholie, wie schnell aus einem Wagnis (einer Vagina)
Realität, aus Realität Vergangenheit wird. Nicht festhalten. Das, was dir
geschenkt wird, wird dich später retten, indem du es hinter dich fallen
lässt.« (38)

Im Haushalt der durchdigitalisierten Familie geht auch ein Roboter namens Depp fallweise zur Hand, aber sein Programm macht sich selbständig und er mutiert zu einem vollwertigen Deppen, wobei fraglich ist, ob
er sich hinaufentwickelt oder die Menschen sich hinunterentwickeln.

Das Paralleluniversum funktioniert nach den gleichen Gesetzmäßigkei-
ten wie die scheinbare Wirklichkeit, was das Aufspüren seiner Substanz
ziemlich unmöglich macht. Der amorphe Erzählerheld liest zu diesem
Zweck immer wieder Stanisław Lem, vor allem den Roman des Menschen vom Mars.

Aus dem inneren Monolog, dem weißen Rauschen des Tagebuchs, dem
Alltags-Blog des Pulses dringen immer wieder Sätze vor in eine spruch-
affine Welt und kristallisieren zu Stick-Botschaften aus. »Sie bluffen nur.

Die Realität ist hier. Wir haben sie.« (152) »Aus der Entfernung schaut jede Stadt aus wie eine Dystopie.« (157)

Um diesen Paralleluniversum-Roman sind wie in einem Strahlenkranz Mini-Erzählungen angeordnet, die jeweils darauf hinweisen, dass angesichts des Unsichtbaren alles Sichtbare ziemlich schräg und pervers ist. So kauft jemand ein Karpatenhotel und wundert sich, dass er es nicht in seinen Lebensplan einbauen kann. Auf einem Spaziergang in den Weingärten rund um Wien schreit jemand den kläffenden Hunden entgegen: »Hoitz zamm!« (14)

Einem Helden geht die Geschichte daneben und er stellt lapidar fest: »Ja, man wird alt.« (237)

Im Abschnitt Anekdoten vom Planeten Amore (KAFUN) wird alles aufgezählt, was noch keinen Sinn hat, aber bei entsprechendem Arrangement durchaus einen guten Gedanken ergeben könnte.

Ann Cotten zerlegt, klebt, mischt und verdreht die Dinge, bis es der Leser nicht mehr aushält und er sich aus der vorgegebenen Materie einen persönlichen Sinn zusammenstellt. Aber das ist ja geradezu der Sinn dieser gefriergetrockneten Dinge, deren Haltbarkeit man durch Lesen zerstört.

Stufen zur Vollkommenheit

Wenn quasi jeder Satz eine Lebensweisheit ist, hat man als Leser im ersten Anschein Mühe, sein eigenes Leben in diesem Weisheitsknäuel unterzubringen. Andererseits ermöglicht es jeder Satz, den Faden aufzunehmen und das Buch »abzuwickeln«. Die »Vorsätze«

Günter Eichberger: Stufen zur Vollkommenheit. Klagenfurt: Ritter 2019. 95 Seiten. EUR 13,90-. ISBN 978-3-85415-593-5.
Günter Eichberger, geb. 1959 in Oberzeiring, lebt in Graz.
01/07/19

erklären dabei das Programm: »Mit der Sprache lässt sich nicht gut zeichnen oder skizzieren. Die Worte müssten unvollständig, durchscheinend vielleicht, wie frisch auf die Welt geworfen sein. Noch nicht ganz Wort, mehr Laut.« (5) Günter Eichberger legt auf dieses Fundament seine Stufen zur Vollkommenheit. Dabei wechseln sich lose und kompakte Erzählformen ab. In den losen Gebilden sind ebendiese Weisheiten und poetischen Formeln versammelt, von denen jeder Teil ein Welt-Zitat abgibt, das in sämtlichen Lesebüchern, Kalendern und Firmen-Compliances verwendet werden kann.

– Das Gras, in das du beißt, schmeckt nach nichts. (31)

– Das Knie springt aus dem Gelenk und sucht das Weite. (6)

– Ich kenne die wahre Bedeutung der Worte nicht: mein Betriebsgeheimnis. (83)

Auch wenn diese »Präambeln« für eine Textur von Poesie und Literatur gedacht sind, lassen sie sich für alle Lebensbereiche anwenden. Die Feuerwehr kann sich genauso auf die Stufen der Vollkommenheit berufen wie die Medizin, der öffentliche Verkehr genauso wie ein Regierungsprogramm. Man könnte es umgekehrt formulieren: Alles, was Sehnsucht nach Vollkommenheit hat, ist bei Günter Eichberger gut aufgehoben.

In dieses Regelwerk der Vervollkommnung sind sechs literarische Überlegungen eingepflanzt, die zum Teil diverse Genres dekonstruieren, Hypothesen des Erzählens mit Fallbeispielen an den Rand des Wahnsinns bringen oder durch Verschrägungen und Überkreuzungen divergierender Muster eine oft aussichtslose Zukunft beschreiben.

So kommt eine dystopische Rosegger-Biographie als verhäckseltes Literatur-Unkraut daher, das auf ausgerissenem Wurzelwerk Peter Handkes (Vormittag eines Schriftstellers) ebenso unverbindlich aufbaut wie auf den psychodelischen Heimatelementen des steirischen Peter. Wenn dieses künstlerische Ungetüm den Höhepunkt erreicht hat, steht es auf der obersten Stufe der Vollkommenheit. Im konkreten Erzählwerk ist es freilich der tiefste Punkt des Zweifelns: »Wie kann der Schriftsteller handeln, wenn er sich auf einer noch höheren Ebene befindet? Hier ist nur noch sein Schatten. Ja, sein Schatten fällt auf den Ort und verdunkelt ihn nachhaltig.« (27)

In einer pastoralen Schöpfungsgeschichte versucht ein Papst, durch sein vor-himmlisches Wirken die Erde zu verbessern. Dabei greift er in die Kiste mit guten Sätzen, die ständig zu Klischees erstarren, wenn sie an die frische Luft kommen.

In einer Groteske würdigt Karl Kraus den frisch ermordeten Thronfolger und wirft ihm übers Grab hinaus die Einschätzung zu: »Er war kein Grüßer.« Dass er die Welt selbst mit seiner Ermordung in den Untergang getrieben hat, ist eine besondere Art der Weltverbesserung durch den Habsburger.

Mit einem juridischen Sonderspektakel versucht ein Antragssteller, etwas Geschehenes per Gesetz ungeschehen zu machen, damit die Welt wieder unversehrt und heil ist.

In einem Erzberg-Melodram greift der Abbau von Eisenerz fließend auf den Abbau der Stadt über, die Erz-Metropole wird abgetragen wie ein zu groß geratenes Mineral.

Nach dem großen Knall ist die Welt nicht mehr, wie sie vorher war. Das hat auch Auswirkungen auf die Literatur, die beim Weltuntergang nicht zwangsläufig untergehen muss, Literatur hat ja immer auch einen Zug ins Unsterbliche.

»Aber wenn die Literatur auch dahinsiechte und zu schwach zum Sterben war, so blieb doch immer noch die Poesie. Die Poesie ist dieses benannte Unnennbare, das jeder kennt, der sich wünscht, fliegen zu können.« (87)

Ähnlich wie seinerzeit Oswald Wieners »Verbesserung von Mitteleuropa« haben die Stufen zur Vollkommenheit durchaus die Kraft in sich, den Kontinent zu verändern. Zumindest in jenen Reden, die über diesen Kontinent ständig abgehalten werden.

Die Familie

Wenn es um die eigene Familie geht, reißt es selbst den kühlsten Autor atemlos vom Schreibhocker.

Andreas Maier schreibt schon seit Jahren an einer Literaturbiographie, worin in Romanform Zeitgeschichte, Lebensentwürfe und diverse Zeitgeister zusammenkommen. Dabei durchlebt das biographisierende Ich durchaus gut abgezirkelte Bereiche wie die Universität, kommt aber dann doch immer wieder in Morastgelände von Erinnerung und Verdrängung, worin oft das völlige Versinken droht.

Lange hat der Autor das Dunkelste und Innerste seines Kosmos weggeschoben, ehe es jetzt einfach fällig ist: Die Familie kann nicht länger warten, sie muss jetzt einfach aufgeschrieben werden.

Die Familiengeschichte wird mit einer kunstvollen Klammer als Intarsie in die Zeitgeschichte gelegt. In der Eröffnungsanekdote geht es um einen ziemlich sinnlosen Schwimmunterricht, bei dem sich der Lehrer gar nicht darum bemüht, jemandem das Schwimmen beizubringen. Folglich beantragt der Vater des Erzählers, der penibler Rechtsanwalt ist, die Streichung der Schwimmnote, da dem Fach keine Ernsthaftigkeit zugrunde liegt. Derselbe Rechtsanwalt-Vater bereitet sich im Schlusskapitel auf ein Tennisspiel vor, indem er die Maskerade des Juristen mit jener des Tennisspielers tauscht. Bereits im Kostüm des Aufschlägers, erfährt er aus dem Radio von einem großen juristischen Sieg, indem seinem Begehren auf Löschung der Vergangenheit stattgegeben wird.

Für den Schriftsteller stellt sich die Frage, ob sein Tun nicht dem eines Rechtsanwaltes mit Eigennutz gleicht. Wenn er die Tatsachen nach den Gesetzen des Romans gestaltet, formuliert er ähnlich scharfe Fakten, wie sie das Gesetz schafft, wenn es durch alle Kammern durch ist.

Der Widerspruch zwischen Gestaltung und Manipulation ist das große Thema jeder Familie, denn jede Familie hat Dreck am Stecken, den sie nach außen als Schweigen des Clans zelebrieren muss (133), während es nach innen ein anderes Schweigen zu betreiben gilt: »Wir sind die Kinder der Schweigekinder!« (150)

Die offizielle Geschichte der Familie wird wie ein Gesetz zusammengestellt und exekutiert. Immer wieder gehen dabei Familienmitglieder verloren oder werden als Abweichler geächtet. Einen eigenwilligen Onkel schneidet man von der Erbfolge ab, die Schwester wird geächtet und vergessen. Sie hat nämlich schändlicherweise aus Amerika ein paar Kinder unbekannter Verhältnisse mitgebracht und bei der Familie deponiert, ehe sie wieder verschwindet.

Der Kern der Saga aber entpuppt sich als düsteres Kapitel von untergetauchtem Nazitum und verschwundenen Juden. »Hier wohnte meine Familie. Das war ihr Ziel gewesen.« (24) Stolz beschreibt der Autor das Gelände, das einmal eine Fabrik gewesen ist und das sich jetzt herrlich als Kinderspielwiese eignet. Doch dann taucht eines Tages ein wild gewordener Bagger auf und beschädigt das unter Denkmalschutz stehende Mühlengebäude derart, dass es abgerissen werden muss. Schon damals fällt dem Kind auf, dass der Vater ein besonders vertrauliches Verhältnis zu dem Bagger hat.

Andreas Maier: Die Familie. Roman.

Berlin: Suhrkamp 2019. 166 Seiten. EUR 20,60. ISBN 978-3-518-42862-7.

Andreas Maier, geb. 1967 in Bad Nauheim, erste Romane verfasst in Brixen/Südtirol, lebt in Hamburg.

05/07/19

Als der heranwachsende Erzähler regelmäßig in die Vergangenheit des Clans hineinbohrt, wird er regelmäßig mit der Verdrängungsformel abgespeist: »Wir haben den Juden Brand gegeben!« Als dann so gut wie alle Zeitzeugen tot sind und der Erzähler in alten Adressbüchern nach früheren Nachbarn sucht, stellt sich heraus, dass alles gelogen ist und die Familie ihren Mythos auf dem Gut eines jüdischen Fabrikanten aufgebaut hat.

Der Vater glaubt, dass man die Vergangenheit mit passenden Gesetzen in den Griff bekommt, der schreibende Sohn denkt hingegen, dass am ehesten die Kraft der Literatur etwas Licht in die Düsternis bringt, die in fast allen Familien vorherrscht. Denn jede Familie hat eine Hinterseite, auf denen nur das Licht der Fiktion Konturen auszuleuchten vermag.

Es ist vor allem die Erschöpfung, die beeindruckt, wenn man dem Autor beim Reinemachen zusieht. Und als Leser wird man mitgerissen in jene Erschöpfung, die beim Aufmachen des eigenen Familienalbums entsteht.

Theresias Rache

Eine Frau schaut kurz aus dem Fenster, weil der Hund gebellt hat. Draußen auf der Dorfstraße geht ihre Todfeindin vorbei, ihr bleibt das Herz stehen. Im Dorf herrscht jeden Tag Lebensgefahr, sobald man das Fenster aufmacht.

Christine Feichtinger eröffnet in Wildwestmanier eine weibliche Dorfgeschichte, in der die Heldinnen naturgemäß unter die Räder kommen. Erzählt wird die Geschichte von Theresia und Anna, die in Kindertagen beste Freundinnen gewesen, aber dann wegen einer blöden Männergeschichte Enemies geworden sind. Die Geschichte hat folglich einen harmonischen, kinderhellen Abschnitt und später einen dunklen, ausgewachsenen und von der Sexualität zerknüllten.

Der vordere Teil der Dorfgeschichte liest sich wie ein Bio-Lesebuc h urbanisierter Aussteiger. Die Kindheit wird als biologisch kluge Fruchtfolge von Erlebnissen geschildert, Theresia ist mit Anna befreundet, rund um die beiden Mädchen blüht alles wie im Ökoland. Dabei liegen die Ungereimtheiten auf der Hand, wenn man genauer hinschaut. So wachsen den Kühen immer wieder die Anbindeketten in die Haut, weil sie nie ins Freie kommen. Der Nachbar zwickt solche Tiere mit seiner Zange frei und kriegt dafür etwas zu trinken.

Christine Feichtinger: Theresias Rache. Dorfgeschichte. Klagenfurt: Sisyphus 2019. 79 Seiten. EUR 12,–. ISBN 978-3-903125-40-7. Christine Feichtinger, geb. 1951, lebt in der Uhudler-Gegend.

11/07/19

Getrunken wird selbstverständlich zu jeder Tages- und Nachtzeit, immer wieder muss Theresia ihren besoffenen Vater aus dem Gasthaus holen, wo er regelmäßig seiner persönlichen Wahrheit nachspürt. Die Welt wird als Erinnerung besungen, zum Erzählstandpunkt heißt es klar, dass die Figuren dem Unterbewusstsein entstiegen sind. (8) Fast alles hat einen Fachausdruck in Mundart, und die Häufigkeit der seltsam patinösen Begriffe deutet darauf hin, dass diese Welt samt ihrer Sprache untergegangen ist.

Die Erwachsenenwelt tritt mit der Monatsblutung auf, für die es selbstverständlich einen Fachausdruck gibt. »Du hast Senta!«, heißt die Angelegenheit, bei der man Binden der damals gängigen Marke verwenden muss. (48)

Kommt Senta, kommen auch die Männer. Theresia und Anna übertrumpfen einander mit Aufrissgeschichten und bei einem Fest kommt es zum Eklat, als ein auswärtiger Kasernen-Johann mit Theresia kurzen Prozess macht und sie im Morgengrauen ganz schnitzlergemäß schwängert. Anna macht um diese Zeit mit ihrem eigenen Johann herum, und als die Sache mit der Schwangerschaft auffliegt, kommen die Freundinnen übers Kreuz. Theresia nämlich behauptet, vom Anna-Johann geschwängert worden zu sein. Im Dorf gibt es gegen diese Schutzbehauptungen keinen Schutz.

100

Das Ende einer Dorfgeschichte dauert immer lebenslänglich. Das Leben ist rundherum verpfuscht, Theresia muss sich als Hilfskraft durch das Leben schlagen, ihr Kind ist ledig und gebrandmarkt, aus der ehemaligen Freundin ist eine erbitterte Hasserin geworden.

Als Leser steht man fassungslos vor dieser Logik, die offensichtlich das Überleben in kleinen Sozialbiotopen erst ermöglicht. Zwar leben alle im Kreislauf der Natur, aber die menschliche Aufklärung ist diesem Kreislauf im Weg. Rituale, Glaubensfragmente und Verclanisierung der Dorfgemeinschaft lassen am Ende jene kaputten Heldinnen zurück, die sich hinter schweren Fensterbalken verbarrikadieren müssen und aus dem Kreislauf geworfen werden, wenn der Feind durch die Gasse geht.

Eine skurril-schöne Dorfgeschichte voller Bio und falscher Harmonie, die den Städtern die Sehnsucht nach dem Land auszutreiben versucht.

Sehnsucht Meer

Im Tourismus braucht es eine Menge von Blöden, die herumfahren und in fremden Betten schlafen, damit ein paar weniger Blöde damit Geld verdienen, mit dem sie später ebenfalls herumfahren und in fremden Betten schlafen. Der Stammgast ist die kulturphilosophische Ausrede, dass etwas sinnvoller wird, wenn man es regelmäßig und am gleichen Ort tut.

Alois Schöpf begegnet dieser Vulgär-Analyse mit einem Bekenntnis: Er ist Künstler, Stammgast und ewiger Jesolo-Fahrer, was so etwas wie Wallfahrer bedeutet. Sein Essay ist dabei eine autobiographische Abrundung eines Lebensentwurfes als Künstler und Kleinunternehmer. Darin dient das regelmäßige Aufsuchen eines Urlaubsortes über Jahrzehnte hinweg dazu, etwas Ordnung und Halt in das Leben zu kriegen. Diese Erzählung wird unterlegt mit cineastischen Fotos von Strand, Witterung, Hinterland-Häusern, Gesichtern und Schattierungen von Glück. Schon das erste Bild ist großes Kino, quer über zwei Seiten breiten sich wie zwei japanisch-kalligraphierte Striche Wasser und Sand aus und verbinden eine Hotelzeile mit einem abgelegten Tretboot. Im Themenverzeichnis sind die Fotomotive ausgelegt, Jesolo, Hotel sowieso, Lido, »Glückssucher« oder »Tote Saison«. Nicht nur die Bilder sind Erzählungen, auch ihre Beschriftung ist ein literarischer Akzent, der weit über das Dokumentarische hinausgeht. Der Dichter hingegen nimmt sein eigenes Leben als Stoff, in den unter

Erich Hörtnagl / Alois Schöpf: Sehnsucht Meer. Vom Glück in Jesolo.

Bozen: Edition Raetia 2019. 246 Seiten. EUR 28,–. ISBN 978-88-7283-684-2.

[Auch in italienischer Sprache erschienen.]

Erich Hörtnagl, geb. 1950 in Steinach, Regisseur und Fotograf, lebt in Schweden und Tirol.

Alois Schöpf, geb. 1950 in Lans, Schriftsteller und Dirigent, lebt in Lans.

15/07/19

anderem Kindheit, Ausbildung, Herkunft, Erziehungspersonal, Kunst, Musik, Krankheit und Tod eingeflochten sind. Die Textur dieser Autobiographie ist offen, der Leser ist eingeladen, während der Lektüre vielleicht auch zu zweifeln oder die Schönheit nachzujustieren, die der Geschichte innewohnt. Denn Alois Schöpf ist wie in vielen seiner Texte ein Zweifler, der es durchaus aushält, wenn man den Text in seiner Glücksgroßzügigkeit hinterfragt.

So beginnt das Leben als Kunstunternehmer eigentlich mit dem Jahr 1938, in dem der Großvater des Erzählers seinen beiden Söhnen ein Gut in Lans kauft, aus dem später der »Wilde Mann« wird. Der gelernte Zeitgeschichtler denkt sich bei der Jahreszahl 1938 »oha, da war doch was«. Selbstverständlich gibt es auch saubere Geschäfte im Jahr 1938, es ist nur eine dunkle Jahreszahl, die bei manchen Lesern historische Nebengeräusche auslöst.

Das Kind wächst zu Füßen eines Stammtisches im Gasthaus auf, wird bald auf ein Internat geschickt, um ein Netzwerk fürs Leben zu knüpfen, wird später Dichter und Blasmusikant und gilt für Konsumenten einer wöchentlichen Glosse im Zweifelsfalle als eher förderndes Mitglied der »Wirtschaft«, wenn es den Standpunkt nicht zuordnen kann und die Glossen deshalb halbkritisch nennt, denn eine Hälfte ist immer dafür und die andere dagegen.

Als Kind wird der Erzähler von der Verwandtschaft mitgenommen nach Jesolo, wo er sich zum Stammgast hinaufentwickelt. Dabei wechseln mit dem steigenden Anspruch auch die jeweiligen Hotels, die sich ebenfalls ständig für neue Kundenwünsche weiterentwickeln. So weit die biographische Achse, auf der Jesolo regelmäßig aus Relax- und Reflexionsgründen aufgesucht wird.

Die Stadt wird mit vielen Komplimenten eingedeckt, vor allem hat sie es geschafft, selbst im Massentourismus Stil zu bewahren. Das verdankt sie unter anderem der guten Architektur mancher Hotels, wie etwa dem der Südtiroler Familie Falkensteiner, die durchaus die »Sehnsucht Meer« markant in Szene setzt. Jedenfalls sind an solchen Stellen Produktplatzierung und Architekturführer für den Laien schwer zu trennen. Die dritte Komponente nach Biographie und Stadt stellt der Urlaub dar. Philosophisch-hedonistisch wird verkündet, dass es das Recht des Menschen ist, so in der Sonne zu liegen, wie es der Tourismus anbietet. Anbieter und Konsumenten müssen sich jährlich einen neuen Sinn für das Jesolo-Glück einfallen lassen, denn es ist ein äußerst passables Finanzmodell, wie die Kohle in Bewegung bleibt, auch wenn man nichts tut. In einer Innensicht wird auch die Verzweiflung dargestellt, die selbst einen Stammkunden befallen kann, wenn das Buffet leergefressen, der Strand leergesehen und der Kopf leergedacht ist, sodass es vielleicht eine Schlaftablette braucht. (172) Die Sinnlosigkeit des Urlaubens zeigt sich an diesen Leer-Stunden, die vielleicht die große Chiffre für das Leben sind. Gerade weil das Buch ein ziemlicher Hybrid ist, indem Tourismus, Kunst und Lebenssinn raffiniert verwoben werden, tut sich auf allen Seiten eine neue Erkenntnis auf. So also funktioniert letztlich eine Kunst, in der die Wirtschaft das Sagen hat. In kleinen Witzchen zeigt sich der Geist dieser Symbiose, wenn es heißt, dass der Transitverkehr so lange nicht schädlich ist, solange das Sterbealter der Tiroler im europäischen Durchschnitt liegt.

Der Autor sucht in seinen Texten immer die Liebe der Leserschaft und bettelt um Anerkennung. Ja, man würde sie ihm gerne gewähren, wenn er endlich sagen würde, aus welchem Depot seine Thesen gespeist sind. – Sehnsucht Meer ist eine gelungene Produktplatzierung für das Erlebnis Stammgast. Ja, ständig nach Jesolo zu fahren kann schön sein, nicht hinzufahren aber auch.

Marmor, Wein und Bienengift

Die Geschichtsschreibung über ein Land ist dann gelungen, wenn sie sich in einem Ohrwurm zusammenfassen lässt. Südtirol klingt dabei wie der Gassenhauer von Drafi Deutscher, der mit seinem »Marmor, Stein und Eisen bricht« einer ganzen Epoche falsche Grammatik, Stil und Sehnsucht gegeben hat.

Viola Eigenbrodt macht aus dem »gebrochenen« Song einen Krimi, ganz nach der literarischen These, wonach es sich bei einem Krimi letztlich um einen Datenträger handelt, auf dem kurzfristig etwas abgespeichert ist. Als ehemalige Journalistin in Südtirol ist die Autorin mit den Skurrilitäten des Südtiroler Alltags bestens vertraut. Aus der Distanz gelingt es ihr, Erbarmen mit den oft etwas lädierten Heldinnen und Helden abzuzweigen.

Viola Eigenbrodt: Marmor, Wein und Bienengift. Ein Südtirolkrimi.
Perouse: Eigenverlag 2019. 247 Seiten. EUR 14,99. ISBN 9781074568559.
Viola Eigenbrodt, geb. 1961 in Mainz, lebt nach einigen Jahren in Südtirol in Stuttgart.
16/07/19

Der Krimi gleicht in dieser Konstellation einem Brettspiel, bei dem die Figuren schwarz-weiß aufgestellt sind. Gleich zu Beginn fahren die Guten, wie die Kommissare Ohnewein und Marini schon auf der ersten Seite ausgewiesen sind, aus Südtirol hinaus, um etwas Urlaub und Abstand zu gewinnen. Gleichzeitig rückt ein Freizeitpaar aus Württemberg durch den Stau in Richtung Südtirol vor, um endlich die Leiche zu finden, damit es losgehen kann.

Die Leiche liegt auf halber Strecke am Schrägaufzug des Marmorsteinbruchs in Laas, betrieben wird dieser von einem schrägen Bruch-Besitzer. Jetzt wird Seite für Seite ermittelt, was im konkreten Fall bedeutet, dass Südtirol als Vinschger Denotat entblättert wird. Wie bei einem Brettspiel ist es in einem Begeisterungskrimi offen, wie die nächsten Züge entwickelt sind, wichtig ist, dass alle Helden zum Zug kommen.

Die Leiche ist die Tochter eines Einheitspartei-Politikers, der selber Frust mit der Politik hat. Das Opfer ist im Rollstuhl unterwegs gewesen und war begeisterte Bogenschützin. Im Hintergrund geistert eine geheimnisvolle Liebschaft herum und im Vordergrund sind alle auf Sauberkeit und Transparenz aus. Die hohlen Worte entsprechen selten dem Inhalt, vor allem sind es Nebenwirkungen, die Verstörung hinterlassen. So schlägt der Steinbruch auf die Landschaft durch, der Wein auf die Leber, und die gesunden Äpfel vernichten die Bienenvölker, weil Tag und Nacht gespritzt wird.

Die Kommissare kennen ihre Pappenheimer, weil sie aus ihrem Stoff und Wesen sind. So sind sie der erkundeten Wirklichkeit immer einen Schritt voraus, weil sie wissen, wie in Südtirol überall getuschelt und verwischt wird, wenn ein klarer Gedanke auftaucht. Im Plot kommt dann alles vor, was in Südtirol so während einer Saison passiert. Das Opfer ist bei einem Autounfall zu Schaden gekommen, ist aber zuvor schon als Seitensprungkind nicht gerade bravourös aufgenommen worden. Der beteiligte Politiker will alles wiedergutmachen, indem er Geld abzweigt und in einer Nordtiroler Stiftung anlegt, so wie es alle machen, die in Südtirol nur Gutes im Sinn haben.

Für ein bodenständiges Ambiente sorgen Kleinigkeiten wie ein schwerer Sugo, der allen im Magen liegt, oder ein Alfa, der mehr zum Anschauen als zum Fahren geeignet ist.

Das Opfer wird obduziert, was in dieser Gegend heißt, auf ihre sexuelle Unversehrtheit hin untersucht. (184) Die Arme war nicht nur Jungfrau, sondern ist auch noch vergiftet und nicht bloß von einem schweren Marmorblock zerschmettert worden, wie der Schrägaufzug glauben machen soll.

Der Fall zeigt es ganz deutlich: Während amtlich etwas geschieht, wird in der Privatsphäre etwas ganz anderes gedacht. Vielleicht stecken hinter den Paralympics perverse Sexspiele, vielleicht ist die Gruppierung »Andreas Hofer« eine rechtsradikale Splitterpartei. Am Schluss nehmen sich die Beteiligten selbst ins Kreuzverhör und gestehen einander, dass alles gelogen ist, was sie so offiziell an den Tag gelegt haben. Die genaue Aufklärung darf hier aus Spannungsgründen nicht verraten werden.

Viola Eigenbrodt zeigt den Un-Einheimischen, wie schön Südtirol ist, wenn man die Helden darin als das nimmt, was sie sind. Nämlich unbeholfene Möchtegerne, die ein Leben lang Angst haben, vom Sound der großen Welt abgeschnitten zu sein. Und den Einheimischen hält sie einen Spiegel vor. Seht her, wie unbeholfen ihr euren Lebenslügen nachgeht. Wie bei einem guten Brettspiel gewinnen die Weißen, die Kommissare lösen den Fall. Man kann natürlich den ganzen Krimi auch als pure Unterhaltung lesen und kommt doch wieder auf das Wesen der Südtiroler. Sie sind am Kontinent für Unterhaltung zuständig, eine ziemlich trostlose Aufgabe.

Die Geschichte des Körpers

Erzählungen sind letztlich Werkzeuge, mit denen man den Umgang mit der Welt nachjustieren oder reparieren kann. Die einzelnen Erzählungen spiegeln im Idealfall den einmaligen Vorgang wider, wie ein komplizierter Fall der Erkenntnis erfolgreich vonstattengehen kann. Erzählungen lassen sich nicht wiederholen oder auf andere Erzählfälle umlegen. Der einzelne Fall ist wie eine Operation, die auch ordentlich danebengehen kann.

Thomas Stangl: Die Geschichte des Körpers. Erzählungen.

Graz: Droschl 2019. 124 Seiten. EUR 18,–. ISBN 978-3-99059-037-9.

Thomas Stangl, geb. 1966 in Wien, lebt in Wien.

18/07/19

Thomas Stangl hat dreißig Erzählungen in seinen Werkzeugkoffer gesteckt. Dabei gibt es kleine Stücke, die die Länge eines Atemzuges haben, kleine Explosionen, die etwas im Umgang mit diversen Körpern zeigen, und einige längere Texte, die durchaus als Rasenfläche vor einem Roman gesehen werden können.

Hauptthema ist der Wechsel von Objekt und Subjekt und das schizophrene Auftreten der beiden. Ähnlich einem Picasso-Porträt sieht man das Beschriebene von vorne und von der Seite gleichzeitig. Der Erzähler tritt als Passfoto und innere Stimme auf. Mitten im Absatz wechselt das Ich zum Er.

In der längeren Erzählung »Nur ein alter Mann« ist jemand vor fünfzig Jahren in eine fremde Stadt gekommen und hat sich seither gleichmäßig als Tourist und Einheimischer entwickelt. Er kann sich wie ein Tourist zu einem Schnellmenü niedersetzen und dabei das Gespräch eines Einheimischen führen. Sein Horizont ist abgestumpft wie ein Einheimischer und abgenutzt wie bei einem Selfie-Tagesausflügler. Vielleicht ist er auch ein Dieb, der sich mit kleinen Tricksereien über Wasser hält, vielleicht auch nur ein Seh-Dieb, der sich die Attraktionen unter den Nagel reißt, die für andere gedacht sind. Die Figur bleibt stets amorph, aber eines ist klar, sie ist letztlich nur ein alter Mann, dem man alles als Marotte auslegt.

In kleinen Erlebnisbröseln spielen Kinder »das Monster kommt«. Sie gehen vor das Haus und erwarten allabendlich etwas, das mit der Dunkelheit einhergeht. Es ist nur ein Spiel, sagen alle, aber alle wissen, es ist mehr.

In »Nachts« kommt die Stimme des Autors zur Geltung, aber niemand weiß, was diese Stimme sagt.

Die Identität ist überhaupt ein Ding, das ständig ins Mehrdeutige ausfranst. Jemand schreibt das Tagebuch eines anderen und phantasiert und fiebert dabei so heftig, dass das Tagebuch zu seinem eigenen wird. Er freut sich schon auf den Moment, wenn er gestorben ist. Dann werden alle das Tagebuch lesen und nicht wissen, wer wer ist.

Ganze Epochen wie die »neunziger Jahre« können auf eine Fernseheinstellung zusammenschmelzen, wenn etwa Uschi Glas mit ihren »Glas-Augen« aus dem Fernseher blickt und alle meint, über Jahrzehnte hinaus. Der Blick ins Umfeld ist oft verstellt, so werden nebensächliche Gegenstände oft als Hauptkörper wahrgenommen, was falsch ist. Erst als bei einer »Expedition« (78) jemand mit der Motorsäge das Gebüsch vor dem Fernseher wegrasiert, wird der Blick offen, und die im Fernsehen gezeigte Expedition kann frei miterlebt werden.

Am »Institut« werden ständig Herztöne abgehört, weil die Patienten sich in Sterbenähe aufhalten. Die Zeit drängt sich zusammen. (47) Ein Ich-Erzähler mit politischem Hintergrund lässt alles über sich ergehen und versucht, normal wie die Tiere zu leben. Später bringen sie ihn aufs Land, wo er vielleicht diesen Tieren näher ist. »Man schiebt mir die Mahlzeiten durch die Tür. […] Ich möchte Erde essen, lebendige, sich in zarten Zuckungen bewegende Erde.« (58)

In zwei Epilogen schließlich wird die Geschichtsschreibung auf den Kopf gestellt oder aus den Kunstwerken einer verlorenen Zeit abgelesen. Alles drängt auf Auflösung. »Wir sind ein bisschen müder, seit wir gestorben sind.« (122) »Die Zeit verrutscht. Wir sind außerhalb von uns selbst. Wir tun eigentlich nichts. Wir sind wie das Meer. Das Licht regnet und rinnt von uns ab.«

Als Leser geht man mit diesen Erzählinstrumenten an das eigene Tagwerk, das vielleicht völlig anders geartet ist. Aber wenn man den Meißel dieser Erzählungen an sich selbst ansetzt, spürt man die Konsistenz des eigenen Körpers und kann zumindest Auskunft darüber geben, was er nicht ist.

Als ich jung war

Auf der Couch des Psychiaters oder auf der Hausbank, einen Enkel am Schoß, fällt gerne der Satz, »als ich jung war«. Mit dieser Gebetsformel lässt sich hintennach vieles erklären, was in Echtzeit unverständlich gewesen ist. Gleichzeitig bietet diese Floskel Schutz vor allzu viel Selbstzweifel, was die Vergangenheit betrifft.

Norbert Gstrein: Als ich jung war. Roman. München: Hanser 2019. 348 Seiten. EUR 22,70. ISBN 978-3-446-26371-0. Norbert Gstrein, geb. 1961 in Mils/Imst, lebt in Hamburg. 21/06/19

Norbert Gstrein kümmert sich einmal mehr um die Logik der Vergangenheit. Wie können wir uns sauber mit dem Geschehenen auseinandersetzen, wenn die dazu notwendigen Daten gefakt, getrübt oder einfach falsch sind?
Der Roman liefert zuerst einen Ablauf von rätselhaften Todesfällen, die nur eines gemeinsam haben: Die einzelnen Fäden laufen im Helden zusammen. Anschließend gibt es wie bei Gstrein üblich eine Gegengeschichte, die alles relativiert und aus den Angeln hebt, ehe am Schluss aus den Sehnsuchts- und Erinnerungspartikeln des Helden tatsächlich eine Figur der Angebeteten zusammengebastelt wird. Sarah Flarer wird dann noch zu einer kompakten Person, die aber nicht weiterhilft, außer dass sie den Roman irgendwie romantisch abrundet und die nächste Geschichte aufmacht: »Solange niemand etwas von mir wusste, konnte ich alles erzählen und das war ein guter Anfang.« (349)
Über die Romane von Norbert Gstrein haben erfahrene Bibliothekare eine Leseregel entwickelt: Du musst ihn vorne genau lesen, wenn du ihn hinten verstehen willst! Und tatsächlich gleichen seine Geschichten oft einer mathematischen Operation, die ständig neue Rechenarten aufgreift, um das gängige Multiplizieren und Addieren von Ereignissen auszuhebeln.
In der Hauptfigur Franz brodelt es wie in einem Reaktor, wenn in einer Parallelaktion zwei Selbstmordgeschichten zusammentreffen. Hinter dem Gasthaus seiner Eltern hat sich bei der Hochzeitsfeier die Braut in die Tiefe gestürzt, und es könnte auch Mord sein, zumal nicht alle die Hochzeit goutiert haben. An der Todesstelle hat der Erzähler auch einmal

ein junges Mädchen geküsst, und damit ein Blackout im eigenen Kopf ausgelöst. Kann sein, dass er später mit der Braut ein ähnliches erotisches Desaster angerichtet hat. Er ist damals auf jeden Fall sehr jung gewesen, mehr ist nicht fix. Später als Schilehrer in Amerika trifft Franz dann auf einen exotischen Professor aus Tschechien, der schließlich gegen einen Baum fährt, und hofft, dass dessen entstelltes Gesicht als Suizid durchgeht. Wieder kommt Franz in ein schiefes Licht, weil ihn der Professor irgendwie adoptieren wollte, aber es war nichts Sexuelles dabei, nur ein schräges Schilehrerverhältnis.

Im Gegenschnitt Heimat-Hotel/Schilehrer-Ausland knüpft sich ein Erinnerungsvorhang, bei dem letztlich nichts fix ist, weil einfach die Datenspeicher im Kopf nicht richtig verlötet sind. Das einzig Sichere ist ein Kommissar, der Franz über die Jahre hinweg im Auge hat, weil er ihm entweder Kinderschändung oder Mord anhängen will. Aber eigentlich macht er das nur, weil es sein Beruf ist und jenen gängigen Erzählkonstruktionen entspricht, die immer über Kommissaren aufgespreizt sind. Eine sogenannte unerzählte Geschichte versucht das Unausgesprochene darzulegen und verwendet dazu den Trick der Tabuzone. Der Professor nämlich besteht auf einem Spatium des Schweigens, um seine Existenz aushalten zu können. Und für die Erzähltheorie ergibt sich ein schwarzes Loch, das zwar mit Sätzen ausgekleidet ist, aber geradezu nichts erzählen soll.

Im Schlusskapitel wird aus diversen Träumen und Gefühlseskapaden, die in der Hauptsache angelesen sind, eine Musikerin zusammengestellt, jene Sarah Flarer, die ursprünglich als Mädchen geküsst worden ist. Wie in einer Schweizer Erotikgeschichte, in der ja nichts passiert, außer dass jemand heftig seine Beine zusammenpresst und abgeht, reist der Erzähler dieser Figur nach, die etwas Flirrendes und Vages hat, wie es im Namen Sarah Flarer dann kunstvoll zum Ausbruch kommt.

Hinter den erzählmathematischen Operationen sitzt freilich der Gstrein'sche Schalk, und alles kann man sich nach Herzenslust zu einer ironischen Explosion ausmalen.

So taucht immer wieder das sogenannte »Entspannungszimmer« auf, das sich frivole Geister wahrscheinlich mit Wichs-Zimmer übersetzen. Die heimische Tourismusszene besteht aus Köchen, die nichts können, aus Reise-Redakteuren, die dem Motto huldigen: Wir lassen immer die größten Trottel schreiben. (32) Und der Held stellt lapidar fest: Aus mir war etwas geworden, was ich nie hätte werden wollen. Schilehrer. (41) Wie eindeutig auf ungenau die einzelnen Szenen gemacht sind, zeigt beinahe jede Fügung, die der Autor sorgfältig für den Roman zusammenkomponiert hat, der Professor spricht etwa »in einem rostigen Deutsch«. (45) Solche Fügungen hallen beim Lesen lange nach, sodass man Pausen einlegen muss, bis das Gelesene am richtigen Platz ist. Und dann geht es schon weiter mit Lebenssätzen wie: Ich war jung, wie ich es zu keiner anderen Zeit gewesen war. (38) Alles Tun um diese Zeit huldigt der Vorstellung, »es ist immer nur für ein paar Monate«. (97) Norbert Gstrein ermuntert seinen Leser immer wieder, durchaus frech zu sein und an das Ungewöhnliche seiner Romane zu glauben. So ist dieser Roman von damals vielleicht eine tolle Verarschung des Krimi-Unwesens, hinter jeder Ecke des Lebens lauert ein Kommissar und beobachtet etwas. – Ein Roman wie im richtigen Leben.

Weißt du, wo es Katzen und Hunde regnet?

Ob ein Thema die Gesellschaft schon durchdrungen hat, merkt man spätestens dann, wenn es in den Bilderbüchern für die Jüngsten auftaucht. Der Regen, lange als Fluch gefürchtetes Wetterphänomen, wird seit dem Klimawandel zum Erlöser, der Tier und Mensch, Groß und Klein in Bild und Ton erfrischt und erfreut.

Birgit Unterholzner zeigt ein paar Facetten des Regens, der schon allein deshalb aufregend ist, weil er aus keiner Maschine kommt, nicht in Plastik verpackt ist und vor allem outdoor passiert. So studiert denn auch Frau Ernestine in der Anfangsszene das Wetter auf dem Radar, ehe sie sich vor die Haustüre wagt. Ihr Pudel nämlich ist schon so was von hochgezüchtet, dass ihm feuchte Füße schaden würden. Sie selbst hat löchrige Unterhosen, wie das Kind Mia erfreut feststellt. Und es herrscht jedenfalls ein stiller Zusammenhang zwischen löchrigen Unterhosen und dem Regen.

In den nächsten Episoden wird der Regen in verschiedenen Kulturen und Sprachen dargestellt. In Tschechien etwa heißt es, es regnet Schubkarren, bei den Griechen regnet es Stuhlbeine und in England regnet es nicht Brexit, sondern Katzen und Hunde.

Der Regen ist wie ein gutes Menü, am besten schmeckt er, wenn Wind dabei ist, wenn er auf dem Sand zu glänzen anfängt und im Hintergrund Möwen kreischen. Als Besteck verwendet man Gummistiefel, mit denen es sich auch salopp über einen Muschelteppich steppen lässt.

Mia und Frau Ernestine sind etwa ähnlich kindlich und neugierig. Wäh-

Birgit Unterholzner: Weißt du, wo es Katzen und Hunde regnet? Bilderbuch. Illustriert von Clara Frühwirth. Wien: Picus 2019. 32 Seiten. EUR 16,90. ISBN 978-3-7117-4011-3.

Birgit Unterholzner, geb. 1971 in Bozen, lebt in Bozen.

Clara Frühwirth, geb. 1989 in Graz, lebt in Graz.

23/07/19

rend Mia jeden Regen als Neuland erlebt, reflektiert die ältere Frau mit einem größeren Fundus an Regenwissen im Rücken. Aber das ganze Spekulieren und Sinnieren hat keinen Sinn, wenn man nicht anschließend ins Freie düst, um sich auszutoben.

Hier lässt sich die tolle Frage aus dem Kuvert ziehen: Wann habe ich als Erwachsener eigentlich meinen letzten gelungenen Regen erlebt? Meist sitzt man ja hinter der Windschutzscheibe und macht die Wischer an, oder man sitzt im Büro und überlegt, ob man ohne Schirm wieder nach Hause kommt, und als Rentner hat man ohnehin nichts anderes zu tun, als die Zeit von einem Regen zum nächsten zu überbrücken. Als Erwachsener driftet man bei Bilderbüchern gerne ab und wird dann durch die Bilder wieder auf den Boden der Illustration zurückgeholt.

In der Malerei gilt die Darstellung des Regens als besonders schwierig, weil man ihn ja nicht sieht. An diesem konkreten Thema wird selbst der größte Realismus zu einem Abstraktum. Clara Frühwirth löst dieses Problem elegant, indem einfach blaue Striche über die Seite zischen, in den Leerräumen dichter, vor Gebäuden und Gesichtern dünner, damit man noch erkennt, was hinter den Wasserspritzern vor sich geht.

Alle Episoden in der Kindheit und Rentnerei enden damit, dass jemand müde wird. Mia reibt sich die Augen und ist für heute ziemlich müde. Aber sie hat gelernt: »Wir tragen viele Regengeheimnisse in unseren Augen.« Auf der letzten Seite geht der Regen in ein vertikales Liniensystem über, wie bei einem Schulheft mit falsch ausgerichteten Zeilen. Im Regen lässt sich vielleicht etwas von oben nach unten aufschreiben, schwerkraftlos, dann wird es vielleicht ein Gedicht.

Erinnerung an den Wald

Der Wald gilt in der Literatur oft als Symbol für die Kindheit. Wer sich an den Wald erinnert, erinnert sich an was Schönes, auch wenn es darin heftig zugeht. Gleichzeitig hat der Wald auch etwas »national Getragenes« an sich. In der ukrainischen Mythologie eines Wladimir Korolenko rauscht der Wald wie ein ewiger Tinnitus, im deutschen Wald tummeln sich Wölfe, die Großmütter fressen, und im kroatischen Wald sind wie überall im ehemaligen Jugoslawien die Partisanen zu Hause, die es sogar zu einer eigenen Hymne gebracht haben: »Durch die Wälder, über die Berge!«

Damir Karakaš zeigt seinen Kindheitshelden als besonders verletzliches Wesen. Der Ich-Erzähler hat einen Herzfehler und die Welt hat die Größe eines Brustkorbs, der ständig schmerzt. Schon gleich am Beginn weist die Mutter den Jungen in seine Schranken: »Mach dich nicht sinnlos müde!« (8) Damit ist das Spielen untersagt und zur Arbeit taugt der Schwächling ohnehin nicht.

So bleibt dem Jungen eine aufmerksame Sicht auf die Welt. Auch wenn man sich nicht allzu viel bewegt, ist immer etwas los. Dem Wald ergeht es ähnlich, er bewegt sich kaum, und dennoch ist er ständig in Bewegung und schwächelt, wenn das Wetter nicht passt.

In dieser subtilen Feinnervigkeit macht der Heranwachsende eine intensive Kindheit durch. Gewalt ist im Spiel, dabei kommt es zur perversen Situation, dass die Mutter das Kind schlägt, ehe der Vater zulangen kann. Ihre Schläge sind nämlich weiblicher und fast eine Liebkosung, zumindest aber ein Schutz vor den Vaterschlägen.

Was eine echte Kindheit ist, so wird darin ein Haus gebaut, das erspart jedes Bilderbuch. In einem Haus sind nämlich alle Materialien vorhanden, die zum Überleben nützlich sind, außerdem gibt es Tätigkeiten, die einem gewöhnlichen Menschen kunstvollen Umgang mit dem Werkzeug abverlangen.

Damir Karakaš: Erinnerung an den Wald. Roman.

A. d. Kroat. von Klaus Detlef Olof. [Orig.: ›Sjećanje šume‹; Zagreb 2016].

Wien, Bozen: folio 2019. 152 Seiten. EUR 20,–. ISBN 978-3-85256-787-7.

Damir Karakaš, geb. 1967 in Plašćica / Jugoslawien, lebt in Kroatien.

25/07/19

Als beim Essen alte Mauerteile in den Mund bröseln, entschließt sich der Vater, ein neues Haus zu bauen. Der Ochs reißt mit einem einzigen Ruck das alte Haus zusammen, und das neue entsteht wie von selbst. Dabei übernimmt sich Vater und glaubt sterben zu müssen. Er weiß, dass manches neue Haus den Zusammenbruch des Erbauers verlangt, denn es gibt einen ewigen Wettstreit zwischen Aufbauen und Wohnen.

Der Beobachter beamt sich vom Rand aus in die Mitte des jeweiligen Geschehens. Da kommt es zu archaisch anmutenden Überlebensritualen wie dem Sau-Stechen oder Kraut-Stampfen, die allein durch die Erinnerung geschönt sind. In Wirklichkeit ist alles intensiver, lettiger und geruchswilder. Allein die Sau wälzt sich so lange im Überlebensschlamm, bis sie kaum mehr genussfähig ist.

Und über allem steht der Wald mit seinen Lichtungen, auf denen Vater mit der Büchse wartet. Das höchste der Gefühle ist es für den Herzkranken, wenn er mitpirschen darf, das Ergebnis ist freilich eklig, der geschossene Dachs stinkt so erbärmlich, dass er zu Hause sofort eingegraben werden muss.

Dem in die Zukunft hinein Siechenden bleibt nur das Träumen. Er wird auf die Jagd gehen, er wird einen heftigen Beruf ergreifen, der ihn stark macht. Fürs Erste genügt es, in einem langen Marsch ins Kino zu gehen, wo der linkshändige Sheriff seinen Auftritt hat. Es geht darum, alles mit einem magischen Glanz zu versehen. Zu Hause klebt Vater eine blaue Folie über den Schwarzweißfernseher, damit er Farbfernsehen hat. Aber es geht um dieses blaue Licht, das die Welt verzaubert, indem sie die Beklemmung löst, die Tag und Nacht auf der Brust liegt.

Die Kindheit endet mit einem langen Ausflug durch den Wald, halb geträumt, halb geplant. Der Wald ist ein befreiendes Medikament. »Je tiefer ich eindringe, desto dichter wird der Wald, desto finsterer. Er nimmt kein Ende; kein Ende nimmt dieser dichte Wald.« (145)

An der sogenannten Waldliteratur lässt sich für wache Leser auch der Zustand der jeweiligen Gesellschaft ablesen. In diesen heißen Sommern jetzt verdorren und brennen überall die Wälder, sodass das Lesen von Waldromanen die einzig klimaneutrale Lüftung bedeutet.

Los

Es fühlt sich an wie ein Buch, schaut aber aus wie eine Festplatte aus Papier, die gerade noch dem Schredder-Automaten der Republik entkommen ist. Vorne ist, für einen Mammutfinger gedacht, das grüne Zeichen für ON zu sehen, hinten das rote OFF-Zeichen, darunter die ISBN-Nummer.

Philipp Hager: Los. Gedichte. Klagenfurt: Sisyphus 2019. 96 Seiten. EUR 12,–. ISBN 978-3-903125-38-4. Philipp Hager, geb. 1982 in Scheibbs, lebt in Wien. 28/07/19

Das Gebilde nennt sich »Los« und stammt von Philipp Hager, der in seinem neuen Gedichtband zumindest den Datenträger als Überraschungsei ausstaffiert. Die knapp dreißig Texte im Innern gebärden sich optisch wie Gedichte, aber sie sind auf einer unsichtbaren Layout-Leiste aufgespießt, von der nur die jeweilige Seitenzahl ins Bild ragt. Der knappe Titel könnte auf das Los im Sinne von Schicksal verweisen, es bietet sich aber die herrliche Fügung von Jury Gagarin an, der vor seinem ersten Abschuss in den Weltraum während der Zündung gefunkt hat: Los geht's!

Der Weg zu den Gedichten ist jedenfalls wichtiger Bestandteil der Lyrik, die mit einem fulminanten Heimkehr-Gedicht loslegt. Darin berichtet das lyrische Ich lapidar: »Ich war lange fort / Ich war lange fort, jetzt bin ich zurück / Jetzt bin ich zurück.« In dieses Scharnier sind die wichtigsten Stationen eingeschraubt, die als Antimaterie zur Heimat aufgetaucht sind, wie etwa ein US-Marathonlauf, die Klagemauer in Jerusalem, ein sandfarbener Muezzin oder der Elchbulle mit Birken. Die Fern-Szenen sind knapp gehalten wie ein Tweet, der jetzt zu Hause abgearbeitet werden muss als Erinnerung. Neben den äußeren Ereignissen drängen auch die inneren Gemütszustände in den Vordergrund und fordern ihr Recht auf geordnete Heimkehr ein, jetzt wo alles vorbereitet ist, um die größten Fische zu ködern. (12)

Mit dem Elan hochgekrempelter Ärmel geht es gleich die Erfolgsgasse in Wien hinauf, wo sich das lyrische Ich zwischendurch an den Geschichten der ausgestellten Bücher festhält, ehe es sich an die Menschen heranmacht, die seltsame Sachen aussprechen, sie reden vom Sommer.

Ein sattes Gedicht handelt von Bozen und verdankt seine Existenz einem Tippfehler. Eigentlich hätte es etwas über das Boxen werden sollen, aber es ist für einen Lyriker einfacher, eine Stadt umzubauen, als einen Tippfehler zu beseitigen. So entsteht Bozen tatsächlich als Sparringpartner der Geschichte, worin allerhand Helden und Durchreisende aus der Verweilstation einen vollgepfropften Tourismusort machen. Das lyrische Ich nähert sich diesem Ungetüm, indem es mal durchfährt nach Südfrankreich, mal eine Geschichte von Landsknechten aufsucht, die vergeblich auf das Meer warten.

Genaugenommen gleicht das Leben einem Flusssystem, das einem Meer zurast. Um sein eigenes Leben zu verstehen, muss man seine Quellen aufsuchen. In der Hoffnung, dass diese diversen Geburtsorte etwas hergeben bei der Erkundung des Lebens, vergisst der Held bald einmal seine Bestimmung und wendet sich vollends seinen Quellen zu.

Wieder einmal macht das lyrische Ich eine Inventuraufnahme und stellt mit Demut fest, dass es dem früh gelesenen Hemingway weit mehr verdankt, als es lange wahrhaben wollte. Fast alles, was sich außerhalb der Kindheit abspielt, ist genaugenommen ein Hemingway. Abenteuer, Ferne, Blut und Kampf. Dazu diese kurzen Sätze, die wie abgebrochene Messer in irgendwelchen Leibern stecken.

Das Buch endet mit dem besten aller nur denkbaren Enden. Der Held stellt sich an einen Baum und pisst alles heraus, was das Leben schwer machen könnte. »Und während ich hochschaue zu den Sternen / und meine letzte Blase entleere, / denke ich an die Ewigkeit.« (96)

Das Buch, das von ständigen Vorwärtsbewegungen und Neuzündungen getrieben ist, endet somit fast wie die legendäre Erkenntnis des losgeschickten Jury Gagarin, der nach der Landung sagt, er habe Gott nirgends im ganzen Weltraum gesehen.

Sonnwendfrüchte

In Zeiten des Klimawandels werden auch die Früchte, wenn überhaupt, schneller reif. Der harmonische Höhepunkt des Reife-Jahres ist in Unwucht geraten, und unter dem Mantel eines getakteten Kreislaufs rumort es gewaltig.

Luzia Wagner beschreibt diese schlagende Unwucht mit fünf Erzählungen und ein paar Dutzend Aphorismen. Dabei werden die Texte wie Fixiernägel in die Pinnwand geschlagen, manche verbiegen sich dabei oder brechen ab, die Texte verletzen sich quasi selbst, während sie von der Verletzung rundum berichten.

Luzia Wagner:
Sonnwendfrüchte.
Erzählungen und
Aphorismen.

Innsbruck: Tiroler
Autorinnen und Autoren
Kooperative TAK 2019.
140 Seiten. EUR 18,–.
ISBN 978-3-900888-68-8.

*Luzia Wagner, geb. 1950 in
Salzburg, lebt in Telfs.*

29/07/19

»Die stumme Mitte« ist eine fiktive Gesellschaft, die sich an die schweigende Mehrheit anlehnt, aber einmal noch einen ordentlichen Protestbrief herauslässt. Der Brief richtet sich an einen Architekten, der als Mauerspezialist bekannt ist. Offensichtlich hat er schon allerhand Mauern errichtet, um vermeintliche Gefahren abzuwenden, Menschen- und Materialströme in Bahnen zu lenken und eine Fläche vor der anderen zu schützen. Der Architekt wird tatsächlich wachgerüttelt, als er mit den wahren Problemen der Menschen in Kontakt gebracht wird. Die bislang von Mauern abgeschirmte Welt berührt ihn auf seine alten Tage so heftig, dass er alles über Bord wirft und an einer unsichtbaren Friedensmauer zu arbeiten beginnt.

»Das Sonnenbild« entsteht in der Vorstellung einer Frau, die das Gestern mit dem Morgen verschmelzen lassen kann. Sie trägt schneckenähnlich ein Haus mit sich herum, worin die Liebe Platz hat. Mit Hilfe der aufgehenden Sonne gelingt es dieser Frau, alle Grenzen zu überwinden, bis letztlich sogar die Schwerkraft weg ist. Diese Erzählung ist eine besondere Art der Bildbeschreibung, mit Hilfe einer suggestiven Erzählkraft wird der Leser im Sonnenlicht leicht gemacht und schließlich aufgelöst.

»Vormittags verdienen, nachmittags drei mal wöchentlich besuchen.« (40) Ein Mädchen erzählt von der Unmöglichkeit, jemanden zu pflegen, denn entweder muss man das im Akkord und beruflich machen oder privat und mit Selbstaufgabe. Mit der auflösenden Geste »Milchkaffee in Weißbrot« entwickelt sich eine Krankenanstalt zu einer Bühne der Absurdität. Leben und Tod, Hektik und Apathie ringen Tag für Tag miteinander, bis sich das Weißbrot im Nachmittagslicht zu einem Brei verformt, der das wahre Leben bedeutet.

»Das Geheimnis in der Manteltasche« erweist sich als Skizze, die sich auflöst, wenn man sie berührt. Es ist, als ob eine Hand in einer abgetragenen Stoffnische nach einem Spinnennetz griffe, das sich soeben auflöst. Planungen, Wegbeschreibungen, Tagesprogramme – alles wird zu einem Tand, der aus der Zeit gefallen ist.

In der Erzählung »Abschied ergehen« zerfällt das Leben einer Frau in fixe Wegstrecken, die sich scheinbar zufällig beim Spaziergang auftun. Ein Fixpunkt ist dabei das Grab des Mannes, das gleichzeitig der Wendepunkt ist. Denn was sich beim Hinweg als Lebensbilanz auftut, schwappt beim Rückweg in einen Möglichkeitssinn über, was hätte nicht alles geschehen können, wenn das Leben anders verlaufen wäre. Aber insgesamt ist alles gut so, das meint wohl auch der Hund, der diese Lebensbegehungen tapfer und konstant begleitet.

In den Aphorismen verklumpen große Dinge wie Erde, Wasser, Luft und Feuer zu bürokratischen Randnotizen: Name, Geburtsdatum, Adresse, Beruf. »Sie desinfizieren das Sterben, um sich nicht mit dem Tod anzustecken.« (121) »Wie ein Hurrikan stürmen eure Worte auf mich ein, könnten doch diese Worte wie ein Hurrikan sein.« (133)

Luzia Wagner hat nicht vor, wie ein Hurrikan die Welt schriftstellerisch umzulegen. Ihre Leistung liegt in der Hartnäckigkeit, mit der sie Tag für Tag dem scheinbar schon abgelaufenen Leben eine Utopie abringt. Ihre Texte sind mehr als ein bloßes Tagebuch zur Verbesserung der Welt. Sie sind der Versuch, mit magischen Beschwörungen und dem Glauben an die fiktionale Kraft tatsächlich das Leben etwas in jene Richtung zu drehen, wo die alltäglichen Schwarz-Weiß-Flächen plötzlich mehrdimensional werden.

rohr köhl auer

Jedes Buch hat im Idealfall eine unverwechselbare Doppelhelix als Erbgut im Hintern, dadurch kann es auf einmalige Art rezipiert, rezensiert und für die Ewigkeit aufbewahrt werden. Oft ist es eine mehr oder weniger durchgängige Handlung, die das Wort- und Bildmaterial zusammenhält, manchmal ist es der Fragment-Charakter, der aus dem Buch herausgreift, um das Unternehmen in der Wirklichkeit zu verankern. In raffinierten Fällen ist es eine pure Spielanleitung, die alles zusammenhält.

Die Autoren nennen ihre Foto-Text-Interferenzen »rohr-köhl-auer«, eine künstlerische Kernfusion aus den Namen Rohrauer und Köhle.

Claudia Rohrauer / Markus Köhle: rohr köhl auer. Foto-Text-Interferenzen.

Wien: Sonderzahl 2019. 88 Seiten. EUR 22,–. ISBN 978-3-85449-525-3.

Claudia Rohrauer, geb. 1984 in Wien, lebt in Wien.

Markus Köhle, geb. 1975 in Nassereith, lebt in Wien.

31/07/19

Denn das ist die Fragestellung des Projekts: Wie reagieren Künstler professionell aufeinander, wie entsteht ein neues Konglomerat, wenn Fotos und Texte unter kreativem Druck zusammengepresst werden?

Und hier kommt die Versuchsanordnung ins Spiel. Die beiden versprechen einander, etwa ein Jahr lang verlässlich aufeinander zu reagieren. Dabei wird zuerst das Bild produziert, auf das mit Text geantwortet wird. Pro Tag gibt es eine Zeile. Man kann also nicht schummeln, denn wenn die Reaktion zehn Tage auf sich warten lässt, muss der Text eben zehn Zeilen haben, und so fort.

In dieser Anordnung ist impliziert, dass anders als im Schöpfungsbericht nicht das Wort als Erstes da ist, sondern in einer Bilderwelt natürlich das Bild. Am Anfang war das Bild! Und gleichzeitig wird eine künstlerische Kryptowährung eingeführt: Zeit ist Zeile!

Natürlich reagiert das nächste Bild auf den bereits abgewickelten Text, so ist es auch zu erklären, dass sensationelle Assoziationsketten entstehen. Spontan ziehen sich die Gebilde zwischendurch auf die Natur zurück, indem sie den Elementen Dampf, Wasser, Blüten oder Gebüsch huldigen, andererseits sticht immer wieder das Technische, um nicht zu sagen Überzivilisierte, in das Geschehen, wenn Hütchen der Autobahnmeisterei mit dem Gebläse auf einem Dach oder der Korrosion unterirdischer Leitungen korrespondieren.

Oft entstehen Wortschöpfungen wie der Mollmops, der aus einem Moll-Ton geknetet ist.

Über allen Seiten läuft unbarmherzig die Zeitschiene, jede Seite hat einen Urheber und ein Datum. Bei ausschweifenderem Lesen googelt man sich die jeweiligen Geschehnisse eines Datums hinzu, sodass das individuelle Experiment der Interferenz mit der individuellen Erlebnislage des Lesers ergänzt werden kann.

Letztlich erweitern sich die Medien Bild und Text, indem sie immer mehr sind, als sie vor der Reaktion als einzelne Informationsträger gewesen sind. Und weil die Texte fast nichts mit einer Bildbeschreibung zu tun haben und die Fotos bei weitem nicht eine Illustration des Textes im Sinn haben, entsteht eine dritte Dimension, die so etwas wie die Dynamik eines Spieles in sich trägt.

Das Lesen ist äußerst vergnüglich, da sich in Ermangelung eines zwangsneurotischen Plots auf jeder Seite eine Überraschung auftut. Von der Ferne winkt die Gemütlichkeit eines alten Bilderbuches, zu dem man mit dem Kind stundenlange Schau-Diskussionen führt. In diesem Buch darf man ordentlich ein frech schauendes Kind sein, ohne dass es auffällt.

Vaterbuch

Der Tod ist ja nur für die anderen eine Aufregung, an der Gefühlslage des Toten geht der Tod ja spurlos vorbei, wenn er einmal eingetreten ist. Lukas Meschik baut sein Vaterbuch rund um den spontanen Tod seines Vaters auf. Dieser wird leblos in der Küche vorgefunden, für die Hinterbliebenen herrscht Empfindungsstufe Rot. Im Morgengrauen liegt Vater am Boden, der Erzähler und sein Bruder verbringen eine Weile am Boden hockend auf Augenhöhe mit dem Verstorbenen, um ihm besonders nahe zu sein. Gleichzeitig scharrt schon die Behörde mit ihren Einsatzkoffern an der Wohnungstür, um Totenschein, Amtsbesichtigung und Abtransport möglichst rasch in die Wege zu leiten.

In dieser Situation geht das Vaterbuch auf, es wird nie fertig sein, denn es ist ein Gespräch des Autors mit der Leserschaft, die jeweils ihre verstorbenen Väter aus der Erinnerung hervorholt.

In neun Stationen wird das Leben über Generationen hinweg festgemacht. Denn alles, was ein Vater tut, macht er vielleicht unabhängig von der Zeitgeschichte, wenn er mit dem Kind kommuniziert in Gesten, Gesprächen und Marotten. So spielt das Vaterbuch in jeder Generation und in jedem Kulturkreis. Überall auf der Welt liegt nämlich jeden Tag ein Vater tot in der Küche und löst ein Buch aus. Jetzt gilt es, Bilder zuzulassen, die zum Teil märchenhaft, teils witzig, teils psychopathisch sind. Der Vater als starker Baum, als Flash eines Einundsiebzigjährigen, als Suizid-Aspirant, Fotomotiv, Lesestoff oder gutscheinversessener Konsument. Aus all diesen Schnappschüssen lassen sich epische Geschichten ableiten, die mit der Zeit einen nuancenreichen »Helden« hervorbringen, der mit jedem Satz zerbrechlicher und fragiler wird. Denn angesichts des Todes werden alle diese Begebenheiten in ein seltsames Licht gerückt, das die Größenverhältnisse neu ausleuchtet.

In der Erinnerung des Sohnes verschieben sich auch die prägenden Konstellationen des Vaters. Plötzlich scheint es bedeutsam zu sein, dass er ein Kärntner gewesen ist, ein verspielter Bereitsteller von Stimmungen, ein Fotomotiv der innigen Art. (92)

Eine Schlüsselfunktion stellen jene Bücher dar, die der Vater gelesen hat oder an denen sich der Sohn die Zeit ausgebissen hat. In der Wohnung liegen massenhaft Bücher herum, die Schatz und Buchstabengeröll in einem sind. Kann jemand durch Lektüre des Sohnes weiterleben oder müssen die Bücher sterben, wenn ihr Sammler gestorben ist?

Lukas Meschik:
Vaterbuch.
Innsbruck: Limbus 2019.
183 Seiten. EUR 18,–.
ISBN 978-3-99039-156-3.

Lukas Meschik, geb. 1988 in Wien, Kitzbüheler Stadtschreiber 2013, lebt in Wien.

02/08/19

»Das Vaterbuch ist kein Roman. Es ist weder Erzählung noch Novelle, auch nicht Essay. Es ist kein Versuch (jedenfalls nicht als Gattung, sonst natürlich genau das.) Es ist ein Assoziat. Dieser Begriff stammt aus der Chemie und beschreibt die reversible Zusammenballung von Molekülen. Ein Bild, das mir stimmig erscheint. Viele Bücher sind Assoziate und wissen es nicht. Die Einführung dieses Begriffes in die Welt der Literatur war lange überfällig. Das Vaterbuch weiß, was es ist.« (183)

Der Wunsch des Autors, mit einem neuen Begriff vielleicht unsterblich zu werden, ist verständlich. Denn das pure Buch ist irdisch wie jemand, der tot in der Küche gefunden wird. Dem Assoziatswunsch stemmt sich leider eine Lebensweisheit entgegen: Kein Autor wird für das berühmt, als das er mit seinem Schreiben angetreten ist.

Die letzten hundert Jahre

Hundert Jahre gelten in der Literatur als gerade noch so ewig, dass darin eine einzelne Gegenwart wahrgenommen werden kann. Am Beispiel der grandiosen »Hundert Jahre Einsamkeit« von Gabriel García Márquez haben wir nachlesen können, wie sich ein psychologischer Dschungel entwickelt und in seiner Verästelung als Giga-Rhizom immer aktuell und ewig zugleich ist. Die österreichische Seele gilt in der Psychologie ebenfalls als gigantischer Dschungel, der freilich kaum eine Gegenwart, sondern immer Vergangenheit hat.

Ludwig Roman Fleischer:
Die letzten hundert Jahre.
Roman.
Klagenfurt: Sisyphus 2019.
403 Seiten. EUR 16,80.
ISBN 978-3-903125-37-7.

*Ludwig Roman Fleischer,
geb. 1952 in Wien, lebt in
Wien und Feld am See.*

04/08/19

Ludwig Roman Fleischer untersucht diese Üppigkeit der österreichischen Seele mit seinem Generationen-Roman der jüngeren Vergangenheit, den er lapidar für die Suchmaschinen »Die letzten hundert Jahre« nennt. Mit dieser Voreinstellung erreicht er erstaunlich viele Treffer, quer über den halben Kontinent.

Der Roman ist sauber in zwölf Kapitel gegossen, zwischen 1916 und 2016 treten diverse Helden auf, die nach der Methode Stammbaum ständig gegeneinander vorrücken, bis sie schließlich im Jahr 2016 als Jahrhundert-DNA implodieren.

Zu Weihnachten kommt es nämlich zu jenem verheißungsvollen Höhepunkt einer Parallelaktion, die seit Musils Mann ohne Eigenschaften alle großen Österreich-Romane auszeichnet. Der 24-jährige Held Gabriel Lenz will seiner Partnerin Sabine gerade unterm Christbaum einen medizinischen Befund hinterlegen, wonach die Impotenz, die über dem Verhältnis schwebt, auf ihre Kosten geht, da bemerkt er, dass schon ein anderer Befund dort liegt. Sabine will »keinen Solipsisten. Leb wohl!«. (199)

Diese Schlüsselszene trägt das Jahrhundertprogramm in sich. Egal wie sich die Zeitgeschichte gerade austobt, die Protagonisten arbeiten stracks ihr Überlebens- und Vermehrungsprogramm ab. Es geht darum, eine halbwegs brauchbare Partie zu ergattern und Kinder auf die Welt zu bringen. Wenn es auf geradem Weg nicht geht, müssen eben Seitensprünge und andere Fortpflanzungsarten herhalten.

Im Roman haben die Figuren dieses Konzept ständig im Auge. Die meist zweiseitigen Events bestehen in der Hauptsache aus Gesprächsfetzen, Smalltalk, Wirtshausrunden und Geraune beim Lesen einer Zeitung. Die Protagonisten erscheinen dabei in einem Überkopf auf der Seite, die jeweilige Jahreszahl ist mitgestanzt. Die Menschen sprechen einen hart-diffusen Dialekt, der auf mehrere Sprachen verteilt ist. Der sogenannte Schmelztiegel der österreichischen Kultur wird dabei ständig am Sieden gehalten, die Menschen reden in allen Sprachen und sind immer frech und hinterfotzig, wenn sie den Alltag mit ihrem Wortschatz durchpflügen.

Egal welcher politische Zustand gerade herrscht, ob Krieg oder Frieden oder Diktatur ausgerufen ist, die Helden wurschteln sich immer aufeinander zu und zeugen im entscheidenden Augenblick Nachkommenschaft.

In diesem Gedanken-Ambiente ist es erklärlich, dass für Gabriel Lenz eine Welt zusammenbricht, als die Beziehung mit Sabine an der Nachkommenschaftsleere scheitert. Gabriel toppt dieses Desaster, indem er esoterisch wird und auf die Predigten eines Kuttenträgers hereinfällt. Ja, er wird sogar Postulant, was als Vorstufe für einen Ordensbruder gilt.

Als Leser hat man alle Hände voll zu tun, diese historischen Anspielungen, Dialekte und Regionalismen der posthabsburgischen Geschichte zu begreifen. Und je mehr sich der österreichische Archi-Stammbaum entrindet, umso eher sieht man die eigenen genetischen Larven und Käfer, die darin nisten. Jeder Leser findet seinen persönlichen Nazi, Mitläufer, Vertriebenen, Unglücklichen und Hingerichteten im Roman. Wenn es eine Lehre aus diesem Kosmos gibt: Es gibt nichts Klares, außer Schnaps. Alles ist mit allem vermischt und verwandt. Nur wer die Nachkommenschaft einstellt und ins Kloster geht, kann seine DNA noch ein paar Jahre lang retten, ehe alles den goldenen Bach der Geschichte hinuntergeht.

mir kommt die Hand der Stunde auf meiner Brust so ungelegen, dass ich im Lauf der Dinge beinah mein Herz verwechsle

Das GPS der Gefühle ist völlig anders vermessen als das irdische der Geographie. Um ein störendes Empfinden in der Brust zu lokalisieren, bedarf es schon eines umfangreichen Titels, der in der Tonlage des Barock gehalten ist und Hiesiges und Jenseitiges, Zeitliches und Örtliches, Empfindsames und Stumpfes als semantischer Großbegriff in sich aufnehmen muss.

Isabella Breier sortiert das Greifwerkzeug auf der Brust in zwölf Fächern, worin in Art der Pinzetten-Manufaktur spezielle Gerätschaften abgelegt sind. Damit lassen sich allerhand Operationen abwickeln, die zum Teil subkutan, verdeckt oder als Spy-Software unterhalb der sichtbaren Welt wirken.

Ein durchgehendes Motiv ist vielleicht das Prekariat, das manchmal zu einem Epos ausgestaltet wird. Fast immer wird zuerst ein Leitbild des schönen Scheins entwickelt, ehe sich dieses dann unter den Augen der Leserschaft dekonstruiert oder in das Gegenteil auflöst.

Isabella Breier: mir kommt die Hand der Stunde auf meiner Brust so ungelegen, dass ich im Lauf der Dinge beinah mein Herz verwechsle. Lyrikband in zwölf Kapiteln, mit Illustrationen von Hannah Medea Breier.

Wien: edition fabrik.transit 2019. 314 Seiten. EUR 17,–. ISBN 978-3-903267-03-9.

Isabella Breier, geb. 1976 in Gmünd, lebt in Wien.

07/08/19

Ein Leistungsträger gelangt an die Grenzen der Leistungsfähigkeit, zumal er nach den Richtlinien eines unsichtbaren Commitments arbeiten muss. (17) Aus dem Schweiß der Arbeit wird allmählich »Sitz-Schweiß«, der die letzten Zeilen eines Klartextes vernebelt.

In der sogenannten »Prekariatsschwüle« lassen sich vor allem schöne Begriffe ausmachen, die in der Öffentlichkeit positiv besetzt sind: Baby, Katzen, Sommerfarben. Aber diese Puppen des guten Geschmacks sind mit den Fetzen des Prekariats umhängt, das Baby plärrt, von der Großraumwohnung bleibt nur ein dürftiger Balkon, hinter dem Blick versammelt sich Kopfweh und die Sommerfarben fressen sich voll und zerplatzen mitten am Tag. Das lyrische Ich sucht einen Ausweg und buchstabiert No-Gos, die vielleicht eine Art Erlösung finden lassen.

Nimm 's endlich hin! Die Wirklichkeit pocht auf ihr Recht, dass alles so bleibt, wie es ist. Dieses Gedicht besteht aus dem Wort Punkt, das mit einem orthographischen Punkt hinterlegt ist. Keine lyrischen Hebungen und Senkungen vermögen diese Tatsachen zu verändern. An diesem Punkt ist die Welt unverrückbar fixiert. (23)

Überhaupt maßen sich Bilder und Eindrücke zu viel an, die Welt ist längst in eine Bilderserie zerlegt, die täglich wie geschmiert abzulaufen hat, dahinter verschwinden die Leute auf Raten, am Schluss bleiben

Stimmen, die so Sachen sagen, die man nicht versteht. (33) Wahrscheinlich sind diese Bilder auch alle falsch zusammengeklebt und jemand ruft noch ganz frech: Passen Sie auf Ihre Wertvorstellungen auf.

Aus diesem Konglomerat von Befehlen, Faustregeln, falschen Ratschlägen und lebenskundlichen Tipps entwickelt sich ein großes Lehrbuch, das von einer Welt berichtet, die hinter diesen Parolen versteckt ist.

Die einzelnen Kapitel greifen diese falschen Schweißnähte an, mit denen dieses Weltgebäude zusammengekleistert ist. Mitten in der Nacht erscheinen die Dinge plötzlich rot, kaum nimmt jemand den Tag als Geschenk, fällt der Kopf schon auf die Brust, in der Glut der Stunde brennt jemandem der letzte Fluchtweg ab, hinterm Tellerrand gibt es nichts zu erzählen außer von Gabeln und so.

Verdichtet hintereinandergesetzt ergibt sich ein Ratgeber, der ins Leere führt. Und auch mögliche Fluchtwege erweisen sich alle als Sackgassen, denn am Schluss endet alles in einem Gelände, das die Eigenschaft hat, überall zu sein. (163)

Zum Ende hin macht die Lyrik insgesamt noch eine Kehrtwende und beißt sich in den eigenen Schwanz. »Und den Trakl, den lass ich mir anschreiben, ja?« (308)

Isabella Breiers »Hand-Brust-Buch« liegt haptisch schwer in der Leserhand, die hellen Bilder von Hannah Medea Breier greifen den Sound der Texte auf und zerlegen die Figuren in leichte Scherenschnitte, die gerade zerfallen. Der Oberkörper des Froschkönigs schaut auf seine Beine in der Badewanne, die sich in der Schaumkrone aufgelöst haben. Eine Kürbiskönigin sitzt zu Tisch, und statt des Menüs streckt sich ihr eine Krawatten-Hand entgegen, der schwarze Amor überfliegt die rote Venus mit seinem Bogen, aber so wie er unterwegs ist, wird er keine Brust treffen, so groß diese auch sein mag.

Im Buch wird von jenem Rand der Welt berichtet, welcher täglich ins Zentrum des Bildes hineinwuchert, dabei fallen jene Menge Späne, weil ja die Parolen gehobelt werden müssen. Und trotz der Tristesse, die sich beim Dekonstruieren der Scheinwelt auftut, bleibt phasenweise Platz für großes Gelächter. Obwohl das Buch schwarz eingekleidet ist, trägt es eine helle Stimmung auf.

Das »Kriegstagebuch« meiner Mutter

Bei politisch motivierten Dichtertreffen geht es in den Pausen meist darum, die Antifaschismuskraft der einzelnen Dichter zu begutachten und zu ranken. Ganz erbärmlich schneiden dabei jene ab, die einen deklarierten Nazi in der Vorfahrenskette haben. Es macht sich einfach nicht gut im progressiven Milieu, wenn man Nachkomme von etwas Braunem ist.

Helga Glantschnig macht es sich nicht leicht, wenn sie das Kriegstagebuch ihrer hitleraffinen Mutter ediert und kommentiert. Immerhin hätte sie ja alles verschweigen können, um die große Einbahnstraße Antifaschismusdiskurs nicht zu stören. Aber die Suche nach einer unangenehmen Wahrheit ist für sie als Schriftstellerin der größere Auftrag, als den Mainstream mit Text zu unterlegen.

Helga Glantschnig: Das »Kriegstagebuch« meiner Mutter. Mit einer Einleitung der Autorin. Wien: Klever 2019. 128 Seiten. EUR 16,–. ISBN 978-3-903110-41-0.

Helga Glantschnig, geb. 1958 in Klagenfurt, lebt in Wien.

10/08/19

Wie so oft ist das Drumherum interessanter als der eigentliche Text. Das »Kriegstagebuch« besteht aus drei Heften aus den Jahren 1943 bis 1945, die Schreiberin ist dabei sechzehn bis neunzehn Jahre alt. Was würde man von einem Menschen in diesem Alter erwarten, wenn es nicht die erregten Kriegsjahre wären? Da die Quellen um diese Zeit zumindest in Kärnten alle gleichgeschaltet sind, gibt es in den Aufzeichnungen nur das zu lesen, was sonst in der Einheitspresse steht. Individualisiert wird das Ganze durch Briefe, die Angehörige von der Front schreiben. Und so geht es generell ums Durchhalten mit Begriffen und Ritualen, die wie so oft jede Bedeutung verloren haben. Am ehesten verblüfft die Kontinuität, mit der die Einträge auch nach dem Kriegsende noch weitergehen, und das ist auch der Punkt, der der Herausgeberin am meisten zu schaffen macht. Ihre Mutter hat nie eine Abkehr vom Nazi-Kult vollzogen und im Zweifelsfalle die Formel benützt, »wir haben das nicht wissen können«.

Interessant wird dieses Tagebuch freilich durch die Gegenüberstellung mit den Aufzeichnungen der Anna Jug, die als Nummer 20373 in Ravensbrück eingesperrt war. Etwa aus der gleichen Gegend stammend und in die gleiche Zeit verstrickt, schreibt Anna Jug aus der Opfersicht und sie hat auch wirklich etwas zu sagen und stellt von ihrem Schicksal ausgehend politische Zusammenhänge her, die umso lebensgefährlicher wirken, je blasser die Schriften des Nazi-Mädels im anonymen Gegenüber ausfallen.

Überhöht wird dieses Duett durch die Aufzeichnungen der Ingeborg Bachmann, die hintennach einfach geschönt und moralisch aufgewertet worden sind. So verwendet der Bachmann-Anbeter Hans Höller den Ausdruck »Kriegstagebuch«, obwohl dieser letztlich falsch ist, denn die Bachmann schreibt kein Kriegstagebuch, erst hinterher ordnet sie Erlebnisse zu einer Antifa-Stimmung. So ist sie nachweislich, während sie sich über den Einmarsch Hitlers in Klagenfurt ekelt, wegen einer Kinderkrankheit im Spital gelegen. »Ich würde diesbezüglich nicht von Unwahrheit sprechen, aber sehr wohl von einer Form der Selbststilisierung, etwas, wozu gerade Schriftsteller gerne neigen.« (31/32) Helga Glantschnig erzählt durch ihre Einleitung, dass es kaum möglich ist, in einem Schwarz-Weiß-Diskurs jene Geschichten ans Tageslicht zu lassen, die nicht in das Marketingkonzept der Antifa passen. Dabei ist es offensichtlich eine Frage der Zeit, bis auch die Täter als Zeitzeugen sprechen dürfen. Was Kärnten betrifft, scheinen Opfer und Täter immer das Gleiche zu erzählen: Verlossn-heit. Im Tagebuch gibt es so immens grauen Alltag, dass Heranwachsende nach jeder Farbschattierung greifen – und wenn sie braun ist. Für Nicht-Kärntner tut sich da ein großes Psychodrama auf.

Atemraub

Gedichte sind immer auch ein Erregungsfaktor. Oft bleibt dem lyrischen Ich die Luft weg, so emotional geht es zu, und andererseits implodieren manche Texte vor dem Körper des Lesers und rauben ihm für Augenblicke die Luft zum Atmen.

Kirstin Schwab zündet ihre Luftschnapper unter dem straffen Titel »Atemraub«. In vier intimen Zonen schafft sie Wort-Installationen, in denen wahlweise den Helden oder der Leserschaft der Atem für winzige Sequenzen stockt. Oft sind diese Irritationen wie kleine Stiche, die man erst später entdeckt und bei denen man sich vorerst nicht erklären kann, woher sie stammen. Schon im ersten Kapitel »ihr weichen kantigen spitzen kuriosen fremden nahen Worte« (7) sind die Worte alles andere als eindeutig, aber sie sind auch nicht diffus und nivellierend, sie entsprechen vielleicht einer Speise am Gaumen, die noch nicht zerkaut ist. Es ist alles da, spitz, kantig und kurios. Ich mag euch, sagt das lyrische Ich zu diesen Wörtern, die entscheidende Frage nämlich ist die Distanz. Wie nahe lässt du mich an dich herandichten?

So wird dann bald einmal aus den Liebesgedichten eine »Liebesdichte« (25). Es gibt keine genaue Grenze, ab wann beispielsweise der Himmel dicht bewölkt ist, auch in der Liebe tut sich zuerst allerhand, ehe plötzlich alles dicht ist, beinahe greifbar. Idealbild einer solchen Vision ist ein kör-

Kirstin Schwab: Atemraub. Gedichte. Herausgegeben von Helwig Brunner.

Graz: Keiper 2019. (= keiper lyrik 20). 120 Seiten. EUR 15,40. ISBN 978-3-903144-74-3.

Kirstin Schwab, geb. 1976 in Graz, lebt in Wien.

11/08/19

perloser Seemann, dessen Gesicht über einem Hemd hängt. Schlaf mit mir, meint das lyrische Ich, denn so ein Seemann tut sicher gut.

Im Erregungszustand der Liebe macht auch das Blut, was es will, man muss die Adern aufschneiden, um zu sehen, in welche Richtung es fließt. Wenn der Atem schließlich geraubt ist, bleibt ein verbrauchtes Ambiente zurück, der Regen hat das Pflaster verwundet, das über der Wunde geklebt war, es verschwimmt alles und schließlich ist klar, heute ist kein guter Tag. (48)

»Ich lebe im wilden Eigenstand« (63) heißt die Abteilung, die ein Zeithistoriker spontan dem Ständestaat zuordnen könnte. Aber der Eigenstand ist eine psychologische Verfassung, worin es um körperliche Dekonstruktion geht. Zwar ist alles selbständig und individuell ausgerichtet, aber es nützt nicht viel, wenn es zerfällt. Die Altersflecken sind so ein Beispiel, sie unterstreichen das Individuelle, aber man könnte darauf verzichten. Überhaupt geht es im Körper zu wie in einem Zirkus, alle Körperteile spielen knöchelaufwärts ihre Stückeln, um dem Zirkusdirektor in der Kopfloge zu gefallen. (68)

»Vom Zeitfleisch« (93) berichten jene Gefühlsaufwallungen, die versuchen, die Zeit zu überlisten. Lass mich nicht hinaus, flennt ein lyrischer Embryo, der ahnt, was draußen in der Welt passieren wird. Wie in einem Kinderlied steht auch ein Beichtstuhl im Wald herum, aber niemand beichtet was, weil alles schon gesühnt und vernichtet ist. Die Zukunft verheißt nichts Gutes. Das lyrische Ich fürchtet sich vor dem Tag, an dem der Teller leer bleibt, auf dem das Zeitfleisch zu liegen pflegt. (94) Zukunft und Leere können sich überschneiden, wenn der Tag nicht richtig läuft. Der erlösende Humor dieser Spannung sitzt als theatralischer Schalk zwischen den Zeilen. Wenn man diese schwermütigen Zeilen seufzend genug ausstößt, werden sie plötzlich hell und leicht.

Die Nacht war bleich, die Lichter blinkten

Selbst sogenannte Zukunftsromane spielen letztlich in der Gegenwart, indem sie ja Personen, Handlungen und Orte aus der Gegenwart heraus verständlich darstellen müssen. Am ehesten gleichen diese Romane Wahlversprechen, die irgendwie logisch-utopische Vorstellungen verkünden, von denen man aber weiß, dass sie so nie eintreten werden. Emma Braslavsky zeigt ein Berlin, das »nahe an der Gegenwart« angesiedelt ist. Die Stadt hat sich in ein künstliches Verwaltungsgebilde verwandelt, worin Gesetze rigide exekutiert werden. Die Personen sind beinahe vollständig durch künstliche Intelligenz und Hubots ersetzt worden, dabei handelt es sich um Roboter, die vor allem für das Liebesleben perfekt geeignet sind.

Der Roman fußt auf den beiden Helden Lennard und Roberta, die in den Eingangskapiteln vorgestellt werden, anschließend entgleist die Stadt in dreizehn Tagen. Schon in der Eingangsszene zeigt sich das Hauptproblem einer Gesellschaft, die aus seriell gefertigten Individuen besteht. Lennard kommt von der Arbeit und fängt die Drohnenpost eines Nachbarn ab. Gleich darauf wird er verhört und polizeilich bearbeitet, die Post war nämlich an einen Nachbarn adressiert, der sich gerade umgebracht hat.

Bei Suizid kommt sofort Roberta ins Spiel, sie ist eine perfekte Polizeiroboterin, die vor allem darauf spezialisiert ist, Angehörige von Suizidanten zu ermitteln, damit sie die Begräbniskosten übernehmen.

In dieser Heldenkonstellation zeigt sich das Problem einer emotional durchdigitalisierten Community. Der Sex ist zwar gut, wie er sonst nur in alten Porno-Videos dokumentiert ist, die Gefühle aber leiden an der Ungewissheit, dass kein Unterschied zwischen Fake und Realität besteht. Ist die Umarmung echt? Nein, mit Fewa gewaschen, könnte man einen alten Werbewitz zitieren.

Emma Braslavsky: Die Nacht war bleich, die Lichter blinkten. Roman. Berlin: Suhrkamp 2019. 268 Seiten. EUR 22,70. ISBN 978-3-518-42883-2.

Emma Braslavsky, geb. 1971 in Erfurt, lebt in Berlin.

13/08/19

Zwar wird das Zusammenleben durch die Roboter ziemlich erleichtert und zu einem erstrebenswerten Konsumgut, die Frage nach der Echtheit des Ganzen treibt aber immer öfter Menschen in den Tod. Der Suizid ist die letzte Ausdrucksform, die den Menschen geblieben ist, die Roboter nämlich zerlegen sich nach Ablauf ihrer Tätigkeit von selbst und recyceln sich gleich bravourös. Aber auch eine menschliche Leiche bringt auf dem internationalen Markt angeblich bis zu 250.000 Euro. (96)

Als Leser erlebt man ein aus allen Fugen geratenes Berlin über den Zeitraum von vierzehn Tagen. Die Wohnungsnot bleibt exzessiv, die Subkultur blüht, die Lebensgeschwindigkeit wird immer rasanter, alle Geschehnisse sind zwei Punkt null, da es keine Originalsituationen mehr gibt. Dabei entstehen durchaus humorige Zusammenhänge, wenn etwa die künstliche Polizistin sagt, sie habe zwar als perfekte Frau Kinder, wisse aber nicht, wie sie heißen. (136) Die Kinder sind bloße Software, die auf jedem Gerät abgespielt werden kann.

Die Stadt selbst wird immer hitziger und steuert auf einen urbanen GAU zu, jeder Morgen darin beginnt mitten in der Nacht. Und auch der Buchtitel wirkt allmählich wie eine LED-Anzeige, »die Nacht war bleich, die Lichter blinkten«.

Das Letzte, was der körperlich analoge Held Lennard von seiner Stadt mitbekommt, ist ein fulminanter Rausch mit anschließendem Zusammenbruch. »Diese unerträgliche Ernüchterung, die man im Krankenhaus verpasst bekam und die man Normalzustand nannte und für die man auch noch bezahlen musste!« (33)

Je kälter das Leseprogramm, umso heftiger werden die Gefühle beim Lesen. Immer klarer wird der Wunsch, dass man in so einer Welt vielleicht nicht leben möchte. Aber das ist die Aufgabe jeder Dystopie, nämlich das zu beschreiben, worin wir uns schon längst befinden.

365 Tage

Verdichtung durch Ausdünnung! Am Lebensabend verändert sich nicht nur die Frisur, auch der individuelle Schreibstil fasst das Ende ins Auge und verzichtet auf alle Schnörkel.

Reinhard P. Gruber will es noch ein letztes Mal wissen: Wird man als Schreiber vom Schreiben getrieben oder treibt man selbst das Schreiben voran? Zu diesem Zweck installiert der Autor eine karge Versuchsanordnung, wie sie für den Herbst des Lebens von der Natur vorgesehen ist. Alle Schreibsäfte ziehen sich zurück, und nur einmal am Tag nach dem Frühstück muss eine halbe Seite geschrieben werden, und das bei jeder Witterung, ein Jahr lang.

Reinhard P. Gruber: 365 Tage. Erstausgabe 2019. Werke Band 9.
Graz: Droschl 2019. 370 Seiten, EUR 23,–. ISBN 978-3-99059-038-6.
Reinhard P. Gruber, geb. 1947, lebt in Stainz.
15/08/19

Der Zeitpunkt des täglichen Schreibens ist klug gewählt, nach dem Frühstück hat sich noch nichts ereignet, das eine Trivialität sein könnte, und vom Vortag ist fast nichts übriggeblieben, das aufzeichnungswürdig wäre. So beginnen die täglichen Einträge mit einem Substantiv aus der Wetterkunde, Frost, Nebel, Wolken. Nach diesem kapitalen Zustandsbegriff folgt meist eine Zeile über den körperlichen Zustand, der sich auch an der Umgebung ablesen lässt. So gleicht das Leben zwischendurch der Fresslust des Hundes, und wenn der Napf leergefressen ist, bleibt etwas Zeit, um sich auf das nächste Futter zu freuen.

Der Autor hat die üblichen Körperdefekte, die in dieser Alterslage Pflicht sind. Spielereien mit dem Blutdruck, Arztbesuche, ein besonders gelungener Tag ist jener, an dem man ihm eine Ganztagsüberwachung des Blutdrucks installiert.

Zwischendrin ist das erste Heft vollgeschrieben, aber draußen in der Jahreszeit hat sich noch nicht viel getan. Das liegt vielleicht daran, dass immer von einem anderen Wetter berichtet wird, als es sich realiter vor der eigenen Tür abspielt. Die Geher werden seltener, die Läufer mehr. (115) Wahrscheinlich hängt auch die Mobilität vom Wetter ab.

»Eines Tages werde ich die ganze Schreiberei vergessen haben. Nur das Lesen wird bleiben.« (135) Das Lesen im Alter bringt den Vorteil, dass man viel zuklappen kann und weglegen. Nur mehr rare Bücher schaffen es, das Leben zu verdichten, während man liest. »Hundert Jahre Einsamkeit« ist so ein Buch, das man bis ins hohe Alter lesen kann. Und die Franzosen vielleicht, Flaubert vor allem.

An einem anderen Tag wird dem Ich alles schleierhaft, was es aufschreibt. Dann wieder dieser emotionale Kurzausbruch: »Wieso regt es mich auf, dass ich unter Toten lebe?« (172)

Wenn Nachrichten absickern zu einem kleinen Problem, ergeben sich seltsame Fragestellungen. Wieso ist der Krieg so schlimm, wenn er eigentlich nichts anderes tut, als die Besitztümer auszuradieren? Immer wird einem vorgehalten, welche Umstände Ausländer machen, nie erfährt man, was eigentlich ein Einheimischer kostet.

»Sonne. Heute ist Nichts.« (247) Die Woche beginnt von Neuem, nicht aber das Hirn. Wann hört die Schreiberei endlich auf? Aber gerade das ist das Ziel: Nicht besser werden, nicht interessanter, bloß dokumentieren: Ich bin (noch) am Leben.

Der Autor rezensiert sich und seine Schreiberei absatzweise. Kaum ist etwas hingeschrieben, wird es auch schon relativiert; am besten wäre es, wenn der Eintrag aus nichts bestünde. Aber da sind dann noch das Wetter und der ständige Ablauf der Jahreszeiten. Am Krampustag wird die Schreiberei ein Ende haben, schließlich hat er auch am Krampustag des Vorjahres mit der eigenen Schreibinstallation begonnen. »Ich bin eingemauert im Körper.« (370)

Reinhard P. Gruber bringt das Experiment tapfer zu Ende. Jeden Tag blitzt der Sarkasmus des ehemaligen Heimatdichters auf, der seine Heimat als bloße Festgefahrenheit des Körpers empfindet. In den Aussagen gleicht er Samuel Beckett in der Endphase, das Nichts ist zum Greifen nah. Und sarkastisch ist auch die Selbsteinschätzung vom letzten Buch. »365 Tage« soll die Werkausgabe abrunden. Irgendwie glaubt man es als Leser, wiewohl man dann daran erinnert wird, dass auch das Lesen endlich ist.

Zur gleichen Zeit, als Reinhard P. Gruber sein Schreiben beendet, erscheint vom gleichaltrigen Manfred Chobot ein Buch über 116 Tage. Darin macht der ehemalige Revolutionär der Untergrunddichtung eine Alterskreuzfahrt quer über die Welt.

Als Leser jagt man wie wild zwischen den beiden Antipoden hin und her und kapiert, dass Altwerden jeden Schreiber individuell wahnsinnig werden lässt.

Der stehende Fluss

Seit den alten Griechen wird das Leben immer mit dem Fluss verglichen, »panta rhei«, und dann so was, der Fluss steht. Und tatsächlich, zumindest in den Alpen gibt es kaum noch ein fließendes Gewässer, alles ist aufgestaut und muss über Fischleitern mühselig erklommen werden.

Dieter Sperl: Der stehende Fluss.
Klagenfurt: Ritter 2019.
125 Seiten. EUR 13,90.
ISBN 978-3-85415-595-9.

Dieter Sperl, geb. 1966 in Wolfsberg, lebt in Wien.

17/08/19

Dieter Sperl wählt dieses Bild vom stillgelegten Fluss als Oberbegriff für einen kulturellen Zustand, in dem die gängigen Erzählmuster durch Verdrehung, Verspreizung oder Überdehnung dekonstruiert werden müssen, um den letzten Sinn zu schlürfen und zu schürfen. Im wahrsten Sinn des Wortes ist der Erzähl-Fluss ausgehebelt und durch diverse Maßnahmen blockiert.

Diese Staumauern des Erzählens werden vor allem durch das Layout aufgetürmt. Plötzlich nennt sich etwas Fortsetzung und es folgt ein wuchtiger Textblock, der selbst das Umblättern mit dem Hantieren von schweren Gewichten gleichsetzt. In diesen Verdichtungen setzen Figuren, von denen wir nichts wissen, etwas fort, das für sie selbstverständlich ist, wir Leser aber erst enträtseln müssen. Offensichtlich hat jemand eine Reise angetreten, wobei sich ein Paar wahlweise umarmt oder Koffer zieht, in denen Bücher gestapelt sind. An einem Bahnsteig kommt das Paar zur Ruhe und lächelt, bis der Zug einfährt. (16)

Diese Situation ist aufgestaute Erzählmaterie, die allmählich abgelassen werden kann, wenn sich sonst nichts ereignet. Man könnte auch von einem Erzählspeicher sprechen, der die wilden Handlungen besänftigt und in einen erträglichen Stillstand verwandelt, bis die hitzigen Sätze wieder heruntergekühlt sind auf Papiertemperatur.

Auf diese wuchtigen Texte folgen beschwingte Satzbögen, die oft nur einen Satz vorstellen, den eine Person aus der Hüfte heraus gesagt haben könnte. Einziges Merkmal dieser Personen ist eine Altersangabe in Klammern, wodurch der Eindruck entsteht, es handle sich um einen ungeheuren Vorfall aus dem Chronik-Teil einer Zeitung.

Ohne ersichtlichen Grund meldet sich ein Tagebuch einer Vierzehnjährigen zu Wort und sagt etwas Belangloses, das aber durch die Altersangabe gemildert wird. Im juridischen Sinn müssten Tagebücher von Minderjährigen ja als Kinderarbeit gelten, wenn sie veröffentlicht werden.

Allmählich kristallisieren sich vertraute Personen aus dem Konglomerat, der Wutbürger Franz etwa beklagt in einem Gedicht, dass das Meerwasser zu warm ist und allmählich die Trinkwasserreserven der Erde ausgehen. Das macht ihn wütend, vielleicht weil er mit 48 auch das ideale Wutalter hat. Ein Gelegenheitsdarsteller hingegen muss für alles herhalten, das keinen Anfang und kein Ende hat, er ist also die Verkörperung eines stehenden Flusses und sicher sozialversichert.

Zwischendurch meldet sich ein erzählendes Ich zu Wort und setzt eine Meldung ab: »Alle Geräusche sind schon auf der Straße. Wo die Einsamkeit nicht mehr bewohnbar ist.« (51) »Du kannst das Holz der Treppe riechen« ist ein anderer so hingeworfener Satz, der sofort Assoziationen auslöst.

Der stehende Fluss lässt niemanden in Ruhe. Die Abschnitte lassen sich nicht eindeutig oder geklärt lesen, denn sobald der Leser mit dem Text in Berührung kommt, wird es unruhig und eine Melasse aus dumpfen Erinnerungen steigt auf. Mit unzähligen Schnitten, Ablenkungen und Provokationen wird der Leser in Bann gezogen und muss sein eigenes Leben miterzählen, sobald er sich auf die Texte einlässt. Am Ende gibt es noch zwei goldene Regeln mit auf den Weg hinaus aus dem Buch. »Gib alles dem Augenblick!« und »Vergleiche dich nicht mit anderen«. Es ist schließlich der Kapitalismus höchstpersönlich, der wie immer genial den Schlusspunkt setzt. »Und rund um uns und in den Lüften flogen Kreditbündel herum, die die Banken eigens für uns zu Wertpapieren geschnürt hatten.«

Narren führen Blinde

Wenn es darum geht, das Absurde eines Governments darzustellen, zieht der Roman immer den Kürzeren gegenüber der Realität, die ja den Kurz als Helden hat, um gleich einen Kalauer loszuwerden. Die Leistung eines Romans, der über das agierende Regime schreibt, besteht darin, dass über das

Josef Steinbach: Narren führen Blinde. Roman. Klagenfurt: Sisyphus 2019. 324 Seiten. EUR 15,70. ISBN 978-3-903125-36-0.

Josef Steinbach, geb. 1941 in Wien, lebt in Klosterneuburg.

19/08/19

Alltagsgeschäft hinaus gewisse Trends der Epoche angerissen und zeitlos vage präsentiert werden können.

Josef Steinbach stellt bereits im Titel seine Hauptthese auf: »Narren führen Blinde« bedeutet, dass Menschen mit falschen Voraussetzungen das Regierungsgeschäft übernehmen. Eine zweite These besteht darin, dass die österreichische Politik immer Grätzlpolitik ist. So wird Österreich weniger vom Nationalismus als von der schleichenden Verzwergung bedroht.

Der Roman spielt staatstragend im Bundeskanzleramt, aber die heimliche Spielwiese ist das Stuwerviertel in Wien, worin im Grillparzer'schen Sinne die kleine Welt ihre Probe für Minimundus abhält. Und tatsächlich ist in diesem prosperierenden Kleingangster-Viertel liebenswürdig skurril alles zu finden, was kleine Freuden zu spenden vermag. Spontane Prostitution, pittoreske Laufhäuser, notdürftig integrierte Migration und vor allem Dachbodenspekulation, denn nichts ist schöner, als in Praternähe ein Penthouse zu besitzen. Die Helden sind Kleinkriminelle, welche die große Welt des Kapitals auf Klein-Österreichisch nachahmen.

Gleich zu Beginn tun sich ein paar Anleger aus der Provinz zusammen, um den Besitz zu vermehren. Dabei entsteht im Café Landtmann während des Smalltalks die Idee, selbst eine Partei zu gründen, anstatt andere Partien zu schmieren. Eins zwei drei, wir gründen eine Partei! (110) Aus dem Spiel wird Ernst, ein Salzburger Unternehmer wird Kandidat und Kanzler in einem Aufwaschen und lässt sich volksnah nahe beim Prater nieder. Die Kleinkriminalität wird mit grotesken Zügen unterlegt, zumal jetzt die Medien ihre Narren und Blinden auf Schritt und Tritt beobachten. So gibt es eine Zuhälterfehde, bei der aus dem Auge des Bundeskanzlers heraus geschossen wird. Der Killer hat einfach ein Wahlplakat am Auge eingerissen und darin die Waffe angelegt, damit er sehenden Auges zielen kann. Prostituierte werden ermordet oder abgeschoben, jemand wird in einem Sarg aus der Gefahrenzone getragen, damit er für tot gilt und eine Ruhe ist.

Auch der Kanzler kriegt während einer Veranstaltung sein Fett ab, ein verwahrloster Kleinkrimineller wirft ihm eine Fackel ins Gesicht, weil er die Wörter zu wörtlich nimmt. Sofort muss das Programm des Kanzlers umgebaut werden, da das Antlitz des Leaders ziemlich verunstaltet ist. »Jetzt habe ich ein Arschgesicht«, sagt dieser mit einem Hauch von Selbstironie. (234) Der Fackelattentäter hängt sich in einer überwachten Zelle standesgemäß auf.

Alle sind in einer Sackgasse gelandet, weil ein System nicht besser wird, wenn darin Akteure nach dem Zufallsprinzip landen. Das Problem dieses politischen Systems ist nämlich, dass niemand auf das Ganze schaut, weil sich befeuert von den Medien alle nur auf Einzelfälle konzentrieren. Und die Summe von Einzelfällen ergibt am Ende Müll, oder null, wenn man es fiskal betrachtet. (314) Jemand grölt als finalen Misston: »I am from Austria!« Das ist es denn auch, ein abgestandener Song, der nur im Vollrausch gesungen werden kann.

Josef Steinbach ist ob der Treffgenauigkeit seines Romans in der Realität offensichtlich selbst erschrocken. In einer Nach-Notiz beteuert er seine Unschuld am wahren politischen Geschehen der letzten Jahre. Das Konzept des Romans geht auf das Jahr 2014 zurück, als man nur erahnen konnte, wie auf Jugend getrimmte Narren ein ganzes Land voller politisch Blinder führen würden.

Drei Uhr morgens

Ein Leben lang bleibt der Vater uneinholbar, zumindest wenn es um die Anzahl der Geburtstage geht, immer ist er eine fixe Zeit voraus. Mit der Zeit aber überlagern sich in der Erinnerung beide Leben, bis sie abgerundet und vollendet sind. Das Kind ist erwachsen, der Vater tot.

Gianrico Carofiglio: Drei Uhr morgens. Roman.
A. d. Ital. von Verena von Koskull. [Orig.: Le tre del mattino; Turin 2017].
Wien, Bozen: folio 2019. 184 Seiten. EUR 20,–.
ISBN 978-3-85256-769-3.
Gianrico Carofiglio, geb. 1961 in Bari, lebt in Bari.
22/08/19

Gianrico Carofiglio lässt seinen Helden zuerst magisch herumrätseln, wie alt er jetzt ist, wie alt der Vater damals gewesen ist, als sich das mit Marseille zugetragen hat. Der Held ist gleichzeitig der Junge, der von seinem Vater begleitet wird, dann aber wieder der abgeklärte Mann, der in den Papieren des Vaters kramt und so lange sinniert, bis alles deckungsgleich und dennoch verschwommen ist.

Drei Uhr morgens ist vielleicht die ideale Zeit, um Schlaflosigkeit mit Erinnerung zu überlagern. Drei Uhr morgens ist die ideale Zeit für einen Roman, um ihn zu lesen oder zu schreiben. Den Rahmen für diesen Verdichtungsprozess liefert eine Epilepsie-Erkrankung des Erzählers. Er taucht als Kind aus der Wirklichkeit ab und die Ärzte erklären ihm, dass dies ein Zeichen für hohe Intelligenz sei. Immer wenn es das Kind vom Stuhl haut, rennen die Angehörigen zusammen und bewundern seine geistige Sensibilität, die sich auch einmal eine Ohnmacht leistet.

Gute Dienste bei Anfällen leistet eine Liste von berühmten Epileptikern, auf der von Flaubert, über Sokrates und Tolstoi alle guten Geister vertreten sind, die man für ein gelungenes Leben gelesen haben sollte. Allmählich richten sich alle in der Epilepsie ein, sodass sie nicht mehr notwendig ist und verschwindet. Zumindest erklärt sich das der heranwachsende Jugendliche so. Um dieses Kapitel abzuschließen, fährt sein Vater mit ihm nach Marseille zu einer Koryphäe. Der Wunderarzt verlangt für die abschließende Untersuchung eine Hellwach-Periode. Der Patient darf zwei Nächte lang nicht schlafen und muss probehalber alles Verbotene tun, um wach zu bleiben.

In diesem finalen Krankheitszustand, denn er wird ja bald geheilt sein, forscht der Erzähler seinen Vater aus. Warum ist er früh von der Familie weggegangen, wie hat er seine Geliebte kennengelernt, was bedeutet es, einen Sohn zu haben, den man nie sieht? Vater weiß darauf keine direkten Antworten, aber über den Umweg zu Literatur und Musik gelingt es, ein paar Dinge klarzustellen. So verströmt der Song »American Pie« die Stimmung einer ganzen Generation, egal wie alt das Publikum ist. Und auch die Grinsekatze aus Alice im Wunderland eignet sich als psychodelisches Kuscheltier über alle Zeiten hinweg.

Die gedehnte Gegenwart wird ziemlich herausfordernd, wenn es keinen Schlaf gibt. Vater und Sohn strolchen durch das Hurenviertel und machen sich einen persönlichen Reim über den Sex; als sie genügend aufgegeilt sind, gehen sie aber in ein Jazz-Lokal, wo Vater eine Probe als Pianist gibt. Jetzt hat die Sonne Marseille zweimal umrundet und der Junge wird für geheilt erklärt. »Ich fühlte mich erwachsen.« (168)

Das alles ist schon eine Epoche her, Vater ist längst gestorben und in seinem Nachlass findet sich ein kurzer Brief, worin er aufschreibt, wie intensiv diese Zeit in Marseille gewesen ist. Auch dem Erzähler ist nicht mehr klar, was er sich eingebildet hat und was erlebt. Vielleicht ist das Leben eine hochsensible Sache, die von anderen als Krankheit erlebt wird, die man aber durch wache Schübe aussitzen kann.

Ablösung

Existentielle Romane sind manchmal mit einem einzigen Wort überschrieben, das oft den Zustand einer ganzen Generation beschreibt. »Verstörung« von Thomas Bernhard ist so ein Beispiel, ein anderes ist »Aus« von Alois Hotschnig.

Tor Ulven, der legendäre Schriftsteller und bildende Künstler des Zweifels, nennt seinen einzigen Roman kurz und bündig »Ablösung«. Damit ist bildlich etwas angesprochen, das sich von einer Wand löst oder aus einem Rahmen rollt, biographisch gesehen ist die Ablösung ein mehr oder weniger freiwilliges Räumen eines Tätigkeitsfeldes.

Der Roman erscheint in geblockten Absätzen, die immer wieder neues Personal, unerwartbare Standpunkte und raffiniertes Ambiente aufzeichnen. In einem erklärenden Klappentext ist von fünfzehn Bewusstheiten die Rede, die von Stillstand und Innehalten der Figuren geprägt sind.

Nun kann man selbst bei genauestem Lesen diese fünfzehn Ebenen nicht sauber den einzelnen Figuren zuordnen, weil es ja das Wesen der Ablösung ist, dass die Helden dabei amorph, konturlos und ausgebleicht werden. Markant eindeutig sind jedoch Szenen, worin ein Kind einen Halbschritt zum Erwachsenwerden unternimmt, während der Greis abermals eine Erwartung an das Leben aufgeben muss.

Die einzelnen Erzählschübe setzen jäh und überdosiert ein, es reißt einen als Leser gewissermaßen vom Lektürestuhl, wenn Begriffsketten auftauchen, worin ein Gewehr zur Verfügung steht, alte Patronen zumindest dem Anschein nach für einen Schuss geeignet sind und letztlich auch jemand generell bereit ist, damit etwas anzufangen. Das Arrangement für eine Eruption ist gelegt, es bleibt letztlich dem Leser überlassen, daraus etwas dramaturgisch Einwandfreies zu konstruieren. An anderer Stelle schrumpelt das Obst wie ein Menschenkörper im Alter, jemand ist vier Monate nicht außer Haus gewesen und beim Aufknöpfen des Hemdes wird jeder einzelne Knopf zu einem großen Projekt, das vielleicht nicht gelingen wird. Diese Handlungskette kann einer Person zugeordnet werden, die verschiedene Stationen durchmacht, es können aber auch mehrere Personen ihre Erlebnis-Projekte zu einer großen Handlung beitragen, deren Sinn darin besteht, dass sie keine Legierung mit anderen Handlungssträngen einzugehen vermag.

Oft blühen diese Handlungskerne durch einzelne Begriffe auf, die offensichtlich bloß für einen einmaligen Gebrauch geeignet sind. »Gilbgewordenes Gras« (19), »Pazifikdünung« (73), »Herzschlag von Säugetieren« (139). Ohne dass man das Original gesehen hat, geht man an diesen Stellen vor der Übersetzung in eine Kniebeuge der Bewunderung. Diese poetischen Anspielungen lösen geradezu Assoziationen aus, die das Vorgegebene ablösen mit der eigenen Lese- und Erinnerungserfahrung.

Regelmäßig ist von Inszenierungen die Rede, die das Personal an die Grenze der eigenen Identität führen. Ein Pantoffel verschwindet unter dem Bett, der nach ihm Suchende muss sich selbst auflösen, um rein phy-

Tor Ulven: Ablösung. Roman.

A. d. Norwegischen von Bernhard Strobel. Deutsche Erstausgabe. [Orig.: Aflosning, 1993.]

Graz: Droschl 2019. 140 Seiten. EUR 20,–. ISBN 978-3-99059-034-8.

Tor Ulven, geb. 1953 in Oslo, starb 1995 durch Suizid.

24/08/19

sisch unter das Bett zu gelangen. Ein Traum stellt sich als Ansammlung von schweren Sätzen heraus, wie sie in großen Filmen gesprochen werden. Ein paar Männer arbeiten in einer Fabrikhalle, bis ihre Schweißausdünstung jenem Metall gleicht, das sie behauen. Jemand ist so merkwürdig nüchtern, dass er die gesamte Inszenierung für eine besoffene Geschichte hält. Das große Feuer der Reinigung kann nicht gelegt werden, weil es beim Zerreißen der Zeitungsnachrichten Probleme gibt, sodass nichts Zündendes entfacht werden kann.

Vielleicht ist aber auch alles eine Lektüre in der Lektüre und die Realität ist von etwas Gelesenem abgelöst worden. »Das Gewehr lehnt neben dem Bett. Er ist vorbereitet. Die Glühbirne erlischt. Diesen Abend muss er auf das Lesen verzichten. Die Glühbirne kann er morgen wechseln.« (140)

Das Institut

Es gibt Begriffe, die schreien förmlich nach einer Ergänzung. »Institut« etwa ist für sich genommen eine Installation, in der öffentliche Fäden mit privaten zusammenlaufen. Der Begriff Institut ist dabei so vage-klar, dass man ihn auch in der Bedeutung von Roman verwenden könnte.

Lisa Spalt: Das Institut. Roman.

Wien: Czernin 2019.
166 Seiten. EUR 20,–.
ISBN 978-3-7076-0673-7.

Lisa Spalt, geb. 1970 in Hohenems, lebt in Linz.

27/08/19

Lisa Spalt verschmilzt die Bedeutung von Institut und Roman, indem sie Teil eines Instituts wird, das einen Roman herstellt. Dieses raffinierte Arrangement ermöglicht es, so gut wie alles zu dokumentieren, worin Sprache, Helden, Lüge, Fake und Sinn aufeinanderstoßen. Als Idealfigur erweist sich dabei ein Pseudodiktator namens Cramp, der sich die Sprache samt Wahrheit unter den Nagel gerissen und so eine Weltherrschaft errichtet hat. Denn alles, was irgendwo geschrieben, gesagt oder geträumt wird, hat sich Cramp schon einverleibt. Da bleibt viel Arbeit für das Institut, das von der Ich-Erzählerin gegründet, betrieben und täglich weiterentwickelt wird.

Eine Maßnahme, sich die Souveränität über die Sprachwelt wieder zurückzuholen, ist das Programm Voodoo it yourself. Darin fließen Sprachmagie, Beschwörung und Traum zusammen. Das Programm lässt sich am Ende des Romans als Papierload herunterladen, das heißt, man muss es selber lesen und umsetzen.

Der Diktator bezeichnet seinen Herrschaftsbereich als Lands; da die ganze Welt Lands ist, muss sich das Institut auch mit überraschenden Maßnahmen zur Wehr setzen oder einen Sprachangriff starten. Eine Maßnahme nennt sich Peripetie. (76) Damit wird alles auf den Kopf gestellt, wenn man ankündigt, dass diese heftige Veränderung bald folgen wird. An anderer Stelle wird das Institut zur Bank, was plötzlich überraschende Zugänge zur Weltherrschaft bedeutet. Schließlich wird in einer großen Aktion verkündet, dass das Institut ein öffentlich zugänglicher Raum sei. (79) Damit wird dem Internet ziemlich viel virtueller Wind aus den Segeln genommen.

Eine gute Methode, Einschränkungen zu überwinden, ist der plötzliche semantische Wechsel. Das quadratische Bild in einem Museum kann zu einer quadratischen App werden, wenn man sich mit dem Smartphone in frontale Stellung zum Objekt begibt. Im Zeitalter des Navis ist es von großem Nutzen, wenn sich die Orte bewegen, während sie geortet werden. Das Institut liegt phasenweise in Villach am Kalb, wobei Kalb ständig in Bewegung ist und kaum aufgespürt werden kann.

Eine uralte Fragestellung, was man denn glauben soll, wird in einer Tagesaussendung bravourös beantwortet. Alles, was man nicht weiß. (107) Dieses Rezept für heikle Fälle ist auch vonnöten, als sich plötzlich eine oberösterreichische Journalistin mit dem Klarnamen Wiltrud Hackl meldet und behauptet, der Cramp sei ihre Erfindung aus Kindertagen und sie habe das Copyright darauf. Außerdem wechsle sie immer wieder die Identität und gehe als Herrscher durch die Welt, wobei sie dann Weltbürgermeister genannt werde.

Zwischendurch droht auch der Roman, vulgo das Institut, zu entgleisen. Allzu oft hat sich auf den letzten Seiten eine übertriebene Lust nach Pointen eingeschlichen, dabei gibt es eine Faustregel: Poesie verträgt keine Pointen. (142)

Das Institut hat einen ordentlichen Schluss, indem der Sprachexperimentierer Dieter Sperl auftritt und die Sache beendet. Freilich ist es nicht leicht, bei open end einen Roman zu finalisieren, weshalb es noch einen Epilog gibt, ein Postskriptum, eine Dankeshymne, einen Anhang, ein Voodoo zum Downloaden, eine Probeseite für den Drucker und Anmerkungen. Wie bei jedem aufregenden Arbeitsplatz fällt es der Institutsleiterin nicht leicht, diesen schönen Roman zu verlassen. Aber auch der Leser trennt sich nur schweren Herzens vom Institut und ist überrascht, dass alles in Wirklichkeit weitergeht.

Hippocampus

Jeder Mensch trägt ein Seepferdchen im Hirn spazieren, im Gehirn liegt nämlich der sogenannte Hippocampus. In diesem Denklappen in Gestalt eines Seepferdchens werden Daten verknüpft und zwischen Kurz- und Langzeitgedächtnis hin und her geschaltet. Wer den Hippocampus klug zu verwalten vermag, kann mit Denkgewinn Zeitloses als aktuelle Gegenwart ausgeben und umgekehrt.

Gertraud Klemm versteckt in ihrem grotesken Roman Hippocampus allerhand Literaturtheorien und kleidet sie mit vulgärem Schamott aus. Im Roman rasen Held und Heldin physisch durch den Kunstbetrieb und markieren an vorgeblich wichtigen Schnittstellen zwischen Kunst und Kritik wie wild gewordene Hunde, indem sie Installationen aus Fäkalien und Imitationen von Genitalien hinterlegen.

Geheime Ur-Mutter dieser Kunst ist eine frisch verstorbene Schriftstellerin, die mit emanzipativer Literatur Furore gemacht hat und prompt aus dem Literaturpreis-Karussell hinausgeschleudert worden ist. Jetzt, anlässlich ihres Todes, oder weil man einfach ihren 65er feiern will, soll sie einen großen Preis kriegen und in die literarischen Handbücher eingehen.

Gertraud Klemm: Hippocampus. Roman. Wien: Kremayr & Scheriau 2019. 379 Seiten. EUR 22,90. ISBN 978-3-218-01177-8.

Gertraud Klemm, geb. 1971 in Wien, lebt in Wien.

29/08/19

Dem stellt sich ihre Notfreundin und Nachlassverwalterin Elvira in den Weg, indem sie den vermüllten Wohnsitz Marke Mayröcker sichtet und aus den defäzierten Papieren der Ausgeschiedenen ein Gesamtkunstwerk zusammenstellt, das an diversen Orten installiert werden soll. Helfende Hand ist der junge Kameramann Adrian, der einerseits als sexueller Aufputz dient, andererseits alles, was irgendwie kaputt nach Kunst riecht, mit Videos dokumentiert.

Als Handlungsstrang dient das Leben der Verstorbenen, sofern es sich rekonstruieren lässt. »Ihre ganze Biographie wurde unheilbar verletzt.« (229) In den Entwürfen und Aufzeichnungen findet sich auch ein Essay über den Hippocampus, der sich zu einer feministischen Literaturtheorie ausbauen lässt. Denn eines lässt sich bald einmal feststellen: »Heute ist der Literaturbetrieb ein Kindergarten für Schwererziehbare. Jeder darf alles.« (50)

Elvira erarbeitet einen eigenen Literaturpfad, der an entscheidende Hotspots der Biographie führt. So wird eine Gedenktafel für die Errichtung einer Wasserleitung mit stinkenden Windeln umwickelt, weil man die Leistung des damaligen Bürgermeisters gewürdigt hat, nicht aber die Autorin, die mit dieser Wasserleitung als Alleinerziehende die Windeln ihrer Kinder gewaschen hat. An anderer Stelle wird ein Hochstand mit Fäkalien behübscht, weil daraus ein Jäger im Männlichkeitswahn einen Bären geschossen hat, den die Autorin liebgewonnen hatte.

Insgesamt weist dieser Pfad zwölf Stationen auf und simuliert eine Art

Kreuzweg, den Frauen in der Gedenkkultur durchschreiten müssen, wenn sie auf die männlichen Erinnerungsdevotionalien hinweisen. Im Appendix sind diese Installationen wie in einem echten Katalog zusammengefasst. Da wird ein Kriegerdenkmal emanzipiert, eine Preisverleihung richtiggestellt, ein Ingeborg-Bachmann-Salat angerichtet und schließlich in einem neapolitanischen Museum eine Vulva ausgepackt. Markenzeichen ist immer ein Seepferdchen, das als Schablonenzeichnung hinterlegt wird.

Während der Aufarbeitung des Nachlasses durch Installation desselben verschwinden sämtliche Urheberschaften. Was ist der Verstorbenen zuzuordnen, was entwickelt als Nachlass ein Eigenleben, was ist pures Management in einem wild gewordenen Literaturbetrieb?

Gertraud Klemms Groteske wird mit der Zeit zu einer Dokumentation der Realität. Die Protagonisten werden zu Figuren eines Romans, der vielleicht ein Fake ist und den es gar nicht gibt. In der künstlichen Presse ist von einer Drohnenkönigin die Rede, die über dem Gelände herumsurrt und alles abscannt für einen Metaroman. Und dann verirrt sich doch noch etwas Romantisches in das verquere Literaturspiel: »Wer die Revolution nicht anstrebt, hat kein Recht auf Unzufriedenheit.« (350) Egal wer das gesagt hat, es hilft auf jeden Fall weiter, wenn im Hippocampus wieder einmal ein Schalter umgelegt werden muss.

Noch mehr Lärm

Musik begleitet einen ständig – ob man es will oder nicht. Vom Morgenradio über die Beschallung in Kaufhäusern und Arztpraxen bis zu den Toiletten, die einen mit Lounge-Musik-Klängen beim Urinieren inspirieren. (Heimo Mürzl) »Noch mehr Lärm« ist eine Fortsetzung von »Lauter Lärm«, unter diesem Titel ist vor einem Vierteljahrhundert eine Anthologie über Pop- und Rockmusik erschienen. Inzwischen sind aus den Alben Streaming-Dienste geworden, aber eines ist gleich geblieben, Musik ist eine eigene Tonspur zum Leben und somit ein das Leben prägendes Phänomen. Heimo Mürzl und Wolfgang Pollanz haben als gereifte Musikliebhaber an die Essayisten der Musikszene die Einladung verschickt, das ewig Vergnügliche der Popmusik im Lichte der eigenen Hör-Reifung zu beleuchten. Die Antworten sind wohl überlegt, melancholisch und ausgereift ausgefallen, diese Eigenschaften könnten auch

Heimo Mürzl / Wolfgang Pollanz (Hg.): Noch mehr Lärm. Ein Pop-Lesebuch. Mit Beiträgen von Austrofred, Irene Diwiak, Karl Fluch, Daniel Wisser, Dominika Meind, Mieze Medusa u.a. (= Pop! Goes The Pumpkin No 4).
Wies: edition kürbis 2019. 143 Seiten. EUR 20,–. ISBN 3-900965-55-6.

Heimo Mürzl, geb. 1962 in Friesach, lebt in Graz.

Wolfgang Pollanz, geb. 1954 in Graz, lebt in Wies.

01/09/19

die Pop-Musik beschreiben, die irgendwie vollendet und ausdiskutiert ist. Oder wie es Bruno Jaschke zuspitzt: »Das Problem des Pop ist, dass er keine Feinde mehr hat.« (127)

So liegt das Aufregende des Pop schon ziemlich weit zurück, als es noch echte Arschlöcher in der Musikszene gab. Wolfgang Pollanz erinnert sich mit abgeklärtem Genuss an seine Ranking-Liste der größten A-los. Seltsamerweise wird diese Liste von John Lennon angeführt, der seine durchgeprügelte Kindheit mit Musik und Eigengewalt verarbeitet hat. Hintennach stellt sich höchstens noch die Frage, ob sich diese A-Typen dessen bewusst waren, dass sie A-Typen sind, oder ob sie es als Grundvoraussetzung für die Popmusik betrachtet haben. (73)

In diesem Lichte ist auch die Behauptung zu sehen, wonach Popmusik immer eine Kunstgattung von Erwachsenen für Erwachsene gewesen ist, an der die Jugend nur teilnehmen konnte, wenn sie dafür ihr letztes Taschengeld ausgegeben hat. Austrofred ist sich auch heute noch nicht sicher, ob nicht alle Datenträger von damals ziemlich wertlos geworden sind und man ein Leben lang sein Geld für die Wäsch ausgegeben hat. Im Zeitalter des Streamings klammert sich das Publikum wie irr an die haptischen Datenträger, um etwas in der Hand zu haben, wenn das Streaming bei Stromausfall auf null zusammenfällt.

Gerald Schmickl hängt in ähnlicher Weise am Haptischen seines Essays, den er schon einmal vor 25 Jahren in der Innsbrucker Zeitschrift »Gegenwart« veröffentlicht hat. Er hält seinen Beitrag zur Popmusik für immer noch gültig, das Einzige, was sich verändert hat, ist der Wegfall der Zeitschrift, in der damals der Pop als die Wiegenlieder der Erwachsenen vorgestellt worden ist. (91)

Vollends romantisch wird es, wenn fiktive Covers mit aufgeilenden Titeln aufleuchten wie in einem alten Bestellkatalog. Apocalypse Mao, Strawinsky plays Zappa, Pink Floyd mit Betsy the Cow sind solche Titel, von denen man heute annimmt, dass sie so stattgefunden haben.

Und völlig schwerelos und mit vollem Sound legen die Songtexte von Andreas Unterweger los. »In der Küche riecht es nach Regen / Raureif liegt morgens am Bett / Die Blätter fallen vom Kalender / Das Wasser in der Wanne ist gekippt« (111)

Auch für diese Anthologie gilt wahrscheinlich die Pop-Regel, dass eine Welt ohne Pop undenkbar, ja armselig wäre (Heimo Mürzl). Als Leser überlegt man sich, ob es ein ideales Lebensalter gibt, in dem der Pop besonders wirkt. Und die Sechzigjährigen sagen aus Erfahrung, Pop ist immer geil und wirkt immer.

Erinnerungsbilder

»Man kann dann nichts mehr darüber sprechen, es niemandem mehr erzählen, was man einmal erlebt hat. Aber der Schriftsteller kann vieles aufschreiben, woran er sich erinnert.« (5)

Ein Leben lang kämpft Peter Paul Wiplinger um eine Form des Erinnerns, die den zeitgenössischen Charakteren historisch gerecht wird und es den künftigen Archivbenützern der Literatur ermöglicht, ungeschminkt die Innensicht von jenen Helden nachzulesen, die in den offiziellen Chroniken nur spärlich vorkommen. Als Fotograf und Chronist hat er es mit Bildern zu tun, die scheinbar von selbst kommen, wenn man die Augen schließt oder einen bestimmten Text evoziert. Dabei entsteht eine subjektive Dramaturgie der Bilderfolge, die immer wieder an der offiziellen Geschichtsschreibung andockt.

Peter Paul Wiplinger: Erinnerungsbilder. Wien: Löcker 2019. 173 Seiten. EUR 19,80. ISBN 978-3-85409-985-7.

Peter Paul Wiplinger, geb. 1939 in Haslach, Gymnasium in Hall in Tirol, lebt in Wien.
03/09/19

Quasi von Geburt an speichert das dokumentierende Ich Bilder und Sätze über den Heimatort Haslach ab. So stehen am Beginn der persönlichen Chronik Zweizeiler, die wie Parolen aufblitzen. Panzersperren, Leuchtspuren, der alte Schuldirektor als Nazi, die Russen mit ihrem Russen-Spital, das Geräusch von Stiefeln, Kerzenlicht am Fenster zu Weihnachten. Dieser Notizzettel der Erinnerung spricht bereits alle Themen an, die den Autor ein Leben lang begleiten und verfolgen.

Anlässlich eines Vortrags über die verdrängte Geschichte des Ortes überlegt der Autor, der über der offiziellen Chronik brütet, wie man das Vergessene und Verdrängte ans Tageslicht schaufeln könnte, ohne die bronzene Ehrentafel allzu sehr ins Lächerliche zu ziehen. Denn die Ehrung von falschen Persönlichkeiten trägt immer einen grotesken Zug der Überheblichkeit an sich.

Der Autor entschließt sich, die verdunkelten Geschehnisse mit einer losen Blitzlicht-Dramaturgie in die sichtbare Welt einer Ausstellung zu holen. Dabei zeigen die Bilder stumm, was lange mit der Floskel niedergehalten wurde: »Darüber spricht man nicht!« (11)

Das erinnernde Ich kauert jäh im Kartoffelkeller, der zu einem Überlebensbunker geworden ist. In einem anderen Shot sitzt der Bruder in voller Montur in der Küche, alles ist still und stumm, der Bruder wird lange verschollen sein und zeigt diesen bedrückenden Zustand den Angehörigen, ehe er an die Front verschwindet. Dann wird Rosenkranz gebetet, nur für ein paar Erinnerungssekunden, ehe das Bild wieder verschwindet. Der Schüler spielt mit Altersgenossen, die Welt ist voller

Panzersperren und Panzerfäuste. Diese skurrilen Bilder lassen sich nur ertragen, wenn man vorgibt, sie nachzuspielen und nicht zu empfinden. In der Chronik steht später, dass eine Brücke gesprengt worden ist, der Zeitzeuge freilich sieht einen schreienden SA-Mann herumhüpfen wie Rumpelstilzchen, sodass die Brücke eher aus Scham in sich zusammensinkt.

Dann sind die Russen im Ort und setzen den Vater wieder als Bürgermeister ein. Die Welt stürmt mit dichten Bildern auf die Bewohner ein. Nichts hat einen Anfang oder ein Ende, es sind Ausrisse aus einem unbegreiflichen Ganzen, die als kleine Erinnerungs-Strips hängen bleiben. Ein Soldat bedrängt mit einem Messer ein Pferd, das der Schüler schützt, der eine schreit »dawai, dawai«, der andere »Pferd, Pferd«. Dann ist das Bild weg. (71) Als die Russen abziehen, tut sich für den Erzähler eine Leere auf, die Tage glänzen matt wie bei einem großen Verlust. Später tauchen die Angehörigen nur mehr sporadisch auf, die Mutter liegt aufgebahrt und erzählt stumm ihr Leben. Alle sind in alle Winde zerstreut. Im Heimatort hängen noch Gedenktafeln mit falschem Glanz. Der Autor wird ein paar davon reparieren müssen in seinem Kampf um eine gerechte Erinnerung.

Am Schluss ziehen Porträts des nunmehr achtzigjährigen Peter Paul Wiplinger in Passbildgröße auf. Jahr für Jahr hat er abgearbeitet, er ist sich immer treu geblieben in seinem Suchen nach der Wahrheit. Die Augen bezeugen es, Jahr für Jahr, unbestechlich.

Leuchttürme

Jede Literaturgeschichte ist ja auch eine fiktionale Spekulation über die vorliegende Dichtung, Wissenschaft hin oder her. Poesie lässt sich nur mit grobmaschigem Netz fangen, und die kluge Poesie flutscht dabei mit Pfiff hindurch.

Hans H. Hiebel, emeritierter Literaturprofessor, genießt es am Lebensabend, sich mit der Literatur außerhalb des Wissenschaftsbetriebes auseinanderzusetzen zu dürfen. Lesen ohne Zertifikat ist für einen Literaturmenschen immer noch der schönste Lebenssinn.

Die Leuchttürme im literarischen Sinn gehen auf eine Bemerkung Charles Baudelaires zurück, mit der er in den »Blumen des Bösen« Malergrößen ansteuert, die sich aus dem Meer der Farben und Formen erheben. Auf die pure Literatur gemünzt könnten Leuchttürme Text-

Meister sein, die durch Thema, Form oder politischen Kontext zu fixen Markierungen jeder Literaturgeschichte geworden sind. In zwanzig Porträts werden Größen wie Brecht, Kafka, Beckett, Büchner, Dostojewski oder Marx aufgerufen und im eigenen Sound zum Wiedererklingen gebracht. Die Form des Prosagedichtes erlaubt es, mit freien Assoziationen um Textzitate herum Töne einer markanten Biographie anzuspielen. Die einzelnen Porträts beginnen stracks wie ein Rätsel, und wie in einem Popsong ist schon nach einigen Akkorden alles da.

Das Gedicht »Herbstleuchten« verwendet die Wörter Kahn, föhnblau und Weiher, und schon ist das Gesamtwerk von Georg Trakl aufgebaut. Das Original wird mit relevanten Begriffen in der Erinnerung des Lesers wiedererweckt. Anders als im Genre »Verhunzung«, mit dem sich im zeitgenössischen Rezensionswesen manchmal Fehler amüsant darstellen lassen, steht bei der Methode »Leuchtturm« das Original unangetastet im Mittelpunkt. Das Herbstleuchten will kein besserer Trakl sein, sondern zeigen, wie das Instrument aufgebaut ist, das wir beim Anspielen hören.

Hans H. Hiebel: Leuchttürme. Prosagedichte.

Graz: Keiper 2019. 135 Seiten. EUR 22,–. ISBN 978-3-903144-86-6.

Hans Helmut Hiebel, geb. 1941 in Reichenberg (heute Liberec), ist Kafka-Spezialist und emeritierter Literaturprofessor in Graz.

04/09/19

Das Gedicht über Ezra Pound beherbergt einen Eisenkäfig, in den sich das Genie gezwängt fühlt. Außen toben Dreiecksverhältnisse, politische Desaster und Verfall von britischem Pfund und Moral. »Ezra Pounds 116 Cantos waren eine Odyssee. Eine Odyssee durch die Kulturen: China, Griechenland, Italien, Südfrankreich. Und die Unkultur der USA.« In diesem Beispiel zeigt sich der Leuchtturm als straff zusammengeschnittene Chronik eines Genies, das sich selbst als solches erkannte und dennoch in einem Käfig fühlte.

Vom Eisenkäfig ist es nur ein Katzensprung bis zum Eisensarg, in welchem Bertolt Brecht bestattet werden wollte. Auch ihm springen die Frauen-Verhältnisse quer über die Fahrbahn und er hat keinen Genierer, dabei Vollgas zu geben. Nur die wenigsten wissen, während sie seine Stücke mit epischer Moral goutieren, von seinem aufregenden Leben zwischen den Ländern und Städten, seinem Herzfehler und den dauernden Nierenentzündungen. Kein Wunder, dass er nach vollbrachtem Leben in einem Eisensarg auskühlen wollte. Das Prosagedicht über Brecht liest sich wie ein poetischer Spickzettel zu einem Referat, das sich an den Gedenkstätten in Augsburg und Berlin jeden Tag halten lässt.

Das Lebenswerk von Karl Marx wird mit einem langen Lehrgedicht gewürdigt. Schon die Eingangsfrage ist aufrüttelnd wie der Beginn des Kapitals, in dem bekanntlich zu Beginn ein Gespenst umgeht. »Unsere

Religion ist das Wachstum. / Was aber wächst da? Arbeit und / Arbeits-
losigkeit hier, Vermögen dort.« (108) Der Leser wird in den Zustand
von Marx versetzt und muss sich sein persönliches Kapital schreiben.
Hans H. Hiebel ist ein wissenschaftlich ausgereifter Pädagoge, der es mit
eigener Poesie auf Anhieb schafft, dem Menschen Rätsel zu stellen, sodass dieser neugierig bleibt. Eine schöne Erzählmethode, die ganz ohne
die gängigen Genres auskommt.

Die Tour

Was in Tirol gerne schlitzohrig als Schi-Tour verkauft wird, ist nach
Abzug der touristischen Werbezutaten meist eine Sauftour bis hin zu
Mord und Totschlag.

Stefan Soder: Die Tour.
Roman.
Wien: Braumüller 2019.
263 Seiten. EUR 22,–.
ISBN 978-3-99200-246-7.
*Stefan Soder, geb. 1975 in
Kirchberg in Tirol, lebt in
Wien.*
08/09/19

Stefan Soder lässt seine beiden Helden Franz und Bernd auf der Erzähl-
oberfläche nach langer Zeit eine Tour unter Freunden unternehmen, unter dem Druck der Schönheit von Schnee,
Aufstieg, Anstrengung und Belohnung explodieren freilich
die Seelen der Sonntagswanderer. Wie in einem Katastro-
phenfilm rasen die beiden Protagonisten aufeinander zu,
beide haben die Wahnvorstellung, sie könnten ihr Leben
quasi notariell als richtig beglaubigen lassen, wenn sie es dem
jeweiligen Freund aus Kindheitstagen nur selbstbewusst
genug vorspielen.

Die beiden Karrieren entsprechen den beiden Wegen, die es in Tirol gibt,
um angesichts der Globalisierung zu überleben. Franz bleibt bodenständig, wird Lehrer, hat Frau, Tochter und Haus und ein familiäres Burnout.
Bernd ist nach London ausgewandert und im Personalmanagement tätig.
Seine Affären sind international und zackig wie die Börsenkurse, auch er
hat ein Burnout, er sieht es aber als planbaren Anteil seines Berufs. So
hat er etwa Anteil am BIP, wie sich die Abteilung »Burnout Intervention
Plan« nennt. (92)
Als Leser kriecht man in der Innensicht der Helden auf den Gipfel, erlebt
dort einen kitschigen Sonnenaufgang. »Das verschneite Tal glomm.«
(38) Alle Sätze werden zu einem Marketingspruch, dem niemand etwas
anderes entgegenzusetzen hat, als sich zu betrinken. In einer Jagdhütte
lässt sich leicht das Schnapsdepot knacken und die beiden Gipfelstürmer
beginnen mit einer gnadenlosen Sauferei.
Dabei laufen Geschichten aus der Jugend, die Freundschaft des Erwach-
senwerdens und die getrennten Wege endgültig auseinander und ver-

knüpfen sich im Sud zu einem neuen Strang. Die subjektiven Erzähl-
standpunkte verfremden das Geschehen, aus harmlosen Anspielungen
werden Tragödien und das Unsagbare wird in schlechten Satzfesten gesagt, sodass der andere nichts damit anfangen kann. »Was treibt dich eigentlich an? Wie kommt es, dass du nie genug bekommst, immer mehr
willst, mehr Kohle, ein größeres Haus, fettere Autos, jüngere, dünnere
Frauen?« (192)
Schließlich mündet das Zusammensitzen in einer ungeheuren Erregung,
niemand kann mehr zwischen der angetrunkenen und der zurechtgezim-
merten Welt unterscheiden. Bernd will unbedingt seine Tabu-Story los-
werden, dass er mit der Tochter von Franz geschlafen habe, dieser will
es einmal noch seinem stets besser aufgestellten Freund beweisen, indem
er ihn einfach umbringt und somit endgültig besiegt.
Die beiden beenden die Tour als Einzelperson mit abgekapseltem Indi-
vidual-Rausch. Der eine gibt an, den anderen umgebracht zu haben. Die
gemeinsame Geschichte ist vollends zerrissen, selbst die Polizei zieht sich
rasch zurück und erklärt alles zur besoffenen Geschichte.
»Die Tour« ist ein radikaler Tourismusroman, der die düsteren Psychen
in einer aufgegeilten Marketingwelt zeigt. Die Schönheit der Natur erweist sich als Fratze, die ihre Kinder frisst. Die Karrieren sind ausweglos,
denn ob bodenständig oder global, sie enden im Burnout. Der moderne
Mensch ist unfähig, in einer modernen Welt zu bestehen.
»Dein Horizont liegt am Ausgang dieses Tales« (204), heißt es einmal
ziemlich erhellend. Und eine literarische Bergsteigerweisheit überstrahlt
diese seltsame Tour: Der Gipfel, auf dem du stehst, ist immer in deinem
Kopf.

Elf Nächte und ein Tag

In Ausnahmesituationen wird der Tag zur Nacht, im psychischen Dunkel der Katastrophe verlieren sich die Figuren
im wahrsten Sinne des Wortes aus den Augen.

Christoph Dolgan verfestigt Sinn und Unsinn der Welt an
zwei radikalen Protagonisten. Theodor hat sich vor vielleicht
zwei Jahren umgebracht, der Ich-Erzähler sucht seither nach
einem Sinnsystem, mit dem man die Vergangenheit für sich

Christoph Dolgan: Elf
Nächte und ein Tag.
Roman. Erstausgabe 2019.
Graz: Droschl 2019.
207 Seiten. EUR 20,–.
ISBN 978-3-99059-033-1.

*Christoph Dolgan, geb. 1979
in Graz, lebt in Graz.*

10/09/19

ablegen und für andere dokumentieren könnte. Es entsteht eine urtüm-
liche Schreibsituation. Wie kann ein intimer Stoff so öffentlich erzählt
werden, dass daraus nicht eine x-beliebige Fallgeschichte wird?

In elf Nächten und einem abschließenden Tag versucht der Ich-Erzähler, den Suizid zu begreifen. Dabei stellt sich bereits die Konsistenz des Ich-Erzählers als erste Hürde heraus. »Der Ich-Erzähler der Hellen Nächte sprach von einer wundervollen Nacht, einer Nacht wie man sie vielleicht nur sah, wenn man jung war. Aber wer war schon ein Ich-Erzähler? Einem Ich-Erzähler konnte man nicht trauen. Jedes Ich war verlogen. (Und ich war nicht mehr jung.)« (12)

Die elf Nächte sind vielleicht nicht unmittelbar miteinander verbunden, sie tauchen quer durch die Zeit verstreut auf und gebären einen eigentümlichen Ort in einer einzigartigen Farbe. Am ehesten sind es einfach helle Zustände, wie sie in der langen Sommernacht des Nordens aufpoppen, in der mitteleuropäischen Geografie zeigen sie sich als Gaststätten, Stadtviertel, Gleisanlagen. Darin stolpert das Ich als Nachtschwärmer in sich versunken herum wie in einem surrealistischen Roman. Verlässlichen Halt gibt dabei die Story vom Suizid des Freundes, die als besondere Krankengeschichte ausgeschmückt ist.

Theodor liegt als Hülle im Raum und unterhält sich mit drei Anzug-Typen, ehe dann nach einem scharfen Schnitt diese Hülle untersucht und amtlich der Tod festgestellt wird. (33) Diese unlogisch verdichtete Szene zeigt, wie aussichtslos es ist, unmögliche Ereignisse zu einer Geschichte zusammenzustellen und einem Ich-Erzähler zu überantworten. So bleiben die Elemente bruchstückhaft, während wir an Kontinuität gewöhnte Leser hin- und hergerissen werden zwischen Trauer, Aufklärung und einem Nacht-Leben, das an die Grenzen des Erlebbaren geht.

Als Kerngeschichte kommt allmählich eine psychische Störung des Toten heraus, es kann aber auch eine Störung des Erzählers sein. Zwischen Aufenthalten in der Psychiatrie scheint sich Theodor immer wieder auf seinen Hof zurückgezogen und Dostojewski gelesen zu haben. »Das Niemandsland Dostojewskijs« (156) hat sich im Hof ausgebreitet, eine Reise nach St. Petersburg bleibt eine reine Leseerfahrung, die man in realiter nicht nachholen muss. Der Erzähler sitzt eines Nachts Wange an Wange mit Lisa und weiß nicht, ob das jetzt eine Liebschaft ist, eine Reise oder einfach ein Stück Erzählung.

Vielleicht sind es zu viele Nächte, diese elf Stücke voller Helligkeit des Erinnerns, vielleicht sollte man es mit dem Tag probieren. Aber siehe da, der Tag ist nichts anderes als die Nacht, nur dass man Tag zu ihm sagt. In einer großangelegten Flucht stürmt das Ich durch einen Alltag wie in einem Film, in dem alle Möbel umgerissen, alle Türen eingetreten und alle Ecken abgeschlagen werden. Erst ein Bahnhof bringt das Ich zur Be-

sinnung mit der Aussicht, endgültig aus dem Horror seiner selbst hinaus-
zufahren. Aber der Zug fährt ohne den Helden ab. »Ich habe in meinem
Leben immer irgendwas vergessen.« (207)
Letztlich geht es in den elf Nächten und einem Tag um die Grenzen, die
beim Lesen und Schreiben übersprungen werden müssen wie bei einer
Wittgenstein-Leiter, die man nach Gebrauch wegwerfen muss. Erst wenn
die Geschichte vergessen ist, ist sie richtig erzählt.

≈In 116 Tagen um die Welt

Der Witz bei langen Reisen ist, dass sich die Welt inzwischen verändert
und man schon allein deshalb als ein völlig anderer zurückkommt.
Manfred Chobot und seine Frau Dagmar haben sich zur Goldenen Hochzeit wie in einem Märchen eine Welt-Kreuzfahrt geleistet.
Sie checken in Hamburg ein, und als sie nach etwa vier Monaten dort wieder für immer an Land gehen, hat sich die Welt
verändert. Jede Aktivität wird mittlerweile unter dem Stern
des Klimawandels beurteilt, jeder Satz auf die Goldwaage gelegt, ob nicht beim Sprechen zu viel CO_2 in die Atmosphäre
geblasen wird. Und eine Schiffsreise ist inzwischen wegen
Schweröl, Overtourism und skandalöser Arbeitsverhältnisse
unter Deck zum größten No-Go geworden, das man sich als
Rentner antun kann.

Manfred Chobot: In 116
Tagen um die Welt. Ein
Logbuch.

Wien: Löcker 2019. 287
Seiten. EUR 19,80. ISBN
978-3-85409-953-6.

Manfred Chobot, geb. 1947
in Wien, lebt in Wien.

14/09/19

Unter diesem Gesichtspunkt muss man sich als Leser fast schon entschul-
digen, dass man ein Logbuch einer bemerkenswerten Kreuzfahrt liest.
Und der Autor, als tapferer Revolutionär bereits in diversen Literatur-
geschichten vorgemerkt, bekommt nun ein schmerzhaftes Kapitel verpasst: Wie erlahmen Revolutionäre, wie überwintern ihre Ideen?
Manfred Chobot nimmt das Schiff als mobile Bühne, auf der persönliche
Befindlichkeit, Schiffskultur und Weltlage aufeinandertreffen. Im Idealfall
kommt zuerst die Tagesverfassung zur Sprache, die ja im Alter zum entscheidenden Faktor wird. Denn wer mit dem falschen Fuß aufsteht,
hatscht damit durch den ganzen Tag, was immer auch um den lädierten
Körper herum geschieht. Aber der Autor ist die 116 Tage hindurch in
bester Verfassung, zumal es genug zu essen, trinken und rauchen gibt.
Essen, Trinken, Rauchen sind auch die Hauptdarsteller im sozialen Ge-
füge, das am Schiff täglich neu installiert wird. Da geht es um Raucher-
zonen, wer darf wem wo den Rauch ins Gesicht blasen, was angesichts
des schwer arbeitenden Schornsteins eine ziemlich belanglose Frage ist.

In einer Interview-Tour befragt der Autor auch Köche, Sommeliers und andere Zuständige für das Leibliche, was sie alles einkaufen und welche Unmengen verzehrt werden. Diese Schiffswelt zeigt in nuce, wie es auf der großen Welt zugeht, die man so nebenbei in vierzig Häfen berührt. Anhand der Anlandungen lässt sich auch für ein paar Stunden jeweils die sogenannte Kultur inspizieren. Das Unternehmen ist insofern sehr frivol, als etwa die Geschichte an den Küsten Brasiliens mit Schiffen aufgebaut, erledigt und abtransportiert worden ist. Die Kreuzfahrtschiffe legen in Herrschaftsmanier an und spucken statt Sklaven Touristen aus, die alles als Show begreifen, weil es ja auf dem Schiff täglich Shows gibt. Zu den einzelnen Anlegestellen sind im Logbuch auch historische Zusammenhänge eingewoben. Manfred Chobot wird in diesen Stunden zum leidenschaftlichen Soziologen, der mithilfe der Kunst die Hintergründe unsichtbarer Geschäfte zu ergründen versucht.

Die eingeklebten Schnappschüsse sind als Anti-Selfie gedacht, die Chobots posieren dabei als antitouristische Face-Installation jeweils mit Sonnenbrille vor irgendwelchen Sehenswürdigkeiten, die auf Wikipedia ohnehin klarer zu erkennen sind. Am Schiff wiederum entwickeln sich seltsame Gespräche, in denen die Reisenden oft ungefragt ihre Biographien erzählen nach dem Motto, nicht nur in den Vorstädten gibt es unverwechselbare Individuen, auch auf dem Kreuzfahrtschiff hat jeder seine Macke, die er sich erst verdienen hat müssen. Einen starken Eindruck hinterlässt jedenfalls einer, der schon ein Leben lang unterwegs ist und nur ab und zu heimfährt, um in einer Excel-Datei einzutragen, was er schon alles gesehen hat.

Manfred Chobot nimmt das Leben am Schiff als Schreibunterlage, auf der sich das Ringen der Menschheit um Sinn bestens aufschreiben lässt. Denn alles während der Reise ist scheinbar zufällig, wiewohl es genau geplant ist. Die Menschen buchen nicht Kilometer, sondern Seemeilen von Sinn, sie lassen sich unterhalten, damit sie nicht zu sehr in sich hineinhorchen müssen. Für das Ehepaar Chobot dürfte es eine schöne Reise ins eigene Lebenswerk gewesen sein, das sich selbst für sinnvoll hält und sich nicht mit Ablenkungen beschäftigen muss. Trotzdem meint der Autor am Schluss, dass er genug hat, er wird sobald nicht mehr wieder eine Weltreise dieses Ausmaßes antreten, vierzig Häfen und 61.000 Kilometer sind genug.

Vielleicht sollten wir Leser dieses Logbuch wie die guten alten Reiseberichte lesen, die ja auch nur deshalb verfasst worden sind, damit die anderen sich nicht diese Mühe antun müssen. Und wir dürfen ja wegen des

Klimas gar nicht mehr reisen, so ist das Chobot'sche Logbuch der letzte Reisebericht aus einer Welt, als es noch ungerecht, verdieselt und heillos überfüllt zugegangen ist.

anfangs noch

Prosastücke sind eine weitläufige Beschreibung für Texte, die wie Bojen aus einem Erzählstrom herausragen. Sie können jeweils einzeln etwas markieren, aber auch als Kette hintereinander gelesen einen Verlauf anzeigen.

Annett Krendlesberger nennt die Erzählsituation »anfangs noch«. Das suggeriert eine bestimmte intakte Welt, die zu Beginn noch in einem bestimmten Zustand ist, ehe dann Geschehnisse einsetzen und alles verändern. Die Texte sind in einem protokollarisch-minimalistischen Stil gehalten, die einzelnen Sachverhalte werden wie im »roman nouveau« in Einzelteile zerlegt dem Leser dargeboten, der aus den ausgelegten Sätzen und Situationen ein Gesamtbild zusammensetzen kann.

Annett Krendlesberger: anfangs noch. Prosastücke.
Wien: Edition fabrik.transit 2019. 96 Seiten. EUR 13,–.
ISBN 978-3-903267-06-0.
Annett Krendlesberger, geb. 1967 in Wien, lebt in Wien.
16/09/19

Auch in den einzelnen Situationen gilt wieder das Bojenprinzip, sie sind Standpunkt und Verlauf in einem.

Überschriften wie Seinerzeit, Weiter Weg, Abseits, Vanille, Aufwartung, Nach der Entlassung oder Weichenstellen deuten auf Stationen hin, die erzählt werden, um einem Psychiater, einer anstehenden Liebschaft oder einem nahen Verwandten ein paar markante Haltepunkte des Lebens zu erzählen.

In den ersten Stücken macht dabei ein sogenannter Vormund die Aufwartung. Die erzählende und beobachtende Person ist offensichtlich in ihrer Entwicklung noch nicht ganz abgerundet und einem Vormund unterstellt. Dieser Vormund hat sich freilich verselbständigt und dient ausschließlich als Folie für diverse Handlungen, die man imitieren oder bleiben lassen kann.

Dabei stellt der Vormund ein Regelwerk vor, wie man sich benimmt, verliebt, eine Ehe austrocknet oder sonst einen privaten Vorgang versachlicht, bis er öffentlich zuträglich ist.

Im Idealfall sitzt der Vormund im Schaukelstuhl und wippt. Die Szenerie ist gedämpft durch einen schweren Afghanen, dessen eingewobene Muster allmählich in Fransen auslaufen. Anfangs noch sitzt ein Ei in einem Becher vor dem Vormund. Am Ende des Kapitels wird es zerplatzt sein.

Dazwischen verläuft ein Konjunktiv, der nicht bereit ist, das Vage wahrscheinlich zu machen.

In der Episode vom »Weiten Weg« steht ein Wäldchen im Weg, die Frau des Vormunds hat eine Schere mitgenommen, um Hindernisse zurechtzustutzen. »Der Vormund kann nicht hinsehen. Der Vormund kann seiner Frau nicht beim Schneiden zusehen. Also geht er weg.« (21) Zuhause werden die Zweige auf einen Kompost geworfen, damit die Ordnung wieder hergestellt ist.

Nach der Entlassung sitzt die betroffene Person traumatisiert in einem Park und schaut den Eichen beim Wachsen zu. Das Zeitgefühl hat sich schlagartig verändert, es gibt kein Fortkommen. Die Figur sagt angeblich »Eiche« und schaut auf den Baum, der in der Wiese steht. Die Szene verdichtet sich, da die entlassene Person mit einem lyrischen Du angesprochen wird. Jemand schaut offensichtlich auf das stille Desaster und flüstert ein Gebet, das aus den zerstreuten Sätzen des Arrangements zusammengeflickt ist.

In der Szene »Großes Grauen« wird dem eleganten Kleidungsstück für Empfänge und Society-Events, dem kleinen Schwarzen, das Große Graue gegenübergestellt, in das üblicherweise die Alltagsheldinnen gekleidet sind. Wer das Große Graue trägt, muss sich sprachlich ganz anders anstellen als jemand, für den das Kleid spricht.

In der Episodenanhäufung »Weichenstellen« geht es um Kleinigkeiten, die große Auswirkungen verursachen können. Eine Farbblindheit verhindert beinahe die Urlaubsfahrt, die sich in merkwürdigem Gehabe verliert. Die Lebensmittel hängen an der Eingangstür, das Bett ist reserviert, ein Tankwagen taucht jäh im Nebel auf und die Protagonistin fragt sich, ob es das Blut ist, das sie im Schädel pochen hört, in der Ader am Hals? (95)

Und immer wieder wird die Erzählmasse auf null zurückgestellt, jeder Moment trägt ein »anfangs noch« in sich, das der Leser auszufüllen hat mit eigenem Material und mit den siebzehn Satzdepots, die jeweils einen unerwarteten Vorschlag machen.

Orte sind

Ein Ort ist immer auch etwas Eindeutiges, das sich mit einem Fähnchen auf jedem Navi darstellen lässt. Ein Ort kann dabei die Größe eines Planeten haben oder zu einem Punkt werden, mit dem ein Gedicht endet, das auf einem Blatt Papier steht, das auf dem Schreibtisch liegt.

Erika Wimmer Mazohl »verortet« ihre Gedichte, indem sie diese eindeutig in abgesteckten Feldern verankert. Die Gedichte entwickeln dabei einen starken Auftrieb und reißen sich von den Leinen los, mit denen sie kurzfristig fixiert worden sind. In dem titelgebenden Gedicht »Orte sind« wird deshalb zur Vorsicht ausgelotet, was sich alles zu einem Ort entwickeln kann und was sich nicht mit Begriffen eingrenzen lässt.

»orte sind // sind reisen / oft schlösser aus luft / retour vergessen schon in / den himmelsquerend / großen maschinen : / was ich gesehen was war / ich wo wer durch die / innensicht / wandert« (39) In der weiteren Folge dieses Langgedichtes, das sich beinahe über zehn Seiten erstreckt, wird aufgeschlüsselt, was letztlich ein Gedicht ausmacht, was das lyrische Ich dabei zu sehen bekommt, was alles ein Ort sein kann, an dem das Unsagbare mit Wortleinen festgemacht wird bis zum nächsten Windstoß. Als Felder sind Kapitel aufgemacht, die sich vom Innern einer Protagonistin über Regelwerk, Rituale und Überschreitungen hin entwickeln zu einem Ort, der nur noch aus Namen und Koordinaten besteht.

Erika Wimmer Mazohl: Orte sind. Gedichte. Innsbruck: Edition Laurin 2019. 128 Seiten. EUR 18,90. ISBN 978-3-902866-81-3.

Erika Wimmer Mazohl, geb. 1957 in Bozen, lebt in Innsbruck.

18/09/19

»ichkundig« (5) setzt sich mit der Seele im klassischen Sinn auseinander. Auch wenn es anhand von »me too« wie ein Tweet wirkt, der aufgepoppt wird, so sind es die Verletzungen, die geschundenen Organe, die Schrunden im Schatten, die sich dem Leser zeigen, wenn er qua Introspektion das lyrische Ich als Ganzes zu begreifen versucht.

»ortserfahren« (29) berichtet an der Oberfläche von verstreuten Inseln und Küstenpunkten im Mittelmeer, die als Orte an den eigenen Rand drängen, ehe sie als jäher Glanz das Auge blenden und ablenken von den schroffen Konturen, denen die Individuen ausgesetzt sind. In der semantischen Unterwelt freilich lassen sich unerwartete Zusammenhänge erkennen. So hat die Schönheit der Oberfläche immer auch einen wirtschaftlichen Hintergrund. Die Schönheit der Orte wird zu einer Münze, die täglich abgegriffen wird vom Tourismus. »der klang der wirtschaft / : ist schneidend« (60)

»echoräume« (83) sind Georg Trakl gewidmet und zeigen ein lyrisches Ich, das mit einem abgegrenzten Vokabular die Welt mit Melancholie zu dämmen versucht. »die zweite schicht meines stadtplans / birgt kalte temperaturen der seele« (85)

In den »szenarien« (103) ist durchgespielt, wie die Elemente miteinander um das Überleben ringen und dabei ein Klagelied anstimmen. Denn nicht nur die lyrischen Protagonisten sind der Zukunft rettungslos ausgesetzt, es bleibt zu befürchten, dass auch Wind, Wasser, Feuer und Erde untergehen. Was die Natur übriglässt, wird zum Kampfgebiet, das vorläufig noch »andernorts« liegt, aber vielleicht liegt es schon in uns und hat nur noch keinen richtigen Namen.

Die abschließenden Anmerkungen sind für sich selbst genommen ein Ortsgedicht. Den Gedichten wird zwischendurch mit einer Fußnote eine Fußfessel verpasst, sodass sie scheinbar eindeutig werden wie ein Ausriss aus einer Chronik. Wildschönauer Familien wandern nach Brasilien aus, Wirtschaftsbosse treffen sich im Interalpen-Hotel, Dadaisten rufen in Tarenz den Sommer aus, Hitler und Mussolini treffen sich am Brenner. Die Orte verändern sich durch das Geschehen, die Geschehnisse verändern sich durch die Gedichte.

Unterwegs im Weltraum

Gernot Grömer: Unterwegs im Weltraum. Ein Reiseführer durch das Sonnensystem. Wien: Ueberreuter 2019. 175 Seiten. EUR 21,95. ISBN 978-3-8000-7735-9.

Gernot Grömer, geb. 1975 in St. Florian, lebt in Innsbruck.

20/09/19

Alles, was mit dem Weltraum zu tun hat, ist immer eine Frage des Standpunktes. Wo steht der Wissenschaftler, Träumer oder Philosoph, wenn er in den Weltraum hinausblickt? Nur Standpunkte ohne Größenwahn kommen für einen guten Blick ins All in Frage. So ist es kein Wunder, dass es in Innsbruck ein Weltraum-Institut gibt, das wegen der Kleinheit des Landes den größten Ausblick hat. Seit in den 1970ern Douglas Adams (1952–2001) nach ein paar Bieren am Campingplatz der Reichenau in Innsbruck liegend ins Weltall glotzte und dabei die Grundzüge für die Roman-Serie »Per Anhalter durch das Weltall« gelegt hat, gilt Innsbruck als idealer Ort für die Kernschmelze von Fiktion im Weltraum.

Gernot Grömer ist Direktor am Österreichischen Weltraum Forum (ÖWF), das seinen Sitz sinnigerweise in der Innsbrucker Etrichgasse hat, die nach einem Flugpionier benannte ist. Berühmt ist das Institut für seine Analog-Astronauten, wie die meist studentischen Dummys genannt werden, welche in entlegenen Weltgegenden unter harten äußeren Bedingungen testen, wie man eine Marsexpedition aushalten könnte. Das Interesse an astronautischer Hardware speist sich aus der Sportartikelbranche, die seit jeher auf extreme Outdoor-Kleidung spezialisiert ist. Das Dreieck Wissenschaft – Sport – Tourismus liegt stillschweigend über dem Weltraum-Institut, das vor allem Universum-Interessierte für potentielle Reisen auszustatten versucht.

Das Sonnensystem ist das ideale Gelände für Zukunftstourismus, seit auf der Erde so gut wie alle Plätze entdeckt, niedergetrampelt und verselfiesiert sind. In unterhaltsamer Weise, mit der Dramaturgie von Wissenschaftsclips im Rücken, werden in diesem Weltraumführer die einzelnen Planeten von Merkur bis Pluto vorgestellt und augenzwinkernd auf menschliche Migration hin untersucht.

Vom üblichen Reiseverhalten ausgehend wird überlegt, wie man die einzelnen Planeten besuchen könnte, was es dort an Sehenswürdigkeiten zu entdecken gibt und was man in den Koffer packen sollte. Vor allem die Menüs kommen den realen Experiment-Mahlzeiten der Analog-Astronauten schon ziemlich nahe. So entstehen überraschende Kombinationen aus Fiktion, getesteter Realität und Mythos. Das Gerüst der Planentenschau bildet nämlich immer die griechische Mythologie, die mit ihrem Götterhimmel dem Hardcore der Innsbrucker Forscher schon ziemlich nahegekommen ist.

In guter alter Abenteuermanier sind schließlich Fotos eingelegt, die mit dem vermummten Gesichtsausdruck von Scott oder Amundsen moderne Boden-Astronauten zeigen, wenn diese etwa in der Dhofarwüste im Oman ihr Outfit testen. Wahrscheinlich sind Raffinerien und Ölleitungen im Umfeld ausgelegt, sodass diese Abenteuerbilder sorgfältig aus der Totale herausgeschnitten werden müssen. Aber der Plan dieser Bilder geht auf, man hält als Leser alles für machbar, was in diesem utopischen Reiseführer entstanden ist.

Geradezu heimlich sind Relativitätstheorie, Astrophysik und Weltraumkunde verpackt, man liest das Abenteuer wie einen Karl May und ist hintennach Experte für komplizierte Dinge. Ein Glossar ermöglicht es, dass man sich selbst nach Schlüsselbegriffen abfragt, von Aitken-Südpolbecken über Firmament und Sputnik bis hin zu Zyklonsystem ist alles aufgezählt, was im Weltraum herumgeistert.

Gernot Grömer »erzählt« schwerkraftfrei und zukunftssicher, im Zweifelsfalle handelt es sich einfach um einen Essay, den man aber durchaus zitieren kann. Ein geheimer Nutzen stellt sich mit der Zeit bei Erdenbewohnern ein. Wenn man begreift, wie man durch Ausflüge in den Weltraum den Wochenendtrips auf der Erde entkommen könnte, ließe sich auch der irdische Reisekonsum danach ausrichten, vielleicht als Analog-Tourist.

Aus der Traum (Kartei)

»Ganz insgesamt wird das, was man die Realität nennt, überschätzt.« (63) Nach diesem Diktum kommt dem Traum eine umso größere Bedeutung zu.

Durs Grünbein schafft ein eigenes Genre, um dem Verhältnis Traum / Realität halbwegs gerecht zu werden. Er nennt es »Aus der Traum (Kartei)«, wobei die Verquickung der Welten gut zum Ausdruck kommt. Für die Verwaltung des Lesens, wie es insbesondere Bibliothekare und Autoren betreiben, kommt der Kartei eine entscheidende Rolle zu. Sie stellt in ihrem haptischen Tiefgang eine Welt dar, die im Sinne von Jorge Luis Borges eine eigentümliche Wabe ist, worin Lektüre, Notizen und Emotionen abgespeichert werden. Bei Durs Grünbein entsteht daraus »eine leitmotivisch verflochtene Sammlung von Aufsätzen, Reflexionen, Reden, Traumnotizen, Vorträgen, Sprechertexten und Gedichten«, wie es klug im Klappentext heißt.

Im Eingangskapitel geht es um das Gedichteschreiben, das zur radikalen Erforschung seiner selbst dient. An anderer Stelle wird es heißen, dass man Gedichte nur im Freien schreiben kann. (90) Hervorgehoben wird die Nähe von Lyrik und Traum, dabei öffnet sich der Traum so plötzlich, wie der Pfau sein Rad schlägt. Diese Bilder sind Gedicht und Gedichtbeschreibung in einem.

Durs Grünbein: Aus der Traum (Kartei). Aufsätze und Notate. Mit Abb. Berlin: Suhrkamp 2019. 569 Seiten. EUR 28,80. ISBN 978-3-518-42853-5. *Durs Grünbein, geb. 1962 in Dresden, lebt in Berlin und Rom.* 22/09/19

Der Hauptakzent dieses »Fundbuches« liegt auf dem Traum und allen seinen Varianten, wobei jeder einen bestimmten Lieblingstraum auserkoren hat, den er leider nicht bei Netflix herunterstreamen kann. Träume lassen sich weder gezielt abrufen noch beschleunigen oder verlangsamen. Und das Wesentliche eines Traumes ist immer die Schnittstelle zur Realität, die jemanden durchaus verrückt machen kann wie jenen Flugpassagier, der neben einem weltberühmten Modell zu sitzen kommt. Das Mannequin ist auch im Flug so unerreichbar schön, dass der Sitznachbar sein fettes Gesicht an das Bullauge presst, wo schon andere fette Gesichter ihre Spuren hinterlassen haben. Schönheit in der Realität kann so heftig sein, dass man sich selbst durch ein Bullauge in den Traum drücken muss.

Höhepunkt der historischen Aufzeichnungen ist für den in Dresden geborenen Autor naturgemäß der Mauerfall 1989, den er traumähnlich bis traumatisch erlebt hat. Erst hintennach lässt sich die Bürokratie begreifen, die zum Teil Züge eines Traums angenommen hat. Das Aufwachen daraus geschieht mit seltsamen Formulierungen. Nach einem Verhör sagt etwa ein Beamter: »Merken Sie sich eines: Was Sie sagen und was Sie wissen, ist zweierlei.« (161)

Angesichts solcher staatserhaltender Erkenntnisse ist es nicht verwunderlich, wenn sich der Erzähler überlegt, wie ein Ameisenstaat funktio-

niert. »Es ist ein Staat in uns, der uns formiert.« (94) Und der Amei-
senpsychologe fragt gleich nach, ob Ameisen auch Freizeit haben.

Der beste Bürokratiekenner der Literatur ist übrigens Franz Kafka, der
an manchen Stellen alles von einem gigantischen Schreibtisch aus betrachtet und durchrechnet. So kommt er über Poseidon zum Schluss,
dass der Meeresgott eigentlich überfordert ist. »Poseidon war überdrüs-
sig seiner Meere. Der Dreizack entfiel ihm. Still saß er an der felsigen
Küste und eine von seiner Gegenwart betäubte Möwe zog schwankende
Kreise um sein Haupt.« (309) Bei Kafka erleiden offensichtlich auch die
Götter ein Burnout, wenn ihnen zu viel zugemutet wird.

In der Kartei verschmelzen gelesene Sätze mit erträumten. Mit dieser
mehrdeutigen Quellenlage lassen sich interessante Dichterporträts gestalten, die einfach das geschriebene Werk eines Autors fortschreiben,
indem es gelesen wird. Ovid, Ernst Jünger, Gottfried Benn oder Pasolini
werden aus der Sicht der Gegenwart beschrieben, ihre Mission wird ungefragt verlängert.

Letzten Endes geht es dann doch um das Aufhören, Verenden, Ver-
löschen. Die Stadt Sarajevo wird mit einem Langgedicht gewürdigt, denn
sie hat mehr Einschüsse als Einwohner. Die Stubenfliege schafft es mit
ihren Facettenaugen, das Nichts zu sehen. Und Blaise Pascal, nachdem
er zehn Jahre lang den leeren Raum erforscht hat, formuliert schließlich:
»Das Weltall weiß davon nichts.« (511)

Die Methode der Traumkartei lässt erahnen, was alles möglich ist, wenn
man die einzelnen Leseakte miteinander verbindet. An guten Tagen gelingt es Bibliothekaren, für Augenblicke Schätze zu heben, indem sie
scheinbar blind ein Buch aus der Traumkartei ziehen.

Über Mut

Während der Dichter schreiben kann, was er will, muss der
Journalist nehmen, was kommt.

Martin Kolozs: Über Mut.
Gedanken und
Reflexionen.

Martin Kolozs hat sich vom katholischen Dichter zum katholischen Journalisten zurückentwickelt und erfährt mit
jedem Buch am eigenen Schreib-Leib, wie einschränkend das
eigentlich ist. Selbst Gedanken und Reflexionen, in der klassischen Literatur noch eine freie Fläche, werden zum vor-
gedruckten Kreuzworträtsel, in das katholische Helden
eingekritzelt werden müssen.

Innsbruck: Tyrolia 2019.
127 Seiten. EUR 14,90.
ISBN 978-3-7022-3778-3.

*Martin Kolozs, geb. 1978 in
Graz, lebt nach dreißig
Jahren Tirol in Wien.*

25/09/19

Martin Kolozs nennt seine Eigenmeditationen »Über Mut« und er spielt ein wenig mit der doppelten Bedeutung »Übermut / Über Mut«. Aber die Texte sind sehr konventionell gehalten, sodass nicht viel Übermut im Spiel ist. Achtzehnmal wird eine spezielle Form von »Mut« angesprochen, von Kleinmut, Großmut und Langmut über Missmut, Hochmut und Edelmut bis hin zu Schwermut, Wankelmut und Sanftmut wird alles aufgeboten, was das Sprachspiel über diesen Begriff anbietet. Als Leser ist man gleich herausgefordert, eigene Mut-Begriffe zu kreieren, etwa Lesemut, Sexmut oder Sterbemut, aber da diese Begriffe nicht aus dem Katechismus stammen, kommen sie auch nicht in der Meditation vor.

Die einzelnen Mut-Schübe sind immer nach dem Muster aufgebaut: eigene Erfahrung mit dem Begriff, konstruierte Situation, wo man den Begriff verwenden könnte, Zitate aus der katholischen Bibliothek, was sagt der Papst dazu. Glücklicherweise reden die Päpste immer dann von einer Art Mut, wenn sie dieser selber verlassen hat. So darf auch Franziskus gleich einmal feststellen, dass es Mut braucht, einem Verbrecher statt der Todesstrafe mit Verzeihen zu begegnen. (29) Als Leser fragt man sich, wie viele Österreicher wohl in die Situation kommen, einem Kandidaten für die Todesstrafe zu begegnen, wie viele aber einem »wortmutigen« Pädophilen in Kutte über den Weg gelaufen sind.

Manchmal leisten sich die Reflexionen einen fiktiven Ich-Erzähler, der Mut braucht, um eine Konfrontation mit einem Kleriker zu überstehen. Das Ich voller Angst tritt dabei am Ende eines Ganges dem Präfekten gegenüber, der plötzlich Langmut, Sanftmut oder sonst was Mutiges ausstrahlt. Allmählich stellt sich heraus, dass alle diese Mut-Sorten aus der Überwindung einer Angst entstehen. Die verfolgten Priester des Nazi-Regimes treten dabei als Zeugen auf, ihr Mut kommt stark an den Glanz von Märtyrern heran.

Wie in einem Essay üblich, geben Assoziation, Rösselsprung und Querschläger den Gedanken einen feurigen Drall, der freilich die Konventionen der katholischen Meditation nicht sprengen darf. Das Grundgerüst des Mut-Buches geht auf kleine Wortspenden zurück, die im Laufe der Jahre als Morgenworte, Worte zum Tag oder ähnlich Erbaulichem in diversen Sendern ausgestrahlt worden sind.

Warum soll man, wenn man als Leser ohnehin skeptisch gegenüber der Mut-Propaganda eingestellt ist, sich dieses Buch antun? Nun, dieses Buch über das Verdrängen, das ewige Ausweichen vor substanziellen Fragen und die Flucht in Worthülsen zeigt die Methoden der katholischen Schriftstellerei. Während der Autor in anderen Büchern über dichtende

Bischöfe in Tirol, über spirituelle Hauchbildchen-Malerinnen und Gebetspsychologen geschrieben hat, geht er der entscheidenden Frage aus dem Weg. Wie ist es gekommen, dass in Tirol ein einziger Bischof ganze Jahrgänge aus der Kirche getrieben hat und allen war es wurscht? Die ausgetretenen Zeitzeugen kommen allmählich in die Sterbezone, aber niemand fragt sie, was da wirklich los gewesen ist. Stattdessen gibt es Meditationen über den Mut. – Sehr mutlos!

Das Glück der kalten Jahre

Man kann es drehen und wenden, wie man will: Der Sinn des Lebens ist der Tod. In großer Klarheit setzten daher die markanten Romane der Gegenwart oft mit einem Begräbnis ein. Anhand von Kranzschleifen und Reden wird dabei in kurzen Worten geklärt, was mit der Gesellschaft gerade los ist.

Martyna Bunda verabschiedet ein Stück polnische Zeitgeschichte durch Heldinnen und legt sie behutsam in der historischen Kiste ab. »Das Glück der kalten Jahre« spielt auf die Zeit des Kalten Krieges an, darin schlagen sich drei Schwestern und ihre Mutter an der Peripherie des Landes durchs Leben. Zusammengehalten wird dieser Mikrokosmos der Geschichte von einem Haus, das Frauen gebaut und betreut haben. 1932 stirbt nämlich ein Bauarbeiter auf einer Großbaustelle im Hafen von Gdingen, mit der Entschädigung aus der Arbeitsversicherung lässt sich die Witwe Rozela ein Haus bauen, das den drei Töchtern später als Refugium, Liebesnest und Brutstätte für die kommenden Generationen dienen wird. Das Haus bewährt sich während des Krieges als Bunker, in dem fallweise Soldaten wüten. Im Keller hingegen überlebt eine wertvolle Schweinerasse und sichert so das Überleben beinahe einer ganzen Nation.·

Die drei Schwestern haben neben dem grandiosen Überlebenswillen jeweils eine kleine Macke am Hals, damit man sie als Leser halbwegs identifizieren kann. Greta ist früh ausgezogen und beobachtet die weibliche Sippschaft aus der Außenperspektive, Truda gibt die lebenshungrige Femme fatale, die im Schiffsamt arbeitet und sich einen wilden Mann leistet, der die meiste Zeit im Gefängnis sitzt. Ilda schließlich arbeitet ihre Hormone auf einem wilden Motorrad mit Überlandfahrten ab, ehe sie auf einen Bildhauer hereinfällt, der schon verheiratet ist.

Martyna Bunda: Das Glück der kalten Jahre. Roman. A. d. Poln. von Bernhard Hartmann. [Orig.: Nieczułość, Krakau 2017].
Berlin: Suhrkamp 2019. 316 Seiten. EUR 24,70. ISBN 978-3-518-42887-0.
Martyna Bunda, geb. 1975 in Danzig, lebt in Warschau.
27/09/19

Über allem »drohnt« Rozela, deren Aufgabe es ist, den Tod richtig hinzukriegen. »Beim Sterben sieht man noch was, aber man empfindet nichts«, tröstet sie der Hausarzt. (293) Dennoch schließt sie einen Vertrag mit der Madonna ab, der die Sache aber kaum beschleunigt. Sie wartet seit Jahren auf ihr Begräbnis, das dann mit dem Ende des Buches fällig wird.

Am Anfang der Saga steht freilich ein anderes Begräbnis, ein Ehemann der drei Schwestern wird zu Grabe getragen und mit ihm gleich eine Gesellschaftsordnung. »Dem Stolz der Region«, »Dem Großen Sohn Pommerns«, »Dem Bildhauer« steht auf den Kranzschleifen. Dadurch ist ablesbar, was in der Öffentlichkeit scheinbar zählt. Umso bemerkenswerter ist die Fügung, womit sich die »Kaltherzige« verabschiedet.

In diesem Begriff liegt der Schlüssel zum Überleben. Nur wer in nationaler, persönlicher und historischer Kälte zu überleben vermag, erreicht auch die nächste Generation. Und so beginnt der Roman im Winter und endet nach Durchlauf der übrigen Jahreszeiten wieder im nächsten Winter.

Das Tagwerk des Lebens läuft routiniert archaisch und spontan beiläufig ab. Wenn etwa ein männlicher Pfau geschlachtet wird, verändert das mit seinen schweren Brocken aus Blut, Fett und Geruch die ganze Gegend. Andererseits laufen Kontakte nach Berlin völlig geruchs- und geschmacklos ab, wenn etwa Schuhe bestellt werden, die viel zu hoch für diese lettige Gegend sind. Auch bei den Affären und Vermehrungsakten ist nie sicher, ob es nun spontan oder beiläufig geschieht. Plötzlich ist eine der Schwestern schwanger und die andere schaut, dass sie einen noch früheren Hochzeitstermin bekommt, um ihre Schwangerschaft zu beschleunigen. Die Männer haben durchaus Dreck am Stecken, sie verschleiern ihre Identität und sind letztlich nur Samenspender, die man mit Pomp und Trara verabschiedet, wenn der Tod frech und spontan eintritt.

Die Heldinnen sind für das schiere Überleben gemacht, fit und zielstrebig erobern sie für sich das Glück der kalten Jahre. Sie können es zumindest in dieser Gegend jedenfalls besser als die Männer, mit der entlegenen Situation zurechtzukommen. Und die Rituale werden durchaus lächerlich, wenn die Frauen sie anwenden, um den Männern zu zeigen, wie diese danebenliegen.

Der Roman ist aufregend kalt, beherzt und pragmatisch. Wovon Männer träumen, nämlich dass ihnen das Leben aus der Hand frisst, hier zeigen die Frauen, wie es geht. Das Glück der kalten Jahre ist vielleicht nur die richtige Inschrift auf der Kranzschleife.

Jahrbuch österreichischer Lyrik 2019

Das einzelne Gedicht, sagt man, sei so leicht, dass es nie den Boden erreicht, wenn es in den Herbstwind gerät. Um dem Gedicht etwas haptische Konsistenz zu verpassen, gibt es generell zwei Methoden. Die eine besteht in lyrischen Serien, in denen mit angereicherter Schwerkraft die Leserschaft erreicht werden soll. In Österreich kümmern sich etwa die Podium-Porträts, die lyrische Reihe des Keiper-Verlags oder die »edition art science« in St. Wolfgang darum. Der Abonnent dieser lyrischen Alben kriegt einen guten Eindruck vom Geschehen quer durch alle Landstriche. Die zweite Methode ist das Jahrbuch, worin letztlich alles für die Zeitgenossen Relevante eines Jahres zusammengestellt ist.

Alexandra Bernhardt (Hg.): Jahrbuch österreichischer Lyrik 2019.
Klagenfurt: Sisyphus 2019. 313 Seiten. EUR 19,80.
ISBN 978-3-903125-39-1.

Alexandra Bernhardt, geb. 1974 in Bayern, lebt in Wien.

29/09/19

Das Jahrbuch österreichischer Lyrik 2019 geht auf eine Ausschreibung zurück, wonach zehn noch nicht in Buchform gedruckte Texte eingereicht werden konnten. Das erste Jahrbuch stellt insofern eine Besonderheit dar, als damit quasi der lyrische Schnee der letzten 19 Jahre beiseite- und ins Buch geräumt wurde, dabei werden erste Schneisen sichtbar.

Die Ordnung geschieht höchst überzeugend, es gibt vier Kapitel, eine Coda sowie Quellen- und Autorenverzeichnisse. In einem Abschnitt »Varianten« sind übersetzte Gedichte in ihren Originalsprachen abgelegt. Die vier Kapitel kann sich jeder Leser mit einer persönlichen Ordnung hinterlegen, es können Gedichte aus vier Windrichtungen sein, aus vier Grundelementen oder ganz poetisch aus vier Jahreszeiten. Für die Jahreszeiten-Variante spricht der Hinweis, dass manche Autoren ausgewiesene Sommer- oder Wintergedichte verfassen. Dietmar Füssel: »Vergiss den Sommer. / Es ist Winter.« (250)

Das satte Autorenverzeichnis liest sich wie ein Telefonbuch aus alten Tagen, darin herumstöbernd kann sich der Leser abfragen, wen er für bekannt oder unbekannt hält. Dieses Rätsel lässt sich in ähnlicher Form lösen, wie etwa ein Fußballfan den Spielerkader diverser Ligen durchgeht.

Die Herausgeberin Alexandra Bernhardt beherrscht jedenfalls die Kunst, alle Beiträge gerecht zu behandeln, den einzelnen Werken den Status eines Unikats zu belassen und dennoch durch geschickte Zusammenstellung einen eigenartigen »Erzählstil« zu formen.

Das Jahrbuch hat naturgemäß etwas von der Qualität eines Nachschlagewerks an sich, man liest es ein, zwei Mal, um für später zu wissen, wo man etwas finden wird, wenn man es braucht. (Lyrik lässt sich nicht wie

Entspannungsliteratur lesen, man muss sie aufsuchen, wenn man sie braucht. Und es gibt fast täglich Anlässe zum Nachschlagen.) Aber schon beim Querlesen bleiben witzige, melancholische oder poetische Spuren zurück.

Janko Ferk beschreibt das Dichten als Tätigkeit mit einem weichen Bleistift, man muss aufpassen, das weiße Papier nicht mit den Versen zu verletzen. (46)

»Traurig zum Bäcker« überschreibt Daniela Chana ihr Trennungsgedicht, worin das lyrische Ich sich von jemandem zurückgezogen hat, der/die nun sinnlos mit einem schönen Gesicht eine Semmel mit Kaffee bestellt, ehe er/sie traurig auf die Rennstrecke fährt »in einem Auto, das du immer wolltest«. (56) Der Autofimmel spricht dafür, dass es sich bei der verlassenen Person vielleicht um einen Mann handelt, aber bei den durchgegenderten Gedichten weiß man das nie.

Christian Futscher steuert zwei seiner unverwechselbaren Kindergedichte bei. »Susi stetzt sich / auf die Gitarre / ihres Bruders / und spielt dort mit ihrer Puppe // Susi spielt eben / auch gern / Gitarre.« (69)

Simon Konttas macht sich über einen finnischen Bahnhof her, »Unkraut wuchert an den Schienen, keiner kommt sich niedersetzen, sommers Mücken, Bienen, Grillen.« (114) Die einzelnen Verse haben die Fransen von Puzzleteilen, sie passen nur an einer Stelle, aber dennoch erwecken die Bilder den Eindruck, als könnte man sie in jedes Stimmungsfenster einpassen.

Franzobel stimmt die Ode auf den Osttiroler Pius Walder an, der für Augenblicke einem Heldentenor gleicht, ehe er merkt, dass er frisch erschossen ist von seinem Nachbarn, der ihm das Wildern nicht gönnt. (128f.)

Josef Oberhollenzer arbeitet an zwei Sonetten mit Schweinen. »du liegst – als ob das fleisch grad geboren wär: / mein Mein du, was ich in unsern nächten vergaß, / wie ich deine zunge –, dass ich herz & nieren aß« (181)

Das Jahrbuch 2020 ist schon ausgeschrieben, die Dichter arbeiten schon daran, denn Lyrik ist ein permanenter Strom, der in kleinen Jahresbooten überquert werden muss, jedes Jahr, hinüber und zurück, bis der Fährmann jäh die Überfahrten stoppt.

Das erste Mal

Das erste Mal wird landläufig mit Erotik konnotiert. Da die Literatur aber viele Parallelen mit der Erotik aufweist, ist es eine interessante Überlegung, wie Autorinnen und Autoren über ihr erstes Mal berichten. Dabei ist nicht nur das erste Buch gemeint, sondern auch die erste heftige Beziehung mit Buchmachern und Buchlesern.

Wolfgang Paterno weist gleich zu Beginn darauf hin, dass die Frage nach dem ersten Mal oft in Magazinen und Talkshows gestellt wird und dass es auch immer wieder Anthologien gibt, die dieser Fragestellung nachgehen. Seine Auswahl bekommt ihre Einmaligkeit dadurch, dass sie auf österreichische Schreibende fällt, die nicht immer in der höchsten Klasse spielen, im Western hätte man wahrscheinlich von einem B-Movie gesprochen. Außerdem sind viele dieser literarisch Erotisierten in einer Zeit groß geworden, als die Kleinverlegerei boomte und die Kunst des Schreibens vor allem darin bestand, über Beziehungen und zufällige Rinnsale in große Verlagshäuser einzusickern. Nicht selten fällt dabei der Name Peter Handke, von dem sich Generationen von Schreibenden erwarten, dass er beiläufig irgendwo ihren Namen fallen ließe, und schon wären sie berühmt.

Beim ersten Mal handelt es sich vor allem um Erstbeiträge, nur Robert Menasse, Gerhard Roth und Doron Rabinovici greifen auf bereits publizierte Überlegungen zurück. Dabei sticht natürlich wieder einmal Robert Menasse heraus, der mit den Schwierigkeiten des ersten Buches gleich seinen eigenen Lebensstil miterzählt. Er musste Schriftsteller werden, weil er für ein geregeltes Leben nicht taugt. Er kann beispielsweise erst dann zu einer Arbeit gehen, wenn er zuvor zuhause das große Geschäft erledigt hat. So ist es auch kein Wunder, dass er den ersten Roman in Brasilien während eines Studienaufenthalts geschrieben hat, denn der Vater hat sich von ihm ausdrücklich gewünscht, dass er aus Brasilien einen Roman mitbringt.

Bei Monika Helfer und Michael Köhlmeier hat das erste Mal übrigens zu einer echten Ehe geführt, die schon ein Leben lang hält.

Nicht immer sind die ersten Bücher auch die Durchbrüche, wie Peter Henisch erzählt. Seine »kleine Figur meines Vaters« ist zwar das erfolgreichste, aber nicht das erste Buch. Der Erstling heißt »Hamlet bleibt« und ist ein ideales Buch für den Untergrund.

Das genaue Gegenteil an Publikationsstrategie liefert Robert Schneider, dem mit dem ersten Buch »Schlafes Bruder« gleich alles geglückt ist: Verfilmung, Bestseller, Übersetzungen. Aber alles Nachfolgende ist eine Qual geworden, die er sich hätte sparen können. Mit dieser Einschätzung gleicht er Nobelpreisträgern, die im Augenblick des Preises oft die Fähigkeit zu schreiben verlieren.

Wolfgang Paterno (Hg.): Das erste Mal. Autorinnen und Autoren über ihr erstes Buch.

Wien: Czernin 2019. 176 Seiten. EUR 22,–. ISBN 978-3-7076-0679-9.

Wolfgang Paterno, geb. in Dornbirn 1971, lebt in Wien.

01/10/19

Franz Schuh hat sich sofort in die Herzen der Kritiker geschrieben, indem er sein erstes Buch »Kritische Kritiken« genannt hat. Die Verhöhnung fällt ziemlich eindeutig aus, denn es genüge für den Literaturbetrieb, wenn man einfach kritisch ist, die Doppeleigenschaft kritisch-kritisch ist eher etwas für Dada, was ja auch von der Verdoppelung der Bedeutung der Wörter lebt.

Einem verlegerischen Bonmot gemäß gilt das zweite Buch als das schwierigste. Um diesem Sprichwort zu entgehen, schreibt Daniel Wisser zuerst das nullte Buch. Es ist der Versroman Dopplergasse acht, der sofort in Vergessenheit gerät und auch dort bleibt, selbst wenn man daraus liest. Der nullte Roman rettet den Autor nicht vor dem Schicksal, dass das zweite Buch das schwierigste ist. So ereilt die Weisheit den Schlaumeier eben ein Buch später, indem das dritte das schwierigste wird.

Apropos Verleger, auch bei ihnen könnte man nach dem ersten Mal fragen. Oft gibt es Verleger, die nur ein Buch herausgebracht haben, andererseits wird die wertvolle Leistung beim Schreib-Founding oft erst später gewürdigt wie beim Deuticke-Verlag, der tatsächlich Literaturgeschichte geschrieben hat durch Förderung des ersten Mals. Ein anderer Verlag, Haymon in Innsbruck, hat seine früheren Verdienste um die Literatur selbst vernichtet, indem er nur mehr planierte Krimis produziert. Gerhard Roth wäre das erste Mal beinahe an der Unfähigkeit gescheitert, das Manuskript leserlich zu halten. Da man früher oft noch mit handgeschriebenen Konvoluten gehandelt hat, standen nur Originale zur Verfügung. Erst wenn es an einem Ort abgelehnt war, konnte man es an einen neuen Verlag schicken. Bei Gerhard Roths Erstling »die autobiographie des albert einstein« kam noch erschwerend hinzu, dass der Papierstapel eines Tages unter einem Wasserrohrbruch zu liegen kam und unendlich an Volumen zunahm.

Daniel Kehlmann ist heute noch baff, dass der Erstling, den er als Erzählung geplant hatte, plötzlich als Roman reüssierte.

Wolfgang Paterno erzählt, indem er die klug Ausgewählten selbst erzählen lässt. Das Thema vom ersten Mal ist ja ziemlich heikel, weil es in die Intimzone geht. Und so sind die Ablehnungen und Kränkungen zwischen den Zeilen erahnbar, aber nicht vernichtend. Wahrscheinlich ist dem Herausgeber eine Menge Material übrig geblieben, das er vielleicht zu einer neuen Anthologie verarbeiten könnte. »Wie ich für immer aus dem Literaturbetrieb entfernt wurde«, unter diesem Titel ließen sich ganze Kohorten von Ausgestoßenen und Geschlagenen veröffentlichen. Diese Ausgeschiedenen werden dem Austrian Beat zugeordnet.

Sanpietrini

Wenn sich Helden gegen den Ruhestand wehren, werden sie für ein paar Tage noch ganz wild, ehe sie sich dann in ihr Schicksal fügen und das Spätwerk beginnen. Im Literaturdiskurs werden Geschichten, in denen entweder das fiktionale Personal oder die Autoren gegen das voranschreitende »Graue« aufbegehren, »Prä-Pensionsroman« genannt.

Waltraud Mittich: Sanpietrini. Roman. Innsbruck: Edition Laurin 2019. 119 Seiten. EUR 17,90. ISBN 978-3-902866-79-0.

Waltraud Mittich, geb. 1946 in Bad Ischl, lebt in Südtirol.
02/10/19

Waltraud Mittich verwendet als Struktur ihres Romans das Bild von »Sanpietrini«, das sind Pflasterstein-Muster, die scheinbar zeitlos Festigkeit und Halt verströmen, die aber dennoch immer wieder ausgetauscht werden müssen. Gerade das Abgetretene macht ihre Unverwüstlichkeit aus. Die Heldin Barbara ist um die sechzig und geht noch einmal ihr Leben durch, ehe sie sich in die Pension fallen lassen wird. Ihr Hauptcharakterzug ist das gelungene Eindringen in eine fremde Sprache, die sie zu ihrer eigenen gemacht hat, ohne die frühere zu verraten.

Dieses Switchen der Sprachzugehörigkeit äußert sich in einer Unzahl von Fügungen und Floskeln, die jemand, der nicht Italienisch kann, seitenweise googeln muss. Dabei lernt man als User einen anderen Zugang, als ihn die Protagonistin hat. Die beiden Kapitel »Testaccio« (9) und »Ponte die Ferro« (53) überschreiben römische Stadtviertel und Gegenden, wenn man aber nach ihnen sucht, erhält man unendlich viele Treffer für Restaurants und Tourismusbuden. Die Aufgabe des Romans ist es also, etwas anderes zu erzählen als jene Tourismushappen und Geschäfte, die im Netz erzählt werden.

Das Sinnieren der Heldin umkreist die Zeit mit ihrem Mann, mit dem sie einige Zeit verheiratet war. Damals kocht die Stadt in politischer Glut, Attentate sind an der Tagesordnung und selbst der Staat geht kriminell gegen seine aufsässigen Bürger vor. Mitten in der Anarchie wird die Heldin Zeugin eines politischen Attentats, das niemand gesehen haben will. Vielleicht ist es aber auch nur ein besonders starker Ausfall einer Ehekrise. Der Stadtteil Testaccio jedenfalls gilt als klassisches Arbeiterviertel, das sich zu einer Parallelwelt entwickelt hat, worin die Dinge anders funktionieren als im Reisekatalog. Letztlich geht es wie bei allen modernen Städten darum, »zu suchen, was in der Hölle nicht Hölle ist«. (73)

Aus der jüngeren Erinnerungsvergangenheit taucht vor allem eine Liebschaft mit dem afghanischen Dozenten Darian auf, der trotz seiner berührenden Geschichten nicht Fuß fassen kann und eines Tages abgeschoben wird. Mit ihm erlebt Barbara auch den Schock, den eine

Entwurzelung innerhalb der eigenen Stadt bewirken kann. Immer wieder werden die Flüchtlingscontainer abgerissen und die Insassen vertrieben. Wahrscheinlich liegt es an der Dichotomie jeder Stadt, dass man darin nicht Wurzeln schlagen kann. Aus jeder Gasse fahren nämlich nächtens zwei Kolonnen von Lastwagen über das Pflaster mit seinen alten Mustern. Die einen bringen Shopping für den nächsten Tag, die anderen karren den Müll weg, der täglich anfällt. Dazwischen versuchen die Menschen, der Hölle zu entkommen.

Animiert von den Außenseiter-Geschichten ihres afghanischen Freundes, kümmert sich Barbara schließlich um die Kultur der Geschlagenen. In einem Anfall von Beat trägt Darian die »Lyrik der Zukurzgekommenen« vor und sie bleibt an berührenden Versen hängen.

»Von den sauwütenden Wildschweinen // Bin eine Woge im stillen Gewässer, / ein Berg auf hoher See / Zeichne mit Worten auf ein Blatt Papier / [...] / Bin ein Erinnerungsfoto von Nicht-Erlebtem / Eine lustige Geschichte mit offenem Ende / Bin ein heimlich verwässerter Wein / Bin am Ende der Warteschlange / Weiß nicht, ob ich hineinkomme / Bin ein Wald mitten in der Stadt« (85)

Manchmal, wenn das Leben aus den Fugen zu geraten scheint, kochen die beiden und laden Freunde ein, sie sind kein Paar, haben sich aber zusammengetan unter einem Wellblech. Als Darian abgeschoben ist, fragt sich die Zurückgebliebene, ob sie vielleicht nichts anderes gesucht hat als ein Märchen. (117)

Jetzt fällt ihr ein, dass sie ja eine kleine Enkelin hat. »Sie ruft etwas Wunderbares: Nonna, te voio bene. Ich zittere vor Freude. Verstehe es wohl, diese ist meine letzte, grandiose Unterwerfung.« (119)

Das Pflaster ist offensichtlich härter als das Leben. Nach dem Lebens-Kampf wird der Ruhestand erträglich, denn das Spätwerk steht an.

Leon Saint Clairs zeitlose Unruhe

Das Lesen von Romanen hat unter anderem den Sinn, dass man etwas zu erzählen hat, wenn man auf der Couch eines Psychiaters zu liegen kommt. Die Alternative wäre nämlich, dass man sofort einschläft.

Gabriele Weingartner greift auf diesen standhaften Psychiater-Witz zurück, wenn sie eine logisch-absurde Rahmenhandlung aufbaut, worin sie einen unruhigen Helden durch diverse Zeiten der Literatur schickt. Der Ich-Erzähler Leon kommt tatsächlich auf der berüchtigten Couch zu liegen und schläft einmal pro Kapitel ein. In diesen acht »Erinnerungsimplosionen« wandert er aus der Therapiesitzung mit Doktor Zucker hinaus ins sogenannte Leben und beginnt zu träumen oder in Tagträumen aufzuschrecken. Was immer auch geschieht, es ist Wunsch, Vorstellung, Traum und Zitat in einem.

Der empfindsame Held hat sich den Namen vielleicht auch nur ausgedacht, als er bei seinen Streifzügen in die Vergangenheit auf ein wertvolles Blatt von Leon Saint Clair stößt und es sich einpacken lässt. Andererseits gilt in der Pulp Fiction Leon Saint Claire als der erste Cyborg, der um 1911 in Frankreich erfunden worden ist. Der Wechsel der Identitäten, das Erahnen fremder Schicksale und das schmachtende Aufgehen darin sind Wesenszüge des Erzählers. Man darf nicht trivial sagen, ich fühlte mich zu ihr hingezogen, die Schmachtfloskel heißt: Ich verzehrte mich nach ihr! (283)

Im Grundgerüst des Romans lebt der Ich-Erzähler für eine Weile in Berlin bei seiner Freundin Konstanze. Das Verhältnis funktioniert aber nur, weil sie ständig auf Auslandsreise ist. Sie hat ihm aber ein Dauer-Abo beim Psychiater vermittelt, damit er etwas Ruhe findet und in den Kontext irgendeiner Gegenwart kommt. Der Held ist nämlich Romantiker und daher weder an Ort noch an Zeit gebunden. Seine Uhr hat demnach auch keine Zeiger, umso brutaler wirken hingegen die Maßeinheiten während der Therapiestunde, wenn die Sekunden mit heftigen Schlägen aus der Erzählmaterie gehämmert werden.

Gabriele Weingartner:
Leon Saint Clairs zeitlose
Unruhe. Roman.

Innsbruck: Limbus 2019.
355 Seiten. EUR 22,–.
ISBN 978-3-99039-155-6.

*Gabriele Weingartner, geb.
1948 in Edenkoben, lebt in
Berlin.*

05/10/19

Der erstrebenswerte Beruf eines Romantikers ist der Taugenichts. Dieser lebt von seinen Träumen und braucht meist eine Freundin, die ihn aushält. Leon hat einst seine Lehre vorsichtshalber abgebrochen, als es zu konkret in einen Beruf gehen sollte. In der Folge ist er in frühere Jahrhunderte und fremde Länder gereist. Alle Episoden von Napoleon herauf bis zum Bangkok der Gegenwart sind gleichermaßen wahrscheinlich und gleichwertig. »Die Wahrheit ist immer konkret!« (245)

Vom Doktor wissen wir nicht viel, außer dass seine Zeiger die Zeit formen. Und wahrscheinlich schüttelt er auch manchmal den Kopf, denn Leon braust auf: »Glauben Sie es oder glauben Sie es nicht.« (105) Der Held hat offensichtlich viele Geschichten gelesen, die er sich einverleibt hat. In Wien kommt er mit dem näselnden Ungefähren des Österreichischen in Berührung, das ihm als Romantiker ziemlich taugt, denn es gibt keine allzu große Ordnungswut. In der Pfalz gefällt ihm das lockere Wesen der Zunge, wenn diese mit Wein in Berührung kommt. In Berlin trifft er ehemalige Hugenotten, zu denen man nach zweihundert Jahren noch Refugees sagt. Eine ganze Sitzung widmet sich der Romantik. (197)

Irgendwann dann kommt Konstanze vom Ausland zurück, Leon wird weiterziehen, er weiß nur noch nicht, wie er sich am Flughafen verabschieden soll, denn der ganze Flughafen ist ein Abschied. Er wird sich vielleicht wieder einen Beruf überstreifen als »spätberufener Auszubildender«. (326)

Gabriele Weingartner nimmt den Leser mit zur Therapie und lässt einen Topf voller Leichtigkeit über ihn ausschütten. Kunst, Literatur, Geschichte, alles hängt miteinander zusammen und kann ständig neu verknüpft werden. Allmählich setzt sich die Unruhe, denn die Zeit steht beim Lesen still. Bestens therapiert durch den Roman lässt sich das Leben anschließend wieder mit der Leichtigkeit eines Taugenichts fortsetzen.

Der Agent des Chaos

Etwa fünfzig Jahre braucht man in der Zeitgeschichte, um die Auswirkungen eines Geschehnisses halbwegs für die Geschichte beurteilen zu können. Die Literatur leistet dabei doppelte Schwerarbeit, einmal dokumentiert sie die jeweilige Gegenwart als Fiktion und später transformiert sie das Erforschte zu Geschichte. Für die 1960er Jahre lautet so ein Wirklichkeitsmythos, dass die CIA im Zeitalter des Kalten Krieges Italien regiert hat mit der Auswirkung, dass es in Italien bis heute eine sehr schnelllebige Demokratie gibt mit den beiden Achsen Kirche und Mafia als stabiles Gerüst.

Giancarlo De Cataldo: Der Agent des Chaos. Roman. A. d. Ital. von Karin Fleischanderl. [Orig.: L'agente del caos, Torino 2018].

Wien, Bozen: folio 2019. 267 Seiten. EUR 22,–. ISBN 978-3-85256-768-6.

Giancarlo De Cataldo, geb. 1956 in Taranto, lebt in Rom.

08/10/19

Giancarlo De Cataldo ist Richter und erfahrener Zeithistoriker, der seine Schriftstellerei aus einer Mischung aus Thriller-Theorie und Gerichtserfahrung speist. Im Roman »Der Agent des Chaos« versucht folglich der Ich-Erzähler für die neue Buch-Saison einen Justizthriller italienischer Art zu entwerfen (94), wird aber von der vorgeblich echten Vergangenheit eingeholt. Vor Jahren hat er einen vagen Roman über die Sechziger Jahre geschrieben und jetzt taucht ein dubioser Anwalt auf, der scheinbar die wahren Hintergründe über die damaligen Helden weiß.

Auf zwei Tracks entwickelt sich eine abenteuerliche Handlung, wobei am einen Strang der Erzähler zieht, um sich aus der Geschichte herauszuhalten und in einem Schreiber-Heute in Rom zu bleiben, während der zweite Strang vom Anwalt erzählt wird, immer das Warnschild um den Hals gehängt, dass alles erlogen sein könnte.

Im Mittelpunkt der aufgetischten Story steht der Agent des Chaos. Ein US-Kleinkrimineller polnischer Herkunft wird vom CIA zu einem Superagenten ausgebildet. Einsatzgebiet soll Italien sein, wo man die aufmüpfige Jugend mit Hilfe von Drogen in die Lethargie spritzen will. Ausbildungsleiter ist, no na, ein ehemaliger Nazi, der seine psychodelischen Neigungen aus dem Dritten Reich nahtlos im Amerika des Kalten Krieges ausleben darf.

Die Geschichte wird umso glaubwürdiger, als sie anhand des LSD-Papstes Timothy Leary Drogenräusche des amerikanischen Campus erzählt. Dabei kommt das schöne Muster zum Vorschein, dass an der amerikanischen Westküste in den 1960er Jahren zur gleichen Zeit das LSD und der Computer entstanden sind. Beide Strömungen hatten zum Ziel, das Bewusstsein zu erweitern, was ja auch gelungen ist, wenn man die Auswirkungen der Digitalisierung neutral betrachtet.

Romane, in denen Drogen die Hauptrolle spielen, werden von Lesern meist für äußerst wahrscheinlich und glaubwürdig gehalten, denn im Zweifelsfalle ist ein Ereignis eben das Ergebnis eines Trips. In einer anderen Theorie geht man davon aus, dass der Roman selbst eine Droge ist und somit den Leser in die Knie der Wahrscheinlichkeit zwingt.

Nebenher kommt in der Geschichte des Anwalts die jüngere Chronik Italiens zum Vorschein, Verschwörung, Gewalt, Drogen, Kommunismus und Mafia sind wie in Wirklichkeit sichtbar und unsichtbar zugleich. Der Erzähler schüttelt dabei selbst immer den Kopf und stellt alles in Frage, was ihm da vorgesetzt wird. Aber es ist wahrscheinlicher, die Geschichte des Anwalts zu glauben, als für das literarische Programm einen Krimi zu erfinden. So fühlt sich auch die Geschichte um den Chaos-Agenten recht gut an, und man kommt als Leser nicht in den Verdacht, erfundenen Schund zu lesen. Denn der Erzähler ist ein verlässlicher Anwalt des Lesers.

Giancarlo De Cataldo beherrscht das Milieu aus dem Effeff, durch seine Erfahrung aus dem Justizbereich gelingt es ihm, unter dem Genre Thriller den Wahnsinn der jüngeren Zeitgeschichte Italiens zu erzählen. Dabei liegt das LSD-Thema durchaus im Trend. Der US-Autor T.C. Boyle hat gerade Amerika und Europa mit seinem psychedelischen Bestseller »Das Licht« verrückt gemacht.

Die inzwischen betagten Leser nicken zu diesen LSD-Romanen; wer die Drogen damals überlebt hat, muss zugeben, dass es so gewesen sein könnte. Und die Kids erkundigen sich immer öfter: Großvater, wie war es damals, als an den Unis vorne der Computer und hinten das LSD erfunden worden ist?

Fußball ist auch bei Regen schön

Es gibt so Lebensweisheiten, die muss man sich durch ein intensives Leben erarbeiten. Eine solche Weisheit lautet: Die wahre Kunst findet im Prekariat statt! Eine Gruppierung, die diesem Überlebensprogramm huldigt, sind die Beatniks in allen Varianten. Sie können als Musiker, Schriftsteller oder Fußballkünstler auftreten, stets bleiben sie dem Fußballmotto treu, wonach man sich möglichst am Rand entlangspielen muss, um in Tornähe zu gelangen.

Elias Schneitter: Fußball ist auch bei Regen schön. Zirl: BAES 2019. 84 Seiten. EUR 17,90. ISBN 978-3-9504833-2-1.
Elias Schneitter, geb. 1953 in Zirl, lebt in Zirl und Wien.
10/10/19

Elias Schneitter ist ausgewiesener Fachmann für prekäre Kunstformen. Sein Reader »Austrian Beat« versammelt eine Auswahl von Autorinnen, deren Leben an der Kante zum Überleben entlangläuft, wodurch das literarische Werk oft außerhalb der gesellschaftlichen Wahrnehmung zu liegen kommt. Denn auch in der Literatur gilt in Zeiten fossiler Energien die Parole: Ohne Kohle läuft nichts!

Längst ist die Parallele zwischen Literatur und Fußball dokumentiert, einschlägige Kaliber wie Wendelin Schmidt-Dengler, Klaus Zeyringer oder Franzobel haben die beiden Welten mit ihren eigentümlichen Gesetzen und Vokabeln in Aufstellung gebracht.

Elias Schneitter dokumentiert bereits im Titel seiner »Auto-Kick-Biographie«, dass es um den irdisch-bodenständigen Fußball geht, um das Kicken der Kids und späteren Aufsteiger in bürgerlichen Berufen, um den Fußball am Rand des Dorfes auf der Gstettn zwischen dem Aushubmaterial der Häuslbauer, um Fußball im Regen eben.

In einer durchgängigen Ich-Erzählung kommt eine typische Underdog-Karriere zum Vorschein. Zu Beginn hat der Erzähler nicht einmal einen eigenen Ausweis und muss mit fremdem Namen und Ausweis zu den Matches antreten. Bei der Siegesfeier freilich schmaust der Ausweisträger die Würstel, die allenthalben als Prämie ausgelobt sind. Die schöne Welt der Brache wird jäh unterbrochen, als der Held ins Internat muss. Wer eingesperrt ist, verliert oft seine Mannschaft, wiewohl gerade Inhaftierte und Internatszöglinge den besten Fußball der Welt spielen.

Später wird der Erzähler ins Ober- und Unterland verschlagen, wo er als Hilfstrainer, Outwachler und Reserve-Manager in diversen Vereinen reüssiert. Ewig in Erinnerung bleibt eine furchtbare Niederlage, die der Coach mit dem Rücken zum Feld überstehen muss. Noch Jahre später wird er auf der Straße angesprochen und mit jenem legendären Spiel in Verbindung gebracht, bei dem die betreute Mannschaft schließlich auf das eigene Tor schoss, um irgendwie die Zeit bis zum Abpfiff zu überbrücken.

Dramatisch können freilich auch Spielbesuche ausfallen, die der inzwischen Vater gewordene Chronist mit seinem fußballbegeisterten Sohn absolviert. Einmal bricht ein Spieler zusammen und muss mit dem Helikopter abtransportiert werden, ein andermal verwechselt die Kellnerin der Kantine Schnaps mit Spülmittel, was zu horrender Verätzung führt. Der Sohn wird von diesen Ereignissen tapfer abgeschirmt, aber er kapiert, dass Fußball auch mit Tragödien um Leben und Tod zu tun hat.

Die entscheidende Frage für Beatniks-Kicker ist immer jene nach dem Überleben. Der Autor arbeitet mittlerweile bei der Krankenkasse, die um diese Zeit als Zentrum des Beat gilt. Der Direktor ist gleichzeitig Vereinspräsident eines Landesligavereins und stellt seine Mitarbeiter nach den Bedürfnissen der Spielgemeinschaft an. Bei ihm wird nicht ein Stürmer gekauft, sondern jemand in der Krankenkasse angestellt, der stürmen kann. Nach wilden Spielen dürfen die Regio-Stars ihre Blessuren in der Krankenkasse behandeln lassen.

Als Fußball-Historiker hat Elias Schneitter Zugang zu einem gigantischen Fundus an Anekdoten und Kleinschicksalen. Oft genügt es, das Foto einer historischen Mannschaft aufzublenden, und schon springen zu jedem Namen die entsprechenden Erinnerungen an. Mittlerweile ist Elias Schneitter so etwas wie »Lebens-Fan« beim Wiener Sportclub, dessen Historie mindestens so heftig ist wie jene des FC Wacker in Tirol. Beide Vereine sind längst über dem Zenit der Vereinsgeschichte und somit ideale Leitvereine für das Kicken ohne Sonnenschein.

Im Fußball der sogenannten Niederungen spielen auch Vorbilder und Genies eine große Rolle. Wegen eines genialen Passes in die Weite des Spielfelds wird der Autor plötzlich Löhr genannt, weil dieser in der deutschen Bundesliga ebenfalls einen solchen Pass geschlagen hatte. Wenn jemand außerhalb des Platzes ein exzessives Leben führt, wird er mit Georgie Best verglichen, den man oft fälschlich für einen Schotten hält, weil man sich als Nordtiroler nichts unter einem Nordiren vorstellen kann. Wenn jemand zum Genie erkoren wird, ist es selbst im Fußball egal, welche Nationalität er hat. (35)

Diese wundersame Geschichte vom Fußball jenseits der Kohle lässt sich am besten mit einem Schweizer Witz abrunden. Beim Literaturfestival in Hall in Tirol erklärt der Schriftsteller Peter Bichsel zu später Stunde, warum der Schweizer Fußball nichts mehr zusammenbringt. »1924 gab es beim Schweizer Fußballverband eine Statutenänderung: Damals wurde das Rauchen auf dem Spielfeld während eines Matches verboten.«

Startrampen

Startrampen sind Vorrichtungen, um militärische, politische oder sportliche Abenteuer zu inszenieren. Auch in der guten Lyrik sind immer wieder Startrampen installiert, von denen aus das lyrische Ich seine Poesie in den Weltraum oder in die nächste Pfütze schießt.

John Sauter nennt seine Gedichte-Komposition Startrampen. Diese liegen oft als einzelne Gedichte im Gelände verstreut, zwischendurch aber auch zu Batterien oder Kapiteln zusammengefasst. Die sechs Kapitel sind um eine amorphe Stadt gezogen, die in Sinn und Würde entgleist ist. Die General-Überschriften »Mörtelland, Routen, Dazwischen, Mythos, Mörtelstadt, Startrampen« erzählen von einem Zustand, worin Aufbau und Dekonstruktion, Stillstand und Dynamik, Dekadenz und Aufbruch sich die Waage halten. Das lyrische Ich strolcht dabei durch das aufgeschüttete Brachland der Vorstädte und kontrolliert wie ein derangierter General, ob die aufgestellten poetischen Geschütze auch scharf gemacht sind.

Schon das erste Gedicht vom Eigenheim (7) zerlegt das Märchen vom Haus im Grünen in seine betonierten Einzelteile. Alles ist vorgefertigt, seriell und universell, das Häuschen gleicht einem Ausstellungsstück, wie es auf der anderen Straßenseite steht. Alles riecht nach Baumarkt, selbst das Bordell im Wohnwagen hinter der obligaten Kinderrutsche für den Spielplatz. Obwohl sämtliche Elemente von einer prosperierenden Gesellschaft zeugen, ergibt das Ganze einen Ort der Lächerlichkeit, auf den die Sonne milde in den Farben eines Katalogs scheint. Sogar der Wald im Autobahnkreuz ist höchstens ein Zitat, ein Anführungszeichen aus Holz.

Wer glaubt, das Ausbrechen aus einem vermörtelten Gelände könnte einen neuen Blick auf die Welt mit sich bringen, wird in seiner Routenplanung auf architektonische Zeichen zurückgeworfen. Unter Stahlträgern trocknet die Farbe, die einem Suff im Kopf gleicht. Die Reste der Architektur sind zu Lungenflügeln verkommen, an der S-Bahn-Strecke

John Sauter: Startrampen. Gedichte. Wien: Edition fabrik.transit 2019. 153 Seiten. EUR 13,–. ISBN 978-3-903267-09-1. John Sauter, geb. 1984 in Freiberg / Sachsen, lebt in Wien und Leipzig. 16/10/19 kleben leere Wohngebäude, die letzten Nadelbäume wachsen aus der Stadt hinaus.

Das lyrische Ich richtet sich in dieser künstlichen Welt ein, so gut es geht. Es genügt beispielsweise, den Himmel umzudrehen, und das Zitat, auf dem man liegt wie in einem Rapsfeld, löst sich in Farbe auf. Selbst die in der Lyrik notwendigen Vögel, die den Inbegriff für Flug und Freiheit bedeuten, sind nur mehr als Krähen vorhanden. Völlig urbanisiert halten sich diese Vögel an ausgesparten Stellen auf und ernähren sich wie Menschen, während sie in ganzen Sätzen sprechen.

Die neue Stadt ist ein Dazwischen, im Kern liegt der Mythos einer Zitadelle antiken Stils, draußen löst sich das Gelände auf, selbst die Birken zerbröseln an ihren Rissen. »Die Stadt wird enden / Ohne Sirenen / Ohne Meteor / Einfach zu Ende / Und du bei mir.« (89) Mit einem Vokabular aus der Endzeitstimmung hält sich das lyrische Ich über Wasser und versucht, die alten Geschichten von Liebe und Traum am Leben zu halten. Angesichts des Untergangs sind die Floskeln, mit denen früher die Liebe gestanden worden ist, besonders tragfähig für das Unglück. Endlich sind die Startrampen für eine neue Zeit aufgebaut. Die Ziele sind unbekannt, aber das Gelände, worin diese Zeichen für Veränderung stehen, erweist sich als mörtelfest. Das lyrische Ich wartet hinter einem Bahndamm im Brachland, dass jemand kommt, es ist alles gut, der Reis für das Essen ist gekauft. Eine Anti-Angst-Kette ist vorbereitet. »Ich habe zugehört / Gepickt, abgekupfert / Und sie einfach gebaut / Die Anti-Angst-Kette / Nimm // Wir müssen nie wieder Angst haben.« (153) John Sauter entwickelt mit seinen Startrampen-Gedichten eine Poesie, die den Weltuntergang besiegt. Obwohl die Gedichte eine Dystopie ergeben und es nur so wimmelt von toten, brachliegenden Worten, entsteht eine Temperatur, in der sich alles aushalten und überleben lässt. Alexander Kluge würde von 37,2 Grad sprechen, so wie damals, als der Ur-Ozean wohlig die ersten Einzeller umspült hat.

Orbis Terrarum

Selbstbewusste Dichter nennen ihr Opus Magnum oft mit dem Gestus eines Papstes »Orbis Terrarum«, was so viel wie »die ganze Welt« bedeutet. Das ist ja die geheime Aufgabe jedes Schriftstellers, dass er seine ganze Welt aufschreibt und dem Publikum zur Verfügung stellt.

Peter Steiner: Orbis Terrarum. Roman. Band 1. Das Kriegskind.

Innsbruck: Edition Laurin 2019. 332 Seiten. EUR 23,90. ISBN 978-3-902866-80-6.

Peter Steiner, geb. 1937 in Baden, lebt in Baden.

18/10/19

Bei Peter Steiner kommt freilich eine Welt-Spezialität hinzu, er ist im Laufe seines Lebens wirklich überall auf der Welt gewesen, als Geologe hat er dabei das Wesen der Welt erkundet, ihre Morphologie und ihre Substanz. Die Welterkundung endet auch für den erfahrensten Weltenbummler bei sich selbst, in einer gigantischen Biographie durchschreitet jeder Held eine Laufbahn von den ersten Kindheitseindrücken an bis hin zum Sterbebett.

So heißt der erste Band des Giga-Werkes recht schlicht und auf die politisch stillen Jahre der »österreichischen Besatzungszeit« reduziert: Das Kriegskind. Der Held Karl muss glauben, was man ihm von seiner Geburt erzählt, denn er hat keine eigene Erinnerung daran. Er soll im Feuerschein von Naziumzügen auf die Welt gekommen sein. Wie alle Kinder nimmt er die Ereignisse, während sie geschehen, als die einzig richtige Welt wahr. Erst hintennach lassen sich aus singulären Szenen diverse Verläufe und Geschichten rekonstruieren.

Da spielt das Nazireich bis in die kleine Welt von Bad Kleinheim hinein, irgendwo liegt das Wort Anschluss herum, der Vater ist im Krieg und der Großvater zeigt dem Jungen Karl Munitionsreste, die Flugzeuge auf dem Dach des Waldgasthofes verloren haben. Ein Bild sticht aus diesem Kindheitsbild heraus. Der Vater kontrolliert während eines Heimurlaubs eine Waffe und fährt dann wieder nach Warschau, wo er im Ghetto eingesetzt ist. Das Kind kann nicht genau sagen, was es mit dieser Waffe auf sich hat, aber es ahnt, dass hier etwas Mörderisches zugange geht. Auch später wird sich diese Szene nicht mehr aufklären lassen, weil der Vater beharrlich schweigt oder die Wörter austauscht.

Den Austausch der Wörter erlebt Karl auch, als er nach dem Krieg nach Tirol in ein Gebirgsdorf verschickt wird, wo er als Flüchtling nicht viel zu melden hat, denn die haben alle ganz andere Wörter, mit denen sie sich in den Bergen verständigen. Als er wegen seines Namens Karl ausgelacht wird, nennt er sich Veit Troyer nach dem nächstbesten Gebirgsbach, den er vom Hörensagen kennt. Jetzt ist er einheimisch, hat die Identität gewechselt und die Nazispuren sind verwischt. Da alle etwas zu vertuschen haben, fällt der Identitätswechsel nicht weiter auf.

Die Weltlage wird von den Verwandten ausgiebig diskutiert und in ein Weltbild gebracht. In der Gegend ist es üblich, vom Märtyrer Dollfuß zu sprechen. Man darf nicht alles sagen, aber wenn man vage bleibt, passiert einem nichts. Auch der Mythos vom Andreas Hofer bricht jedes Mal auf, wenn der sogenannte Rote Schnee fällt. Andere meinen freilich, man solle besser an die frisch Gefallenen denken als an den alten Hofer.

Aus dem Gefühl einer generellen Ohnmacht heraus wird Veit in ein Internat gesteckt, er kommt aber darin nicht zurecht. Er wird Buchdrucker lernen und vielleicht geographische Karten konzipieren. Zur Vorsicht fängt er mit den ersten Reisen an, mit dem Schiff geht es in die Levante, im Jahr darauf kommt der Held schon ans Nordkap. Nicht alles, was man draußen sieht, kann man im Österreich drinnen brauchen. Veit muss vor allem Zielscheiben drucken, die sind jetzt gefragt, wo man wieder frei schießen kann. Denn die Alliierten ziehen ab und Österreich ist frei.

Das Kriegskind ist ein abgeklärter Erzählversuch, das allmähliche Einsickern der Wahrheit in das geschockte Nachkriegsösterreich zu beschreiben. Die Verdrängungsformeln brechen auf, während man die Geschichte erzählt, und darunter kommt ein arges Leben voller Untat und Schuld zum Vorschein. »Die Vergangenheit ist erst Vergangenheit, wenn alle tot sind.« (200) Gegen dieses Totstellen kämpft der Roman an.

Blaue Schatten

Es gibt synthetische Krimis, die werden aus Langeweile am Dichter-Reißbrett entworfen und dem Leser als künstliche Welt vorgesetzt, und dann gibt es Romane über realistische Sozialdesaster, die notwendigerweise in einen Krimi kippen.

Christian Moser-Sollmann schreibt als studierter Kulturwissenschaftler eine saloppe Studie über einen schicken Barkeeper, der in einem Wiener Bezirk in einer Blase lebt. Tom ist schon vor langer Zeit aus der Provinz zugewandert und beherrscht bereits den negativen Sound des Jammerns wie ein Einheimischer. In seinem Weltbild gibt es ein Bundesländerranking der Dekadenz. »Niederösterreich war Toms Erfahrung nach weit vor Vorarlberg, Oberösterreich und Tirol das verkommenste Bundesland Österreichs.« (11) Aus dokumentarischen Einsprengseln wissen wir, dass er einer nach Osttirol eingewanderten Brauereidynastie entstammt und daher den Umgang mit dem Alkohol in den Genen hat.

Christian Moser-Sollmann: Blaue Schatten. Roman.
Wien: Dachbuch Verlag 2019. 265 Seiten. EUR 14,90. ISBN 978-3-903263-00-0.
Christian Moser-Sollmann, geb. 1972 in Thurn, lebt in Wien-Meidling.
21/10/19

Toms Welt- und Weitblick beschränkt sich auf das Nötigste. Wohnung, Altlast einer Beziehung, Mutter mit Schlaganfall, Trinken, Drogen, und ab und zu eine Frau, bei der man Dampf und Sperma ablassen kann. Die Blauen Schatten verweisen auf ein mexikanisches Sprichwort, wonach »die Seele vom Tag zur Nacht geht wie die Erde«. Und wie ein Psycho-Hamster tritt Tom jeden Tag seinen Bardienst an, absolviert manchmal die Strecke von der Wohnung zum Dienstort zu Fuß, aber das ist es auch schon. Alle übrigen Erlebnisse entspringen diversen Regularien, die mit der Zeit jeder im Blut hat wie die Suchtmittel, die den Lebensinhalt ausmachen.

Erzählt wird dieses Leben in der Blase von der Ich-Erzählerin Marlies. Sie ist Wirtschaftsjournalistin und will eine Studie verfassen, worin der Handel mit Gras als wertvoller Wirtschaftszweig gewürdigt werden soll. Tom ist zuerst eine typische Bargeschichte, allmählich übernimmt Marlies aber seine Perspektive, und obwohl das Ich eine Außensicht ermöglichen soll, verklumpt in der »Währinger Szene« alles zu einem brüchigen Wahrnehmungsknäuel rund um das Grätzl.

Die Höhepunkte sind in diesem scheinbar maßlosen und ungezügelten Leben recht dünn gesät, die Freiheit eines Barkeepers ist vielleicht gar nicht so groß wie jene des Freundes Willi, der als Landes-Archivar wenigstens eine Ordnung in den Objekten und im Leben hat.

Als Tom wieder einmal Notstand hat, will er sich einen HIV-Test von der Ärztin holen, da er aber weder Geld noch Versicherung hat, muss er ohne Test auskommen. Die Frau ist gnädig und glaubt ihm, wie man eben einem Träumer glaubt, für den alles easy ist.

Trotz diverser Vorsichtsmaßnahmen fliegt das Drogengeschäft an der Bar auf, es gibt eine Vorladung zum Urintest bei der Polizei, die der Held für einen Augenblick als Bestätigung seines Kirchenaustritts ansieht.

»Tom resümierte sein Leben: Er verdiente 2.500 Euro netto, zahlte 770 Euro Miete und hatte in 25 Erwerbsjahren nur 5.000 Euro zur Seite gelegt. So wie es aussah, musste er weiterarbeiten. Es gab keinen Ausweg aus dem unterbezahlten Dienstleistungsgewerbe. Eine Invaliditätspension war trotz lädierter Schulter keine realistische Option; also musste er sich das Erwerbsleben so angenehm wie möglich gestalten.« (114)

Im Zustand des blauen Schattens sind selbsterlebte Zahlen genauso fiktional wie Daten aus einer Studie. Der blaue Farbton gilt schon seit Jahrhunderten als Beleuchtung für die Romantiker, welche das Leben nur aushalten, wenn sie in ihrer Blase bleiben.

Kulturphilosophisch tut sich Nacht für Nacht eine einzigartige Welt auf, die für jeden offensteht. Wahrscheinlich ist das das geheime Ziel jedes Provinzlers, dass er in die Großstadt zieht, um sich in der Nacht zu versenken, bis die Räusche ausgetrunken und die Organe aufgebraucht sind.

Rikolas letzter Auftritt

Eine Zeitlang glaubte man schon, der historische Roman habe sich überlebt, weil man ja alles in Wikipedia nachschlagen kann. Aber mittlerweile werden die Vorzüge dieses Genres wieder geschätzt, als da sind: Emotion, politisches Update und Begründung eines Themas.

Bernd Schuchter kümmert sich in seinen Romanen aus dem Literaturbetrieb um entlegene oder vergessene Szenen, dabei scheint alles unter dem Motto des aktuellen Nachsatzes zu stehen: »Allen Verbündeten der Literatur gewidmet, besonders A.«

Rikolas Auftritt handelt von dem österreichischen Kapitalisten, Firmenimperianer, Unterhaltungsschriftsteller und Spekulanten Richard Kola, der im geschrumpften Österreich nach 1918 aus dem gleichnamigen Konzern heraus den Rikola Verlag gründete und führte. Im Verlag sind nach dem Ersten Weltkrieg alle sogenannten schriftstellerischen Größen Österreichs vertreten, wobei das schon das erste Thema ist: Wie kann in einem kleinen Land ökonomisch gesehen große Literatur entstehen? Das zweite Thema ist die Literatur als Spekulation und Geldanlage. Das dritte Thema schließlich die Moral.

Bernd Schuchter: Rikolas letzter Auftritt. Roman. Wien: Braumüller 2019. 154 Seiten. EUR 20,–. ISBN 978-3-99200-248-1.

Bernd Schuchter, geb. 1977 in Innsbruck, lebt in Innsbruck.

26/10/19

Alle drei Felder (Größe, Geld, Moral) bestimmen bis heute den österreichischen Literaturmarkt, wobei wahrscheinlich alles auf wackeligen Beinen steht. »Kola dachte an das Wort ›fiktional‹, das er noch nie recht verstanden hatte. Die Literatur kommt ja doch aus dem Leben, nicht wahr, sie muss selbst erlebt sein, um Literatur zu sein.« (142)

Eine Faustregel zieht sich durch den Literaturbetrieb, seit er durchkapitalisiert ist: Literatur ist das, was gelungen vermarktet wird. Alles andere ist Romantik. Richard Kola ist von seinen Erfolgen in der ausgehenden Monarchie selbst überrascht. Als er das Firmenimperium aufgebaut hat, versucht er die Mechanismen der Industrie und des Anlagewesens auf die Literatur zu übertragen. Er will einen Großverlag installieren, der Deutschland als Markt zum Inhalt hat. Mit einem herrschaftlichen Honorar schmeichelt er dem für Geld anfälligen Thomas Mann, der ihm daraufhin das Felix-Krull-Manuskript zur Publikation überlässt. Der Ausdruck Hochstapler kriegt dabei eine zusätzliche Bedeutung.

Der nächste große Schachzug soll ein Manuskript eines gewissen Hitler sein, der anscheinend einen großen Umsatz erwarten lässt. Als Werbekampagne wird daher eine große Redoute veranstaltet, auf der Literatur wie Geschäfte und Geschäfte wie Literatur verhandelt werden sollen.

Aber dann überstürzen sich die Ereignisse. Der anwesende Bundeskanzler Ignaz Seipel gibt zu verstehen, dass man den Druck von Schriften des staatenlosen Hitler in Österreich nicht zulassen werde. Und gleichzeitig implodieren an der Pariser Börse die Spekulationsveranlagungen, und der Rikola Verlag muss noch am nächsten Tag liquidiert werden.

Bernd Schuchter ist selbst Verleger und erzählt den historischen Fakt mit dem Herzblut eines Unternehmers, der quasi jeden Tag um Einlass in die Literaturszene betteln muss. Das Verhältnis Geld und Literatur ist in diesem Falle eine Geschichte des Prekariats. In romantischer Weise lässt sich daraus eine Selbstverwirklichung basteln. Die wahre Literatur nämlich ist klein, menschlich, hat Moral und kämpft jeden Tag ums Überleben. (Die Rente des Beatniks ist der Tod, heißt es in einem einschlägigen Aufsatz.)

In einem Roman, der einen Unterhaltungskünstler zum Helden hat, müssen natürlich die entsprechenden Klischees bedient werden. Der Autor macht das elegant, indem er sich fast mit Ekel der Beschreibung des kapitalistischen Verlegers entledigt. Allein die Szene, in der der Geldmacher die Zigarre absetzt, dem Fräulein Grünschnabl während des Diktats den Schwanz von hinten ins Genital steckt und dann wieder die Zigarre und die Geschäfte aufnimmt, ist trumpisch genau. Geld ist in jeder Zeile das Gegenteil von Literatur, weshalb die sogenannte Gegenwartsliteratur die Gesellschaft indirekt genau beschreibt.

Bernd Schuchter gelingt nicht nur ein Verlegerporträt, das man sich als Abschreckungslesezeichen in jede aktuelle Lektüre klemmen kann, er entwickelt auch das Genre »historischer Roman« zu einem Instrumentarium, mit dem sich Moral verwalten lässt. Und auch der Verlag spielt mit und gestaltet den Umschlag als Jugendstil-Anspielung, wobei der Titel als pure Dekoration gestaltet ist.

Am Schluss des Romans fragt sich der Welt-Autor Stefan Zweig, »ob er für heute ein Erlebnis haben wolle«. (154) Er würde es dann ins Tagebuch eintragen. Aber dann beschließt er, keine Zeitungen mehr zu lesen, weil das Wichtige nur in Romanen steht. Wir Leser wissen aber, dass dieser Zweig noch ein Erlebnis der existentiellen Art haben wird.

Ganz schön frech!

Das gute alte Hausbuch dient oft als poetischer Notfallkoffer. Egal ob sich jemand in den Finger schneidet, das Gleichgewicht verliert, oder ob die Verpflegung Schimmel ansetzt, immer gibt es im Hausbuch einen passenden Spruch, der den Sachverhalt wenigstens eingrenzen, wenn schon nicht verändern kann.

Markus Köhle und Robert Göschl haben jetzt für den Hausgebrauch ein freches Kunstwerk komponiert, das für alle Lebenslagen eine passende Skizze oder einen entsprechenden Ermunterungszuruf parat hält. In 52 Gedichten für die ganze Familie wird ein komplettes Jahr abgedeckt, für jede Woche gibt es eine frische Erkenntnis, die das Weiterleben geradezu zur Pflicht macht.

Ganz schön frech ist dabei die Tonlage. Die Gedichte trauen sich was, indem sie eine heimliche Wahrheit aussprechen, die sonst oft durch Tabu-Patina eingetrübt ist. Wie in vier Jahreszeiten gliedert sich das Buch in »voll frech«, »voll bunt«, »voll schön« und »ganz schön anders«. Der gelernte Überlebenskünstler vermisst an dieser Stelle ein Kapitel über »voll fett«, aber da sich das Buch auch an Kinder richtet, sollten diese nicht mit Entgleisungen der Erwachsenen zu sehr eingenebelt werden.

Beim ersten Lesen drängen sich natürlich spitze Bemerkungen und Kalauer-Abwandlungen in den Vordergrund, die Langgedichte haben andererseits durchaus den Zug zu einem philosophisch ausgeklügelten Weltbild.

Oberstes Gebot in der Literatur ist die Vorsicht, und im Zeitalter von Fake-News wird das Zurückschrecken vor dem ersten Eindruck zur Kunst. »Lyrikpessimismus // Das Gedicht / Der Gedichte / Dem Gedicht / Nicht zutrauen // Das Gedicht / Der Gedichte / Dem Gedicht / Nicht zu trauen« (14) In diesem Zwielicht von Poesie und Fake sind auch diverse Definitionen angelegt, die im Stile eines Tweets die Welt erklären. »Brettljause // Käse ist Milch mit Löchern / Wurst ist Tier in Scheiben / Obst ist gesund in bunt / Brot ist Teig in Laiben.« (27) Unterstrichen wird die Relevanz dieser Erkenntnisse durch eine famose Zeichnung, worin ein Schwein fröhlich als Ganzes in Scheiben geschnitten ist, sodass es auch Veganern Lust auf es macht.

Eine gute Überlebensstrategie besteht darin, an das Gegenteil von dem zu glauben, was von allen geglaubt wird. Wenn es also eine Fleißaufgabe gibt, die hohes Ansehen genießt, sollte man sich schnell eine Faulaufgabe zulegen. (79)

Im Laufe eines Jahres gibt es immer wieder Durchhänger, sodass man wirklich 52 Gedichte braucht, um alle Ermüdungserscheinungen einer faden Seele abzudecken. Entscheidend ist dabei die Berufswahl. Beim

Markus Köhle: Ganz schön frech! 52 Gedichte für die ganze Familie. Illustriert von Robert Göschl.

Wien: Luftschacht 2019. 83 Seiten. EUR 15,40. ISBN 978-3-903081-43-7.

Markus Köhle, geb. 1975 in Nassereith, lebt in Wien.

Robert Göschl, geb. 1977 in Klagenfurt, lebt in Südtirol.
28/10/19

Neffen steht der Autor hoch im Kurs, denn dieser gilt als Dichter, und
»die Arbeit des Onkels ist selten«. Der Job spielt auch eine entscheidende Rolle, wenn diverse Berufe erklärt werden müssen, beispielsweise
am AMS, wenn das Kind nicht so recht weiß, was es werden könnte.
»Tennisspieler haben Schläger / Hirschfänger haben Jäger / Lehrerinnen
haben Drahtseilnerven / Schmiede sollten nicht Hammerwerfen« (37)
Wenn einmal nichts los ist, ist Alltag. »Alltag pur rund um die Uhr« erzählt von einem Nullachtfuffzehn-Tag, bei dem das Gedicht über diesen
Tag der Höhepunkt ist.
Aber dann ist gottseidank wieder was los, es geht um ein Eier-Gedicht,
das sofort alle Menschen in ihre Herzen schließen, egal ob sie traurig
oder ernst, klug oder reich, groß oder klein veranlagt sind. Fast alles, was
wir sehen und empfinden, kann die Hülle für eine unerwartete Erkenntnis sein, wie eben in den Überraschungseiern immer etwas drin ist, auch
wenn nichts drin ist. »Igel sind Stacheln mit Nasen / Ostern ist Eier von
Hasen // Eier im Fußball sind Pflicht / Fußballgedichte nicht.« (33)
Ganz schön frech ist eine Lebenshaltung und sollte in keinem Haushalt
fehlen. Wer Single ist, hat zudem den Vorteil, dass alle Familiengedichte
für ihn allein gelten, dann kommt eine Menge Freches zusammen!

Seiltänzer und Zaungäste

Als aufregendste Geschichte für Journalismus und Poesie gilt nach wie
vor jene Episode, wonach in China ein Sack Reis umfällt, sodass in Europa ein Erdbeben entsteht, weil alle davon berichten.
Jörg Zemmler erzählt in seinen »Seiltänzern und Zaungästen« über hundert Mal von solchen Reis-Unfällen, in seinen Geschichten freilich fällt
jemand unauffällig um, im Kühlschrank geht das Licht aus, oder während
der Wanderung zerbröselt neben dem Weg ein Stein. Diese 114 Begegnungen tragen jeweils den Namen einer Heldin oder eines Helden, aus
dem Inventar für günstige Vornamen sind von Julian bis Saskia Namen
herausgenommen, die mit einer Episode unterlegt sind. In der Psychologie könnte man von Syndromen und Traumata sprechen, die aufgelistet
werden, also das Klaus-Syndrom, das Annemarie-, Werner- oder Irene-
Trauma. Im Leser lösen diese Geschichten Reflexe aus wie Krankheiten
beim Psychologen. Einzig das Kapitel »Mut« macht eine Ausnahme,
der Mut nämlich, ob mit oder ohne »th« geschrieben, ist ein bloßer
Name, der für sich noch nichts erzählt. (60)
Seiltänzer und Zaungäste beschreiben zwei Außenseiterpositionen einer

Gesellschaft, der Seiltänzer exponiert sich auf Leben und Tod, während er seinen Akt vollführt, der Zaungast hingegen versteckt sich während seiner Beobachtung und erfährt in der modernen Netzwelt in der Form des Gaffers einen neuen Höhepunkt.

Was kann nun alles ein Reissack sein, der umfällt? Im Grunde genommen alles, hauptsächlich aber sind es Irritationen bei Beziehungen, Krankheiten, öffentliche Hoppalas oder pure Wetterumschwünge, die zu einer literarischen Begegnung ausarten können.

Wie immer bei Text-Ansammlungen kommt der ersten Geschichte eine maßgebliche Bedeutung zu, sie stößt nämlich den Leser unvorbereitet in den Erzählmodus. Im ersten Spot sitzt folglich Julian am Dach und beobachtet die Welt wie aus einem Kinderbuch heraus. Noch während er die einzelnen Pigmente des Panoramas in sich aufsaugt, setzt ein gewaltiger Regen ein und droht ihn vom spontan glitschigen Dach zu werfen. Es dauert eine Schrecksekunde, bis der Held die neue Witterung registriert hat und zu reagieren vermag, indem er den Dachstandpunkt verlässt.

Jörg Zemmler: Seiltänzer und Zaungäste. 114 Begegnungen. Wien: Klever 2019. 218 Seiten. EUR 22,–. ISBN 978-3-903110-53-3.

Jörg Zemmer, alias Jörg Zemmler, geb. 1975 in Bozen, lebt in Seis am Schlern und in Wien.

01/11/19

Nach diesem Muster ist ein Großteil der Geschichten zusammengefügt, Held und Leser sind im gleichen Augenblick überrascht, was ihnen als Plot zugemutet wird. Ilse etwa hat Höhenangst, die sie seltsamerweise überkommt, wenn sie die Wohnungstür ohne Klinke von außen schließt. Otto fällt einfach um und begibt sich in den Krankenstand, um vielleicht eine Ursache für den Umfaller zu finden.

Manche Geschichten haben sich während der Kindheit in eine Zeitkapsel geflüchtet und tauchen erst Jahrzehnte später im Innern der Helden auf und ergeben erst recht keinen Sinn. Das Kind Niki wollte einst einen Erwachsenen fragen, wie man sicher sein kann, dass im geschlossenen Kühlschrank das Licht aus ist, aber es gibt schon seit Jahrzehnten keine Situation, in der man diese Frage stellen könnte. Dabei durchzuckt es Niki jedes Mal, wenn sie den Kühlschrank schließt.

Helmut wird von einem anderen Vogel geplagt. Ihm ist einmal eine ganze Wandersaison versaut worden, weil die Schuhe beim Gehen gequietscht haben. Jetzt hat er immer Angst vor dem Frühjahr, dass das Quietschen wieder einsetzt, aber die neuen Schuhe helfen manchmal.

Walter hingegen ist kein Freund des Wanderns, dennoch findet er sich regelmäßig auf Wanderwegen wieder und stößt am Rand liegende Steine um in der Hoffnung, dass sie dabei zerbrechen. Zerbröselnde Steine nämlich erklären die Entstehung der Welt und ihren Zusammenfall.

Die geheime Relevanz all dieser Geschichten zeigt sich, wenn sie unerwartet mit der Welt des politischen Lebens zusammentreffen. Eine Frau begegnet im Flugzeug einem Passagier, der abgeschoben werden soll. Sie verfällt daraufhin mit ihm in eine so heftige Diskussion, dass beide aus dem Flieger entfernt werden. Für ihn ist das gut, denn er kann vorläufig im Land bleiben, für sie nicht, denn sie verpasst das Urlaubsziel. Aber das ist eben das Ergebnis, wenn sich Zaungäste plötzlich einmischen und zu Seiltänzern werden.

Der Schluss ist aufregend beruhigend, wie die Kunst des Jörg Zemmler: Erich sitzt auf der Hausbank und seine Geschichte verglüht als Sonnenuntergang.

Lesen wie ein Sisyphus!

Merksätze eines ruhenden Bibliothekars

— Wir müssen uns nach Camus den Sisyphus als glücklichen Menschen vorstellen.

— Tatsächlich ist es das Einzige, was man vom Lesen sagen kann: Es macht, meditativ und ausdauernd betrieben, glücklich.

— Der Sinn des Lesens ist ja wahrlich nicht viel mehr, als am Schluss des Buches den hinteren Deckel zuzuschlagen und den vorderen eines neuen Buches aufzumachen.

— Dieser Zeitvertreib ist auch notwendig, um im Zeitalter der Globalisierung jene Grauzone zu finden, worin sich diffuses Weltwissen und aufgelöstes Individuum ungestört treffen können.

— Über das Buch können sich Leser und Weltgeist noch halbwegs ungestört und intim aufeinander einlassen.

— Die Welt in der Provinz ist die Peripherie. Peripherie ist mehrdeutig und bedeutet alles, was in unmittelbarer Umgebung herumliegt. Der Horizont eines Provinzbewohners reicht normalerweise bis an seine Peripherie.

— Periphere Literatur bezieht sich somit auf Lektüre, Geographie, biographische Stationen, Themen oder politische Ausfransungen.

— Wenn in einer Geld-Gesellschaft alles auf Kohle aufgebaut ist, warum soll es dann nicht auch die Literatur sein? Wenn wir von Literatur sprechen, meinen wir immer ein Geschäftsmodell, bei dem einige viel und andere fast nichts verdienen.

— Diesem kapitalistischen Literaturmodell entspricht am besten eine kapitalistische Definition. »Literatur ist das Getue um den Text.«

— Ob jemand von der Literatur leben kann, merkt er erst, wenn er das erste Mal das Pensionskonto aufschlägt.

— Das Getue besteht aus Cover, Klappentext, Autorenlesung, Vorlass, Nachlass, Stipendium, Rezension, Bestenliste, Festival und dergleichen.

— Ein kluger Leser tut alles, dass er dem Getue aus dem Weg geht und irgendwann den puren Text erwischt.

— Leser in Bibliotheken tun alles, um nicht lesen zu müssen. Sie schauen sich Verfilmungen an, gehen auf Buchmessen, jausnen viel bei Buchvorstellungen, blättern viel in Katalogen und hoffen, dass das Buch schon vergriffen ist, wenn sie ihm schon nicht mehr entkommen können.

— Am besten lässt sich die literarische Unwucht eines Jahres ablesen, wenn man in Wikipedia das sogenannte »Literaturjahr« aufruft. Da wird alles notiert, was Preise und Geburtstage betrifft. Aber kaum einen Eintrag gibt es über ein Buch, das in diesem Jahr erschienen ist, was beweist, dass nicht einmal mehr die sonst so informierten Wikipedisten etwas lesen.

— Dabei ist es mit dem Lesen umgekehrt: Was man nicht sieht, gilt. Immer noch beruhigt jene Formel, wonach man für einen sichtbaren Leser, der auf einer Veranstaltung aufkreuzt, zehn unsichtbare Leser denken kann, die nicht zum Rummel gehen, sondern deshalb lesen, weil sie sich selbst nicht aus dem Weg gehen.

— Verkürzt gesagt, die Literatur ist in der Cloud und die Leser sind daheim auf dem Balkon oder im Garten. Dazwischen läuft kapitalistisches Marketing, das frustrierten Konsumenten mit hohem Werbeeinsatz nichtssagende Ware anbieten muss.

Inhalt

Inhalt

Register

Register